Wolfgang Wieser • Vom Werden zum Sein

Vom Werden zum Sein

Energetische und soziale Aspekte der Evolution

Wolfgang Wieser

1989 • Mit 17 Abbildungen und 8 Tabellen

Verlag Paul Parey • Berlin und Hamburg

Anschrift des Verfassers:
Univ.-Professor Dr. Wolfgang Wieser
Institut für Zoologie, Universität
Innsbruck, Technikerstraße 25,
A-6020 Innsbruck

CIP-Titelaufnahme der Deutschen
Bibliothek

Wieser, Wolfgang:
Vom Werden zum Sein: energetische und soziale Aspekte der Evolution / Wolfgang Wieser. – Berlin; Hamburg: Parey, 1989
(Biologie und Evolution interdisziplinär)
ISBN 3-489-64134-5

Einband: Sigrid Samieske,
D-1000 Berlin 41, unter Verwendung einer Abbildung aus: Günther Osche, Evolution, Verlag Herder, Freiburg, 1972

Anschriften: Lindenstr. 44–47,
D-1000 Berlin 61;
Spitalerstr. 12, D-2000 Hamburg 1

ISBN 3-489-64134-5
Printed in Germany

Satz: PLS-PareyLaserSatz,
D-1000 Berlin 61
Schrift: Bookman (Satzsystem apple IIe/ Macintosh)
Druck: WB-Druck, Buchproduktion,
D-8959 Rieden
Bindung: Buchbinderei Bruno Helm,
D-1000 Berlin 30

Vorwort

Seitdem über die Welt und das Leben reflektiert wird, dürfte das Bild von der »Dauer im Wechsel« Menschen bewegt haben. Da der neue Tag dort anknüpft, wo der alte Tag begann, das neue Jahr eine scheinbar endlose Kette von Kreisläufen fortsetzt, war es leicht, sich den Wechsel von Tages- und Jahreszeiten als den Stoff vorzustellen, aus dem eine dauerhafte Welt geformt wird; und da der reflektierende Mensch den Wechsel von Tag und Nacht, von Winter und Sommer übersteht, ohne stets von neuem anfangen zu müssen, da er sich als dieselbe Person erfährt, die er gestern und vor einem Jahr gewesen war, konnte man sich den Reigen von Geburt und Tod als den Stoff vorstellen, aus dem ein dauerhafter Zustand geformt wird: der Zustand der ewigen Wiederkehr, des zeitlosen Nirvanas, des Paradieses, der Welt der unsterblichen Götter.

Die Evolutionstheorie hat dieses Bild auf den Kopf gestellt. Sie geht vom *Wandel* als dem gestaltenden Prinzip der Welt aus; einer Welt, in der das einzig Beständige die Tatsache der Veränderung ist. Wenn es für das Leben auf dieser Erde so etwas wie ein Ziel gibt, dann ist es die Weitergabe der genetischen Information. Unsterblichkeit kann als die im Prinzip endlose Wiederholung von Replikationsprozessen gedacht werden, wobei jene Gene dem Ziel der potentiellen Unsterblichkeit am nächsten kommen, die im Vergleich zu anderen Genen bei der Weitergabe ihrer Information am erfolgreichsten sind. Das Soma, der Körper des Individuums, ist – wie es RICHARD DAWKINS in seinem Buch »The Selfish Gene« formulierte – bloß ein Vehikel, das sich die Gene geschaffen haben, um dem Ziel des ewigen Informationstransfers näher zu kommen.

Aber wenn das so ist, dann muß man sich die Frage stellen, warum die Evolution des Lebens nicht auf der Stufe der Bakterien oder irgend eines anderen jener einzelligen Lebewesen stehen geblieben ist, die das Problem des Informationstransfers auf so wunderbar ökonomische Weise lösen: sie sparen sich den gesamten Ballast des individuellen Somas (da eine sich teilende Zelle keine Leiche hinterläßt), sie konzentrieren ihre Stoffwechselenergie auf das einzig wesentliche: die Erzeugung der nächsten Generation, und sie sind mit dieser Strategie enorm erfolgreich gewesen. Obwohl sie beim Spiel der Evolution von Anfang an dabei waren, gibt es sie noch immer und es wird sie zweifellos solange geben, solange Leben auf der Erde möglich ist. Warum hat es also neben der Evolution jener Mechanismen, die für die Weitergabe von genetischer Information sowie für die Anpassung von Nukleinsäuremolekülen an eine veränderliche Umwelt notwendig waren, auch noch eine Evolution jener Vehikel gegeben, derer sich – wie DAWKINS meinte – Gene bloß bedienen, um den Weg durch die Zeit zu finden? So formuliert, legt diese Frage bereits den Kern des Problems offen: Warum hat es *zwei* Evolutionen gegeben?

Eine, die wir uns in vertikaler Richtung verlaufend vorstellen können, deren Ziel der Gewinn der genetischen Unsterblichkeit ist; eine zweite, gewissermaßen senkrecht zur Richtung der ersten verlaufende, deren Ziel die Erhöhung der Leistungsfähigkeit und Differenziertheit sterblicher Individuen zu sein scheint.

Aber die Frage ist natürlich auch falsch gestellt. Auf das Warum? gibt es keine Antwort. Wir können nur die Wege und Strategien dieser beiden Evolutionsspiele beschreiben und versuchen herauszufinden, ob sie sich durch ein und dieselbe Sprache beschreiben lassen. Daß dies nicht einfach ist, das beweisen die Mißverständnisse, die unvermeidbar entstehen, wenn die soziologische und kulturelle Evolution des Menschen (dem bisherigen Endpunkt der zweiten Evolution) mit der biologischen Evolution der Lebewesen verglichen wird (wie dies in letzter Zeit z. B. E. O. WILSON, J. TYLER BONNER und L. CAVALLI-SFORZA versucht haben). Andererseits gibt es eindeutige Hinweise darauf, daß beide Evolutionen das gleiche Ziel, wenn auch auf ganz verschiedenen Wegen, erreichen können. Beide können nämlich auf ihre Weise Unsterblichkeit gewinnen. Einerseits die Unsterblichkeit eines bis an das Ende der Zeit fortgesetzten Gentransfers, andererseits die Unsterblichkeit eines Gedankens, der solange zu wirken vermag, als es ein Gehirn gibt, das ihn versteht.

In der Geistesgeschichte der letzten Jahrhunderte wurde entweder die Dauer betont, die in der Aufeinanderfolge der Generationen wurzelt, oder die Dauer, die der einzelne zu schaffen vermag. Einmal erscheint das Werden von Familien, von Völkern und Nationen von größerer Bedeutung, einmal das erfüllte Sein des Individuums.

Aus dieser Dialektik wachsen Spannungen, die uns alle berühren. Die in diesem Buch zusammengefaßten Essays haben, auf verschiedene Weise, mit diesen Spannungen zu tun, wobei die im Titel angedeutete Leserichtung: vom Werden zum Sein, darauf anspielt, daß nicht nur das Sein des Einzelnen im Strom der Zeit verrinnt (die von Kosmologen bevorzugte Leserichtung), sondern daß auch das Werden, insofern es die Zukunft der Menschheit enthält, *in der Verantwortung des Einzelnen ruht.*

Von den neun Essays sind sieben, meist in etwas abgeänderter und gekürzter Form, bereits in deutschsprachigen Zeitschriften publiziert worden. Essays 3 und 5 erscheinen hier zum ersten Mal. Ich danke folgenden Verlagen für die Genehmigung des Nachdruckes: Verlag Chemie, Weinheim (Essays 2 und 8); Springer Verlag, Heidelberg (Essay 1); Erhard Friedrich Verlag, Seelze (Essay 9); Merkur, München (Essays 4 und 6); Schering AG, Berlin (Essay 7).

Innsbruck, im Dezember 1988 Wolfgang Wieser

Inhalt

Einige Bemerkungen über Energieumwandlungen und Energiemaße

In einigen Essays dieses Buches ist von Energieumwandlungen die Rede. Zum besseren Verständnis sei an folgendes erinnert:

Es gibt verschiedene Formen von Energie, die ineinander verwandelt werden können. Für unser Anliegen am wichtigsten ist die Verwandlung von chemischer Energie in Arbeit und Wärme. Die Einheit der Energie (und Arbeit) ist stets das Joule (J), das die ältere Einheit Kalorie ersetzt hat, wobei 1 Kalorie = 4,18 Joule. Nach dem ersten Hauptsatz der Thermodynamik kann Energie nicht »verschwinden«, doch sinkt bei jeder Umwandlung ihre Verfügbarkeit in dem Maße, in dem bei diesem Schritt Wärme entsteht. Die chemische Energie organischer Verbindungen wird meist durch Oxydation freigesetzt. Der sogenannte »Energiegehalt« einer Verbindung entspricht dann der Differenz zwischen dem Energiegehalt des Ausgangsstoffes und dem des Endproduktes. Für pflanzliche und tierische Biomasse liegen die entsprechenden Werte zwischen 14 und 23 (im Durchschnitt rund 19) kJ pro Gramm Trockensubstanz. Für die wichtigsten fossilen Brennstoffe gelten folgende Werte:

Brennstoff	$kJ \bullet g^{-1}$
Torf	4
Lignit	12
Anthrazit	29
Rohöl	43
Erdgas	55.

Der Energiegehalt von Stadtgas wird jedoch meist auf das Volumen bezogen und beträgt rund 0,032 GJ pro Kubikmeter.

Um Vielfache und Bruchteile von Energie- (und anderen) Einheiten auszudrücken bedient man sich folgender Vorsilben und Symbole:

Zehnerpotenz	Vorsilbe	Symbol
10^{-6}	Mikro	μ
10^{-3}	Milli	m
10^{3}	Kilo	k
10^{6}	Mega	M
10^{9}	Giga	G
10^{12}	Tera	T
10^{15}	Peta	P

Da für die Oxydation einer chemischen Verbindung eine genau definierte Menge Sauerstoff (O_2)benötigt wird (»stoichiometrische Beziehung«), läßt sich die bei der Oxydation einer Substanz frei werdende chemische Energie auch aus der Menge des verbrauchten Sauerstoffes berechnen. Dieses Verfahrens bedient man sich vor allem bei der Bestimmung des Energieverbrauches von Lebewesen. Der Umrechnungsfaktor, das sogenannte **oxykalorische Äquivalent**, hängt sowohl von der Art der oxydierten Verbindung wie von der Art der entstehenden Endprodukte ab und schwankt zwischen etwa 19 und 21 kJ pro Liter O_2.

Der Energieverbrauch pro Zeit wird als **Leistung** bezeichnet, deren Einheit somit $J \bullet s^{-1}$ = Watt ist. Die biologische Leistung eines Lebewesens läßt sich dementsprechend aus dem pro Zeiteinheit ermittelten Sauerstoffverbrauch errechnen, wobei als gebräuchlichste Einheiten 1 ml $O_2 \cdot h^{-1}$ = 5,8 mW und 1 ml $O_2 \cdot min^{-1}$ = 0,35 W genannt sein mögen.

Wird eine bestimmte Leistung über eine bestimmte Zeitspanne erbracht, dann hat das Ergebnis wieder die Dimension einer Energie. So gilt zum Beispiel: 1 Kilowattstunde (kWh) = 3,6 MJ.

1. Essay: Die Entfaltung des Individuums aus dem Kontinuum der Keimbahn

Sprechen wir von der Evolution der Lebewesen, dann ist es fast unmöglich, sich von der Vorstellung eines linearen Prozesses zu befreien. Auch wenn es unüblich geworden ist, bei der Beschreibung phylogenetischer Zusammenhänge das Wort »Fortschritt« zu gebrauchen, auch wenn wir uns von Modellen distanzieren, die den evolutionären Prozeß auf allzu simple Weise als einen Akt der Vervollkommnung deuten, so suggerieren doch alle abgebildeten Stammbäume, daß sich jeder der heute lebenden Organismen Schritt um Schritt, Mutation um Mutation, aus einfacher gebauten Vorfahren entwickelt hat. Gehen wir nur hinreichend weit zurück in die Vergangenheit, dann ist der aus Spekulationen und fossilen Bruchstücken rekonstruierte Vorfahre einer rezenten Art eben nicht bloß »anders« als diese, sondern in vielen Merkmalen »undifferenzierter«, »ursprünglicher«, »primitiver«. Aus derartigen Eindrücken entsteht das Bild vom evolutionären Geschehen als einem Muster von Entwicklungslinien, die an der Wurzel oder am Stamm eines allegorischen Baumes ansetzen und aus dem Dunkel der Vergangenheit in das Licht der Gegenwart hinauswachsen, in der sie gemeinsam die Kontur der Baumkrone – und damit die zeitliche Struktur des Evolutionsprozesses – repräsentieren. Dieses allegorische Bild regt zu der Frage an, mit welchen Maßstäben denn der evolutionäre Prozeß gemessen werden könne, nach welchen Kriterien sich phylogenetische Entwicklungslinien charakterisieren ließen. Wenn es einen Fortschritt gibt, wie ist dessen Richtung zu bestimmen, oder – noch aussichtsloser – wie läßt er sich quantifizieren?

Ganz augenscheinlich ist die Zeit der universellste aller Maßstäbe, und gäbe es in Evolutionseinheiten geeichte Uhren, dann könnten die Geschwindigkeiten biologischer Veränderungen in geologischen Zeiträumen gemessen werden.

Nun wurde in den letzten Jahrzehnten entdeckt, daß Mutationen – statistisch gesehen – mit einer derartigen Regelmäßigkeit aufzutreten scheinen, daß wir von einer »molekularen Uhr« sprechen können. Im Takt dieser Uhr verändern sich die genetischen Programme von Organismen – und dies bewirkt, daß der Verlauf der Evolution als zeitliche Abfolge molekularer Substitutionen und Deletionen beschrieben werden kann. Die molekulare Uhr dient jedoch nur als Zeitmesser, oder Taktgeber *molekularer* Ereignisse. Sie läßt keine Rückschlüsse etwa auf die Dynamik *morphologischer* Veränderungen zu. So hat sich beispielsweise die uralte Gruppe der Frösche so langsam verändert, daß 90 Millionen Jahre alte Fossilien und die heute lebenden Vertreter in ein und derselben *Gattung* vereint werden können, während im selben Zeitraum, und trotz des molekularen Gleichklanges, Säugetiere eine explosive Entfaltung in

16 verschiedene *Ordnungen* durchgemacht haben; aus kleinen reptilienähnlichen Vorfahren sind so unterschiedliche Lebensformen wie Fledermäuse, Elefanten, Wale und der Mensch hervorgegangen (WILSON 1985).

Um Entwicklungsvorgänge quantifizieren zu können, muß also nach anderen, morphologischen oder physiologischen, Maßstäben gesucht werden. Ein sehr einfacher, aber erstaunlich universeller Maßstab ist der, mit dem die *Größe* eines Lebewesens gemessen wird. Mit zunehmender Kenntnis des fossilen Materials hat sich herausgestellt, daß die allmähliche Zunahme der Körpergröße ein sehr weit verbreitetes Merkmal von Entwicklungslinien ist; so weitverbreitet, daß sie von COPE (1885) als »Gesetz« formuliert wurde. Danach scheint innerhalb eines Bauplanes die größere Art der kleineren – zumindest bis zu einer kritischen Obergrenze – überlegen zu sein und sich im Lauf der Evolution durchzusetzen. Ausnahmen von dieser Regel entpuppen sich meist als Folgen eines Nischenwechsels oder der Besiedlung neuer Lebensräume innerhalb einer phylogenetischen Reihe. Werden die jeweiligen Randbedingungen beachtet, dann läßt sich also der Stammbaum einer systematischen Kategorie auf eine Größenskala projizieren und an dieser ablesen. Es leuchtet ein, daß diese Art der Quantifizierung nur sehr simple Beziehungen sichtbar machen kann. Andererseits deutet die Universalität des Prinzips auf die Existenz weiterreichender Zusammenhänge, die uns zunächst verborgen bleiben.

Im folgenden möchte ich die Linien einiger derartiger Zusammenhänge nachzeichnen, die zwar mit dem Prinzip der phylogenetischen Größenzunahme verknüpft sind, in deren Mustern jedoch auch Regeln ganz anderer Art zum Ausdruck kommen; Regeln, die den *Fluß und die Verteilung von Energie* in Organismen bestimmen. Seit etwa 150 Jahren weiß man ja, daß der Energieverbrauch auf prinzipielle Weise mit der Körpergröße verknüpft ist. (Zur Erläuterung sei hier erwähnt, daß Energie natürlich nicht wirklich »verbraucht« sondern nur »umgesetzt« werden kann, denn nach dem ersten thermodynamischen Hauptsatz kann Energie nicht verschwinden. Dennoch ist der Terminus »Energieverbrauch« gerechtfertigt, wenn deutlich gemacht wird, daß in Organismen, wie in allen offenen Systemen, *arbeitsfähige, freie* Energie zu Wärme degradiert, also im buchstäblichen Sinne »verbraucht« werden muß, um die Funktionsfähigkeit des Systems zu erhalten).

Der dänische Physiologe HEMMINGSEN hat 1960 versucht, aus den bis zu seiner Zeit bekannt gewordenen Befunden über die Stoffwechselleistungen von Organismen ein allgemeines bioenergetisches Modell zu konstruieren (Abb. 1), das zwei prinzipielle Aussagen enthält:
1. Im interspezifischen Vergleich ist der aerobe Energieumsatz von Lebewesen (definiert als Ruhe- oder Grundumsatz mit der Dimension Energie pro Zeit, also einer in Watt ausdrückbaren Leistung) mit der Körpermasse durch die Beziehung

$$y = a \cdot x^b \qquad (1)$$

oder

$$\log y = \log a + b \cdot \log x \qquad (2)$$

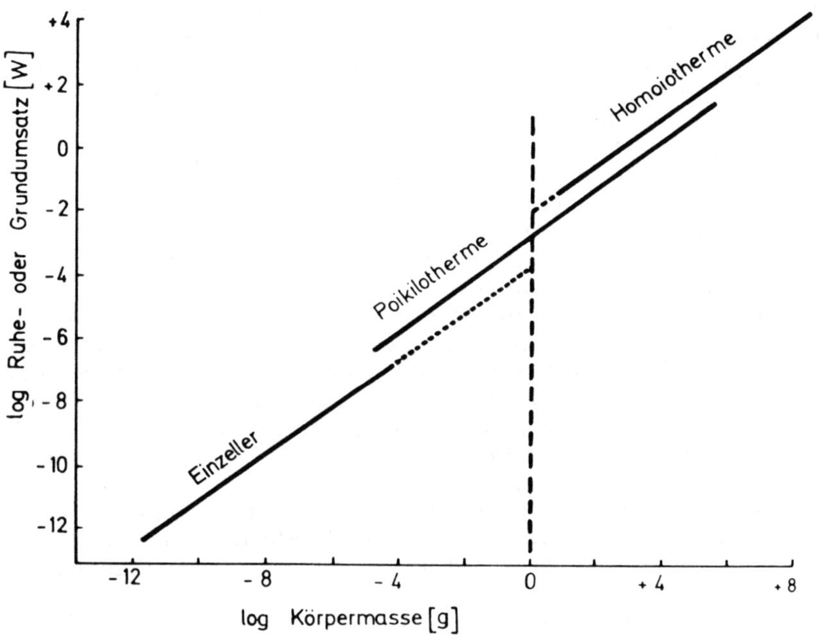

Abb. 1: Beziehung zwischen dem Grund- oder Ruheumsatz von Tieren und ihrer Körpermasse. Die drei Geraden sind Regressionsgeraden durch zahlreiche Einzelmessungen aus HEMMINGSEN (1960). Sie folgen der Funktion $\mathbf{y = a + 0{,}75x}$, wobei y = log Energieumsatz und x = log Körpermasse. Die Konstante a entspricht dem Logarithmus des Energieumsatzes eines Standardtieres von der Masse 1 (da log 1 = 0). Die Unterschiede in den Leistungsniveaus der drei Gruppen von Tieren sind durch Extrapolation der Regressionsgeraden von Einzellern und homoiothermen Tieren auf eine fiktive Körpermasse von 1g deutlich gemacht. Aus WIESER (1986)

verknüpft. Innerhalb vergleichbarer Gruppierungen von Arten kommt dem Massenexponent b ein Wert um 0,75 zu.
2. Fassen wir Einzeller, poikilotherme (wechselwarme) Vielzeller und homoiotherme (gleichwarme) Vielzeller als Gruppen zusammen, dann zeigt sich, daß der Massenkoeffizient a beim Übergang von einer Gruppe zur nächsten um einen Faktor von rund 10 zunimmt. Das heißt, die Stoffwechselleistungen gleich schwerer Einzeller, wechselwarmer Vielzeller und gleichwarmer Vielzeller verhalten sich etwa wie 1 : 10 : 100.

Das erste Prinzip soll im folgenden Essay behandelt werden.

Das zweite Prinzip läßt sich so interpretieren, daß der Übergang von der Einzelligkeit zur Vielzelligkeit (also die Entstehung interzellulärer Kommunikation) sowie der Übergang von der Poikilothermie zur Homoiothermie (also die Entstehung eines konstanten inneren Milieus) eine Erhöhung der gewichtsspezifischen Stoffwechselleistung um jeweils einen Faktor von 10 erfordert hatte. Aber von welcher Art können die selektiven Vorteile dieser Innovationen gewesen sein, daß aus dem Meer der Einzeller zuerst wechselwarme, dann gleichwarme, vielzellige Lebewesen entstehen konnten, obwohl jeder dieser Übergänge von einer enormen Erhöhung des Energieverbrauches begleitet war?

Ich versuche, auf diese Frage eine Antwort zu geben, die auf folgendem Postulat beruht: Das entscheidende und vereinheitlichende Prinzip der Evolution von der Einzelligkeit zur Vielzelligkeit, von der Poikilothermie zur Homoiothermie und schließlich innerhalb der Säugetiere zum Menschen und den menschlichen Gesellschaften, war *die Entfaltung des Individuums und seiner Ansprüche aus dem genetischen Kontinuum der Keimbahn.*

Im Verlauf des Prozesses dieser Entfaltung können vier Phasen unterschieden werden, jede charakterisiert durch dramatische Veränderungen im Fluß und in der Verteilung von Energie:
1. Entwicklung der Vielzelligkeit aus der Einzelligkeit.
2. Entwicklung der Homoiothermie aus der Poikilothermie.
3. Entwicklung der Primaten innerhalb der Säugetiere.
4. Entwicklung von Sozietäten im Strom aufeinanderfolgender Generationen.

Hinter der Vielschichtigkeit dieses evolutionären Prozesses wird ein Prinzip sichtbar, das sich,in einem philosophischen Sinne, auch als *die Entfaltung des Seins aus dem Werden* verstehen läßt.

Konsequenzen der Vielzelligkeit

Das in Abb. 1 dargestellte Modell des Verbrauches an freier Energie im Organismenreich bringt zum Ausdruck, daß der Übergang von der Organisationsform des poikilothermen *Einzellers* zu der des poikilothermen *Vielzellers* von einer Erhöhung der Leistungen des Energiestoffwechsels um etwa das 10fache begleitet gewesen ist. Kürzlich haben jedoch FENCHEL & FINLAY (1983) darauf hingewiesen, daß sich HEMMINGSENS Daten überwiegend auf *nichtwachsende* Populationen von Protozoen beziehen. Eine Zusammenstellung von

Messungen des Sauerstoffverbrauches *wachsender* Flagellaten- und Ciliatenpopulationen macht deutlich, daß deren Stoffwechselleistungen – auf gleiche Körpermassen bezogen – um nichts geringer sind als die poikilothermer *Vielzeller* (Abb. 2). Daraus ist zu schließen, daß der Energieumsatz einzelliger Lebewesen von den Kosten des Wachstums dominiert wird. Ihr »Ruhe«umsatz beträgt nur etwa 10 % der Stoffwechselleistung einer normal wachsenden Population und die Energiekosten der lokomotorischen Aktivität in jenem Bereich niederer Reynolds-Zahlen, in dem sich so winzige Lebewesen durch das Wasser bewegen, sind vernachlässigbar klein (maximal 1 % der gesamten Stoffwechselleistung: PURCELL 1977).

Nun ist bei Einzellern das *Wachstum* untrennbar mit der *Fortpflanzung* der Zelle verknüpft. Nach der Teilung hat eine Zelle zwei Optionen: bei geringem Nährstoffangebot reduziert sie ihren Stoffwechsel und macht eine Ruhephase durch; bei hohem Nährstoffangebot steigt der Stoffumsatz dramatisch an und die Zelle und ihre Nachkommen teilen sich in schnellen Schritten so lange weiter, bis der Energievorrat im Medium erschöpft ist. Das heißt, der Energieumsatz von Einzellern wird ganz entscheidend vom Fortpflanzungsgeschäft bestimmt, in das, über mehrere Generationen gemittelt, bis zu 90 % der insgesamt umgesetzten Energie investiert werden. Vergleichen wir demgegenüber die Energiebudgets von Vielzellern – und zwar zunächst von *poikilothermen* Vielzellern –, dann läßt sich feststellen, daß die Erfindung der Vielzelligkeit auf dem Wege der Arbeitsteilung zu einer Umverteilung der Energielasten geführt hat. Die Aufgaben der Reproduktion werden nun von einer einzigen Zelllinie, der *Keimbahn*, wahrgenommen, während alle anderen Zellinien mit den somatischen Funktionen des Individuums befaßt sind. Der wachsende Keim ist damit zu einem Organ der Mutter geworden. Daneben gibt es Gewebe, z. B. das Muskelgewebe, dessen Zellen sich im adulten Zustand nicht oder nur mehr selten teilen, aber lokal und kurzfristig große Energiemengen umsetzen. Die maximale Schwimmleistung einer Forelle übersteigt z. B. den Ruheumsatz des Tieres um das 15–20fache. Der Zeitverlauf des Körperwachstums ist in das ökologische Programm der Art so eingebettet, daß kritische Lebensphasen,wie Larval-, Puppen-, Häutungs- oder Fortpflanzungsstadien, genau zu dem Zeitpunkt erreicht werden, zu dem die für das jeweilige Stadium günstigsten Umweltbedingungen herrschen. Vor allem gilt dies für die Zeit gleich nach der Geburt, in welcher Lebensphase die winzigen Larven oder Jugendstadien wechselwarmer Tiere ganz besonders gefährdet sind. Von den oft in die Hunderttausende und sogar Millionen gehenden Ei- und Larvenzahlen wachsen ja nur ganz wenige zu adulten Tieren heran. Daraus folgt, daß eine möglichst schnelle Überwindung der ersten Lebensphase durch beschleunigtes Wachstum gewissermaßen das Gebot der Stunde sein muß, das die Mobilisierung aller Energiereserven verlangt. In dieser Phase ist der Prozentsatz der Nahrungsenergie, der in Körpersubstanz verwandelt wird, dementsprechend hoch, bis zu 70 % und darüber (CALOW 1977). Später, wenn der Organismus etwa ein Viertel seiner adulten Größe erreicht hat, beträgt der Energiezuwachs pro Zeit (also die Wachstumsleistung) sehr viel weniger, kaum mehr als 10 % der gesamten Stoffwechselleistung (WIESER 1985).

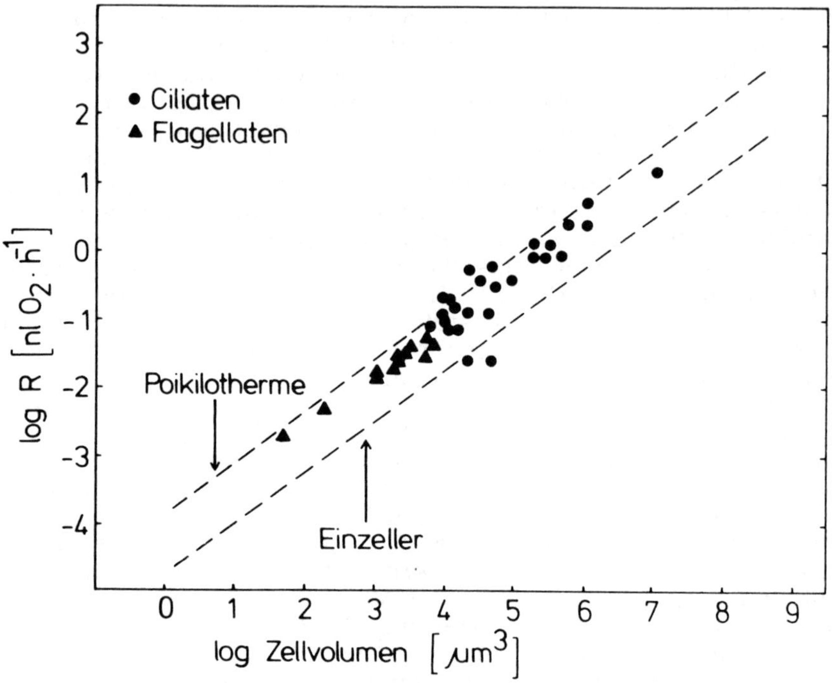

Abb. 2: Beziehung zwischen dem Sauerstoffverbrauch von Ciliaten und Flagellaten und ihrem Körpervolumen (das bei einem spezifischen Gewicht von 1 der Körpermasse entspricht). Die Werte beziehen sich ausschließlich auf *wachsende* Einzellerpopulationen und lassen sich mit denen poikilothermer Vielzeller durchaus vergleichen. Sie liegen um fast eine Größenordnung über den nach dem Modell von HEMMINGSEN (1960) für Einzeller charakteristischen Werten. Nach FENCHEL & FINLAY (1983), aus WIESER (1986)

Insgesamt läßt sich zum Organisationstyp des wechselwarmen vielzelligen Tieres also feststellen, daß viele von diesen oft Größen erreichen, deren Massen nur mit einem Vielfachen des Ruheumsatzes über Land oder durch Wasser bewegt werden können. Da andererseits das Geschäft der Reproduktion auf spezialisierte Zellen und bestimmte Perioden konzentriert wird, beträgt der für diese Funktion benötigte Energieaufwand – über den gesamten Lebenszyklus betrachtet – nur einen relativ geringen Anteil der gesamten Stoffwechselleistung. Vergleichen wir das Energiebudget des Vielzellers mit dem des Einzellers, dann haben sich in jenem die Lasten von den biochemischen Kosten der Reproduktion in Richtung auf die Kosten des ontogenetischen Wachstums und der individuellen Aktivität verlagert.

Konsequenzen der Homoiothermie

Das Verhältnis von Wachstumsrate zu Gesamtenergieumsatz ist bei poikilothermen und homoiothermen Tieren etwa gleich groß; das heißt, Warmblüter setzen pro Gewichtseinheit etwa 10mal mehr Energie um als Wechselwarme, aber sie wachsen im Durchschnitt auch etwa 10mal schneller (CASE 1978, WIESER 1985). Betrachten wir jedoch die *ökologische* Produktivität von Populationen, dann zeigt sich, daß natürliche Populationen von Säugetieren und Vögeln pro Flächeneinheit und Jahr nur etwa ein Zehntel bis ein Hundertstel so viel Biomasse produzieren wie die meisten Populationen poikilothermer Arten.

Oder anders ausgedrückt: Das Verhältnis von Biomasseproduktion P (die Summe aus Körperwachstum und Reproduktionsrate in Energieäquivalenten pro Zeit) zu Erhaltungsumsatz R (ebenfalls in Leistungsäquivalenten), bzw. der Quotient $P/(P + R)$, ist für viele Populationen wirbelloser Tiere etwa 10- bis 40mal größer als für Populationen homoiothermer Wirbeltiere (Tabelle 1).

Wir müssen uns fragen, wie diese Diskrepanz zwischen individueller und ökologischer Produktivität zu erklären ist. Was kann die Ursache dafür sein, daß poikilotherme und homoiotherme Tiere als *Individuen* in etwa den gleichen Anteil ihres Energiebudgets in Körperwachstum investieren, während sich die Produktionsleistungen der *Populationen*, denen diese Individuen angehören, um mehr als eine Größenordnung voneinander unterscheiden? Des Rätsels Lösung findet sich im unterschiedlichen Stellenwert, den die *Reproduktions*leistung bei poikilothermen und homoiothermen Arten einnimmt. Während jene oft riesige Mengen kleiner und nur marginal mit Nährstoffen ausgestatteter Nachkommen in der Form von Eiern und Larven in die Welt setzen, von denen es nur einem verschwindend kleinen Prozentsatz gelingen wird, selbst zu geschlechtsreifen Individuen heranzuwachsen, konzentrieren diese ihr Reproduktionspotential auf einige wenige große Eier oder lebendgeborene Jungen, die von den Eltern geschützt, gepflegt und ernährt werden. Die Chance zu Adulten heranzuwachsen, sind für die frischgeschlüpften

Tabelle 1: Produktionsleistung (P), Energieumsatz (R) und »Wirkungsgrad« der Energietransformation [P/(P + R)] • 100 in Populationen poikilothermer und homoiothermer Tiere. Sowohl »P« wie »R« beziehen sich hier auf natürliche Populationen in ihrem jeweiligen Biotop; sie repräsentieren die Gesamtleistungen dieser Populationen im Jahresdurchschnitt, unter Berücksichtigung der Altersstruktur der Population sowie der Tatsache, daß verschieden alte Individuen verschieden schnell wachsen, daß Nachkommen nur zu bestimmten Zeiten des Jahres und nur von einem Teil der Population produziert werden. Mittelwerte aus Untersuchungen an insgesamt 205 Populationen. Etwas vereinfacht nach HUMPHREYS (1979).

	P	R	»Wirkungsgrad«
	(kJ • m^{-2} • $Jahr^{-1}$)		
Poikilotherme			
Nichtsoziale Insekten	8,6	12	42
andere Evertebraten	41,7	135	23
Homoiotherme			
Insektenfresser	0,05	6	1
andere Säugetiere	0,4	12	3
Vögel	0,5	42	1

oder neugeborenen Nachkommen homoiothermer Eltern dementsprechend wesentlich größer als für die anonyme Masse der Nachkommen poikilothermer Arten. Da die Erfolgswahrscheinlichkeit der Investitionen in die Zukunft bei homoiothermen Arten so außerordentlich viel größer ist als bei poikilothermen Arten, können es sich jene gewissermaßen leisten, die Höhe dieser Investitionen mehr oder minder konstant zu halten, ja sogar zu senken, obwohl sich ihr Energieumsatz (vergleichbar der umlaufenden Geldmenge in einem wirtschaftlichen System) um einen Faktor von zehn und mehr erhöht hat.

Dies läßt sich durch einen Vergleich der biochemischen Reproduktionskosten (E_R), d. h. der Energie, die eine Mutter über den eigenen Erhaltungsbedarf hinaus für die Synthese von Gonaden, Eiern oder Keimen einzusetzen hat, bei verschiedenen Tiergruppen illustrieren (Tabelle 2). Um die Generationenfolge in Gang zu halten, müssen die Weibchen aller Tiere, bezogen auf gleiche Gewichts- und Zeiteinheiten, mehr oder minder die gleiche Menge an Energie investieren; das Weibchen eines Fadenwurmes z. B. rund 200 KJ pro Kg und Tag, etwas mehr als eine Rattenmutter, deren Junge wohlbehütet im Schutz des Uterus heranwachsen und etwas weniger als eine Taube, die ihren Jungen in der Form von Dotter eine gehörige Portion Nahrung mitzugeben hat (RAHN 1982). Da sich aber die auf die gleichen Einheiten bezogenen *Gesamt*mengen an umgesetzter Energie (E_{tot}) etwa wie 1 zu 10 verhalten, setzen poikilotherme Tiere in der Reproduktionsphase zwischen 35 und 92 % der gesamten Stoffwechselleistung für die Erzeugung der nächsten Generation ein, homoiotherme Tiere hingegen bloß 4–6 %.

Dieser Unterschied in der Verteilung der Stoffwechselenergie auf biochemische und physiologische Funktionen erklärt ganz sicher nicht alle Unterschiede zwischen den Produktionsleistungen wechselwarmer und gleichwarmer Arten, aber die Verminderung der relativen Reproduktionskosten kann zweifellos als unmittelbare Konsequenz der Steigerung des individuellen Erhaltungsumsatzes und der hierdurch bewirkten Stabilität des inneren Milieus bei homoiothermen Tieren angesehen werden. Zwischen der Struktur des inneren Milieus und der Struktur des äußeren Milieus, der Umwelt, die sich jedes Lebewesen aus den Elementen der Wirklichkeit erschafft, bestehen enge Beziehungen. Die mannigfaltigen Zuwendungen, die erwachsene Warmblüter ihren Jungen angedeihen lassen können, wurzeln in der Emanzipation ihres Stoffwechsels vom Diktat äußerer Faktoren, vor allem von den Schwankungen der Umgebungstemperatur und des Nahrungsangebotes. Auf Grund der hierdurch gewonnenen Stabilität des inneren Milieus ist es Warmblütern möglich geworden, nicht nur die Zahl der Nachkommen zu reduzieren, sondern diese auch in einem oft pflegebedürftigen Zustand, blind, frierend und hungrig, in die relative Sicherheit eines Nestes oder Baues zu entlassen, wo sie erbrütet oder gesäugt und dadurch zu lebensfähigen Vertretern der Art herangezogen werden können. Wollten wir ein gängiges, auf die Verhältnisse in der gegenwärtigen menschlichen Gesellschaft gemünztes Schlagwort anwenden, dann könnten wir sagen, daß der Übergang von der wechselwarmen zur gleichwarmen Lebensform in mancher Hinsicht dem Übergang vom quantitativen zum qualitativen Wachstum entspricht.

Für die Logik dieser Argumentation ist der Umstand der Pflegebedüftigkeit der Nachkommen von Vögeln und Säugetieren von besonderer Bedeutung. Warum dies so ist, warum die Nachkommen so vieler Warmblüterarten in einem noch nicht lebensfähigen Zustand zur Welt kommen, dafür gibt es verschiedene Erklärungen. Zum einen sind der Größe des ausgetragenen Foetus oder gelegten Eies durch den Bauplan und die physiologische Leistungsfähigkeit der Mutter Grenzen gesetzt; zum anderen gebieten besondere Lebensbedingungen manchmal eine frühe Geburt, um so schnell wie möglich

Tabelle 2: Der Anteil der Reproduktionskosten (E_R) am Gesamtenergieumsatz (E_{tot}) in Abhängigkeit vom Körpergewicht der Nachkommen (M), bei einigen homoio- und poikilothermen Tierarten. Beide Größen sind sowohl pro Tier als auch pro Kg Körpergewicht angegeben. Das Verhältnis E_R/E_{tot} repräsentiert den »Wirkungsgrad« der Energietransformation und ist hier in % angegeben. Nach WIESER (1985).

	M	Reproduktionskosten der Weibchen (E_R) pro Tier und Tag	pro Kg und Tag (KJ)	Gesamtumsatz der Weibchen (E_{tot}) pro Tier und Tag	pro Kg und Tag (KJ)	%
Säugetier	1,0 Kg	130 KJ	130	2190 KJ	2190	6
Vogel	0,5 Kg	135 KJ	270	3220 KJ	6440	4
Fisch	1,2 g	270 J	225	766 J	638	35
Nematode	4,4 µg	900 µJ	205	984 µJ	224	92

mit der Produktion eines neuen Wurfes beginnen zu können. Man sollte aber auch daran denken, daß die Unfertigkeit des Warmblüterfoetus eine Konsequenz der Homoiothermie selbst sein könnte, und zwar aus folgendem Grund:

Die Körpertemperatur homoiothermer Tiere wird nach dem Prinzip der aktiven Regelung konstant gehalten, indem die von Rezeptoren gemessene Ist-Temperatur mit einem programmierten Sollwert verglichen und die Differenz durch die Intervention von Stellgliedern (Muskeln, Zirkulationssystem, Schweißdrüsen) kompensiert wird. Der Konstruktionsplan für so ein Regelsystem ist im genetischen Programm der Art angelegt und in der Embryonalentwicklung muß es Schritt um Schritt zur Differenzierung der Bauelemente dieses Systems kommen. Für das *Zusammenspiel* der Bauelemente im Dienste der übergeordneten Funktion sind allerdings *Anpassungs-* und *Lern*prozesse von entscheidender Bedeutung. Zwar dürften die Jungen einiger sehr großer Säugerarten bereits bei der Geburt zur Konstanthaltung ihrer Körpertemperatur imstande sein (z. B. der Seelöwe *Arctocephalus galapagoensis*; s. LIMBERGER et al. 1986), doch bei den meisten Homoiothermen bedarf dieses System der Konfrontation mit den schwankenden Temperaturen der Außenwelt, um richtig funktionieren zu können. So wie die *Störung* ein wesentlicher Teil des funktionalen Zusammenhanges aller Regelsysteme ist, so ist die *Imperfektion* der postnatalen Temperaturregelung und die dadurch bedingte Brutpflege durch die Eltern sowohl eine Konsequenz wie eine Voraussetzung der Homoiothermie. Vor allem bei kleineren Arten bedarf das Neugeborene einer intensiven Pflege durch die Eltern. Große Arten sind auf Grund ihrer hohen Wärmekapazität geringeren Schwankungen der Kerntemperatur unterworfen, selbst wenn das Regelsystem noch nicht voll funktioniert.

Die Pflegebedürftigkeit der Jungen hat jedenfalls dazu geführt, daß die meisten Säuger- und Vogelmütter große Mengen an Energie in die Erhaltung der Nachkommen stecken, am spektakulärsten wohl im Zusammenhang mit der Produktion von Milch. Nicht nur bei hochgezüchteten Milchkühen, sondern auch bei wildlebenden Kleinsäugern ist der Energieumsatz der Mutter zur Zeit der Laktation bis zu viermal höher als der Grundumsatz (GLAZIER 1985).

Etwas weniger aufwendig, aber im Rahmen der verfügbaren Energiebudgets noch immer sehr kostspielig, sind andere Formen der Brutpflege: der Nestbau, das Erbrüten der Eier, vor allem aber das ständige Herbeischaffen von Nahrung für die in der ersten Lebensperiode besonders gefräßigen Jungen. Der Stellenwert dieser Verhaltensweise wird erst dann richtig gesehen, wenn wir uns klar machen, daß – im Unterschied zu den Verhältnissen bei poikilothermen Tieren – der gesteigerte Energieumsatz nun im Dienste einer *sozialen* Aktivität steht, *der Ernährung und Erziehung von Nachkommen.*

Es ist bezeichnend, daß jene *poikilothermen* Tiere, die sich durch die höchstentwickelten sozialen Leistungen auszeichnen, die Bienen, eigentlich als partiell gleichwarme Tiere anzusprechen sind, da sie das »innere Milieu« des Bienenstocks durch aktive Regulation auf eine konstante Temperatur um 35 °C einzustellen und dort zu halten vermögen.

Konsequenzen der Wachstumsverzögerung

Gleich nach der Geburt sind die Gefahren, die dem neuen Leben drohen, am größten; es müßte also von selektivem Vorteil sein, sich durch beschleunigtes Wachstum dem Zugriff von Räubern oder anderen ökologischen Gefahren möglichst schnell zu entziehen. Die Wachstumsraten poikilothermer und homoiothermer Tiere gleich nach der Geburt oder nach dem Schlüpfen aus dem Ei sind dementsprechend sehr hoch. Das von MAX RUBNER (1909) formulierte »Gesetz des konstanten Energiebedarfes« besagt, daß die für die Verdopplung des Geburtsgewichtes benötigte Nahrungsenergie bei Säugetieren etwa 18 kJ pro Gramm Lebendgewicht ausmacht. Drücken wir diesen Energiebedarf in der Form eines Leistungsquotienten aus, indem wir die Rate des Köperwachstums in Prozent des Gesamtumsatzes an Nahrungsenergie (beide in Leistungseinheiten, etwa in $kJ \cdot d^{-1}$) angeben, dann erhalten wir für die Warmblüter Werte um 30 %, für die poikilothermen Tiere stark schwankende Werte mit einem Mittelwert um 75 % (CALOW 1977).

Das heißt also, daß in dieser ersten Lebensphase täglich 30 bzw. 75 % der aufgenommenen Nahrungsenergie in Körpersubstanz verwandelt werden. In späteren Phasen ist dieser Anteil wesentlich geringer und die beiden Tiergruppen unterscheiden sich in dieser Hinsicht nicht mehr sehr stark voneinander.

Aber schon RUBNER wußte, daß sich der Mensch dem von ihm formulierten »Gesetz« nicht fügt, sondern daß das Körperwachstum von Kindern extrem verzögert ist, so daß der Wendepunkt der Wachstumskurve – etwa dem Beginn der Pubertät entsprechend – erst bei 60 % des Endgewichtes liegt, während dieser Punkt von allen Nicht-Primaten schon vor dem ersten Drittel des adulten Gewichtes erreicht wird (BRODY 1945). Auch Menschenaffen, vor allem Schimpansen, zeigen ein stark verzögertes Jugendwachstum (GRETHER & YERKES 1940). Diese Verlangsamung des Wachstums bringt es mit sich, daß bei jungen Primaten die tägliche Wachstumsleistung einen viel geringeren Anteil am Gesamtenergieumsatz des Individuums ausmacht, als bei anderen Säugetieren. Für die präpubertäre Wachstumsphase des Menschen errechnet sich ein Nettowirkungsgrad der somatischen Produktion von maximal 5 %, d. h. nur ein Sechstel bis ein Siebentel des für Nicht-Primaten geltenden Wertes.

Derartige Vergleiche lassen die Fragwürdigkeit der Anwendung des Begriffes »Wirkungsgrad« oder »Effizienz« auf die Produktionsleistungen von Lebewesen erraten. Die Tatsache, daß etwa eine Muschellarve 75 % der ihr zur Verfügung stehenden Stoffwechselenergie in Körperwachstum umsetzt, ein menschliches Baby hingegen lediglich 5 %, dürfte nur dann als ein Beispiel für unterschiedliche Wachstums-»effizienz« herangezogen werden, wenn beide Lebewesen Maschinen wären, deren einzige Aufgabe die Verwandlung von Nahrungsenergie in Körpersubstanz wäre. Unter diesem Gesichtspunkt müßte die Muschellarve tatsächlich als der effizientere Energiewandler angesehen werden. Betrachten wir Lebewesen hingegen als komplexe Systeme, in denen die Nahrungsenergie zum

Antrieb sehr unterschiedlicher Funktionen verwendet und dasselbe Ziel auf sehr unterschiedlichen Wegen erreicht werden kann, dann ist das jeweils spezifische Verhältnis zwischen der Produktionsleistung und dem Gesamtenergieumsatz Ausdruck einer jeweils spezifischen Strategie der Energieverteilung. Mit dem in der Physik oder Technik verwendeten Begriff des Wirkungsgrades hat dieses Verhältnis im Grunde nur wenig zu tun.

Muschel und Mensch verkörpern, wenn man so will, verschiedene Lösungen desselben Problems: genetische Information weiterzugeben und zu erhalten; aber im Laufe der Evolution scheinen die Lösungen dieses Problems immer komplizierter und vielschichtiger geworden zu sein. Jedenfalls hat die Verlangsamung des Wachstums und die damit zusammenhängende Streckung der Juvenilphase jene Bedingungen geschaffen, unter denen das menschliche Kind verschlungenere Wege als jedes andere Lebewesen zu gehen imstande – oder zu gehen gezwungen – ist, unter denen es Erfahrungen in bis dahin ungeahntem Ausmaße zu sammeln und zu verwerten, sowie Schritt um Schritt aus den ererbten Anlagen ein individuelles Sein zu gestalten vermag. Ohne die geschenkte Zeit dieser ersten Lebensphase wäre vor allem das Erlernen einer Sprache, das Fundament aller Kulturen, nicht denkbar.

Mit einer gewissen Überspitzung läßt sich also formulieren, daß die Entfaltung der menschlichen Kultur von einer Reduktion der Produktionskosten abhängig war. Die Reduktion der relativen Kosten für die Produktion eines Keimes im Mutterkörper und die Reduktion der Wachstumsleistungen nach der Geburt sind eng verknüpft mit jener Umverteilung der Energieflüsse von *physiologisch* relevanten auf *ethologisch* und *soziologisch* relevante Leistungen, die die Evolution der Warmblüter entscheidend bestimmt hat.

Eine der am tiefsten schürfenden Fragen der gegenwärtigen Biologie ist die nach den Ursachen dieser Verzögerung des präpubertären Wachstums bei höheren Primaten. Wir kennen die Antwort nicht, aber wir ahnen, daß das Problem irgend etwas mit der biologischen Zeit, oder genauer, mit dem Verhältnis zwischen der astronomischen und der biologischen Zeit zu tun hat. Vielleicht liegt einer der Schlüssel zur Lösung des Problems in jener molekularen Uhr, von der zu Beginn dieses Essays die Rede war, denn es mehren sich die Hinweise, daß auch deren Gang im Verlauf der Evolution einer Tiergruppe oder der Besiedlung eines Lebensraumes langsamer werden kann. In besonderem Maße scheint dies für die Stammesreihe der Säugetiere zu gelten. Die Geschwindigkeit, mit der neutrale Mutationen im Erbmaterial der Keimzellen auftreten, beträgt z. B. bei Nagetieren, möglicherweise sogar bei Halbaffen (BRITTEN 1986), 6–10 $\cdot$ 10^{-9} pro Jahr, bei Hominiden jedoch bloß 1,1 $\cdot$ 10^{-9} (LI & TANIMURA 1987). Damit ist der Unterschied in der Geschwindigkeit der molekularen Evolution zwischen niederen Säugetieren und höheren Primaten etwa ebenso groß wie der Unterschied in der Geschwindigkeit, mit der sich nach der Geburt die ontogenetische Entwicklung vollzieht. Das wiederum legt nahe, daß es zwischen den zeitlichen Strukturen der phylogenetischen und der ontogenetischen Entwicklung ungeklärte Beziehungen gibt, die die Bedeutung der *biologischen* gegenüber der *astronomischen* Zeit in den Mittelpunkt des Interesses rücken.

Sollte es etwa so sein, daß die Geschwindigkeit der *molekularen* Evolution in demselben Maß abnahm, in dem die Geschwindigkeit der *soziologisch-kulturellen* Evolution, die den Stammbaum der Primaten auszeichnet und so eng mit der Entwicklung des Gehirns korreliert, zunahm?

Konsequenzen der erhöhten Lebenserwartung

Bei vielen poikilothermen Tieren ist die Sterblichkeit der Neugeborenen in den ersten Lebenstagen so hoch, daß eine ungeheure Produktion von Eiern notwendig ist, um die Erhaltung der Art zu garantieren. Muscheln, Würmer, Fische, produzieren Hunderttausende bis Millionen von Eiern, aus denen nur einige wenige lebensfähige Jungtiere hervorgehen. Jede Maßnahme, die zu einer Erhöhung der Überlebenschancen von Nachkommen führt, kann durch Verringerung der reproduktiven Leistung beantwortet werden und muß sich demgemäß unter bestimmten Bedingungen in der Evolution als vorteilhaft erwiesen haben.

Den größten Einfluß auf die Erhöhung der Lebenschancen hatte, wie gerade ausgeführt, die Homoiothermie, die es ja möglich macht, daß sich die Entwicklung von Embryonen in der Sicherheit eines konstanten Milieus vollziehen kann: entweder im Mutterleib selbst oder unter der wärmenden und schützenden Obhut eines brütenden Elternteiles. Unter diesen Bedingungen ist es im Verlauf der Evolution zu drastischen Reduktionen von Nachkommenzahlen gekommen. Aber auch innerhalb der Warmblüter selbst gibt es derartige Entwicklungstendenzen, etwa eine Erhöhung der Lebenserwartung unter gleichzeitiger Verringerung der Jugendmortalität. Tatsächlich lassen sich zumindest zwei Faktoren nennen, die entscheidenden Einfluß auf die mittlere Lebenserwartung und damit auf die Altersstruktur einer Population haben. Einer dieser Faktoren ist die *Körpergröße*. Es hat sich nämlich gezeigt, daß innerhalb einer Population von Tieren das Verhältnis zwischen der tatsächlichen Lebens*erwartung* und der beobachteten maximalen Lebens*dauer* mit der durchschnittlichen Körpergröße der Art zunimmt. Für dieses Verhältnis gilt nach CALDER (1984):

$$t_{1/2}/t_{max} = 0{,}44 \bullet M^{0{,}15} \qquad (3)$$

$t_{1/2}$ ist hier die Lebenserwartung (in Jahren) von 50 % einer Population, t_{max} die maximale beobachtete Lebensdauer der Art und M das durchschnittliche adulte Körpergewicht der Art in Kg. Das heißt aber, daß die mittlere Körpergröße der adulten Tiere den Anteil der älteren Individuen in der Population mitbestimmt, was gleichbedeutend mit der Feststellung ist, daß die Jugendmortalität mit der Körpergröße abnimmt und demgemäß eine geringere Zahl von Nachkommen genügt, um den Fortbestand der Art zu sichern. Es läßt sich also voraussagen, daß Populationen *kleiner* Warmblüterarten jene pyramidenförmige Altersstruktur aufweisen werden, wie wir sie von

Entwicklungsländern kennen, während die Populationen *größerer* Arten durch eine gleichmäßigere Verteilung aller Altersklassen ausgezeichnet sind, wie dies für die hochentwickeltenVölker der Industrienationen charakteristisch ist. Abbildung 3 macht diesen Vergleich zwischen tierischen Populationen und menschlichen Völkern auf instruktive Weise deutlich. Die Altersverteilung einer Population ist aber von entscheidender Bedeutung für deren Sozialstruktur. Je größer die Überlebenschancen der jungen Tiere sind, desto größer ist auch die Wahrscheinlichkeit, daß sie als alte Tiere ihre Erfahrungen an die nächste Generation weitergeben können (CALDER 1984). Auch im Tierreich gibt es zahlreiche Beispiele für die sogenannte horizontale und vertikale »Diffusion« von Erfahrung (BONNER 1980; GRIFFIN 1982). Unter ansonsten gleichen Verhältnissen nimmt die Intensität der sozialen Beziehungen und des Austausches von Information innerhalb einer Population mit der Körpergröße und der Lebenserwartung der Individuen zu (REMMERT 1984).

Die Geschichte des Lebens auf der Erde zeigt uns, daß es noch einen zweiten Weg gibt, um die mittlere Lebenserwartung zu erhöhen und damit die sozialen Beziehungen zwischen den Individuen einer Population zu beeinflussen: die *neuerliche Steigerung des Energieverbrauches.*

Die erste große Entfaltung sozialer Beziehungen im Tierreich korreliert mit der Erfindung der Homoiothermie und der damit zusammenhängenden Beschleunigung des Energiedurchsatzes durch Organismen. Die zweite Entfaltung sozialer Beziehungen, wie wir sie in modernen Industriegesellschaften mit ihren völlig neuen Formen der Kommunikation erleben, ist eng korreliert mit einer weiteren Beschleunigung des Energiedurchsatzes durch biologische Systeme um einen Faktor von 10–20. Dies ist etwa der Faktor, um den der Energieverbrauch einer großen westlichen Stadt den Energieverbrauch der in ihr lebenden Menschen übersteigt. So beträgt der kommunale Energieverbrauch einer Großstadt wie Hamburg mit 1,6 Millionen Einwohnern ca. 100.000 Terajoule, der biologische Energieverbrauch der Hamburger jedoch nur rund 5000 Terajoule pro Jahr (siehe den folgenden Essay). Die mittlere Lebenserwartung des modernen Menschen ist in den letzten 100 Jahren kontinuierlich gestiegen, und dieser Anstieg korreliert mit der Industrialisierung und der Zunahme des technischen Energieverbrauches in der entwickelten Welt. So zeigt Abb. 4, wie die mittlere Lebenserwartung der Bevölkerung der USA seit 1900 stetig zugenommen hat. Tragen wir die Anzahl der Überlebenden gegen das Lebensalter auf, dann verschiebt sich die Überlebenskurve mit zunehmendem Wohlstand nach rechts. Betrug die mittlere Lebenserwartung um 1900 noch etwa 60 Jahre, so hatte sie sich im Jahre1969 auf etwa 77 erhöht. In dieser Zeitspanne war der durchschnittliche Pro-Kopf-Energieverbrauch der Welt aber auch von 442 auf 1800 Watt gestiegen, also auf mehr als das Vierfache. Diese Beziehung zwischen Energieverbrauch und Lebensstandard ergibt sich natürlich daraus, daß die Industrialisierung zu einer Verringerung der Arbeitszeit, zu einer ausreichenden und ausgewogenen Ernährung, sowie zur medizinischen und hygienischen Versorgung der Menschen geführt hat. Sicherlich sind diese Errungenschaften auch auf niedrigeren Energieniveaus erreichbar, als sie momentan für die industrialisierten Staaten der

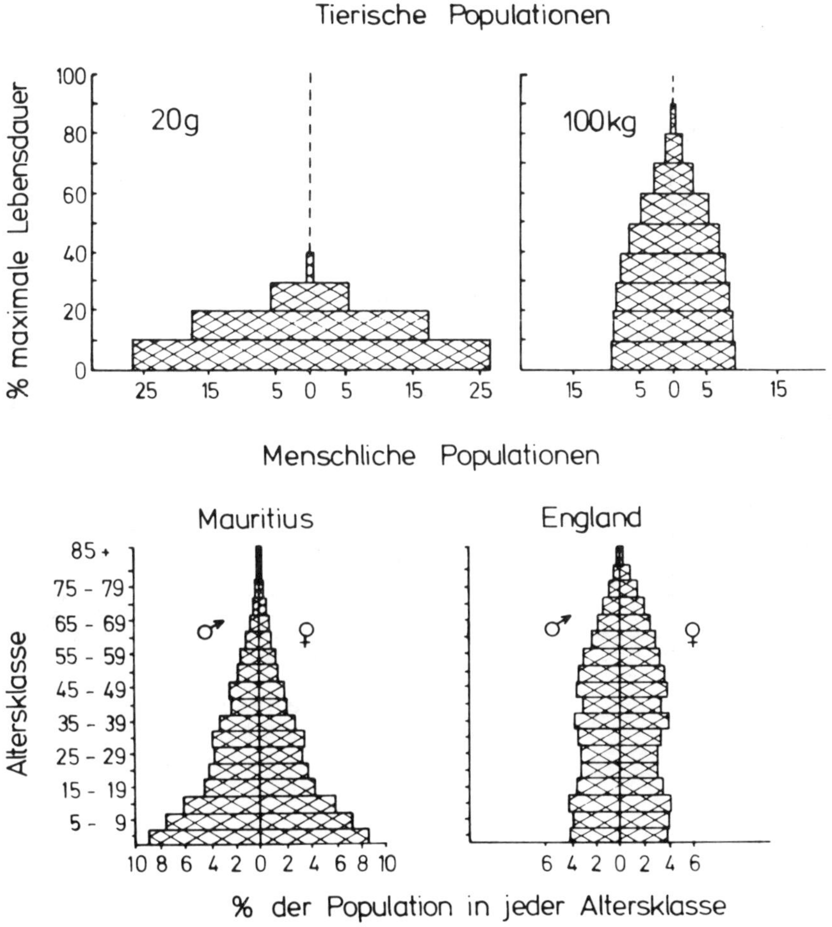

Abb. 3: Vergleich der Altersstrukturen tierischer und menschlicher Populationen. Die Altersstrukturen der beiden tierischen Populationen basieren auf der von CALDER (1984) abgeleiteten Beziehung zwischen der mittleren Lebenserwartung und dem Körpergewicht von Säugetieren; kleine Arten haben eine höhere Jugendsterblichkeit, höhere Fortpflanzungsrate und geringere mittlere Lebenserwartung (in % der maximalen Lebensdauer) als große Arten. Die Daten für die beiden menschlichen Populationen stammen aus EHRLICH & EHRLICH (1970). Aus WIESER (1986)

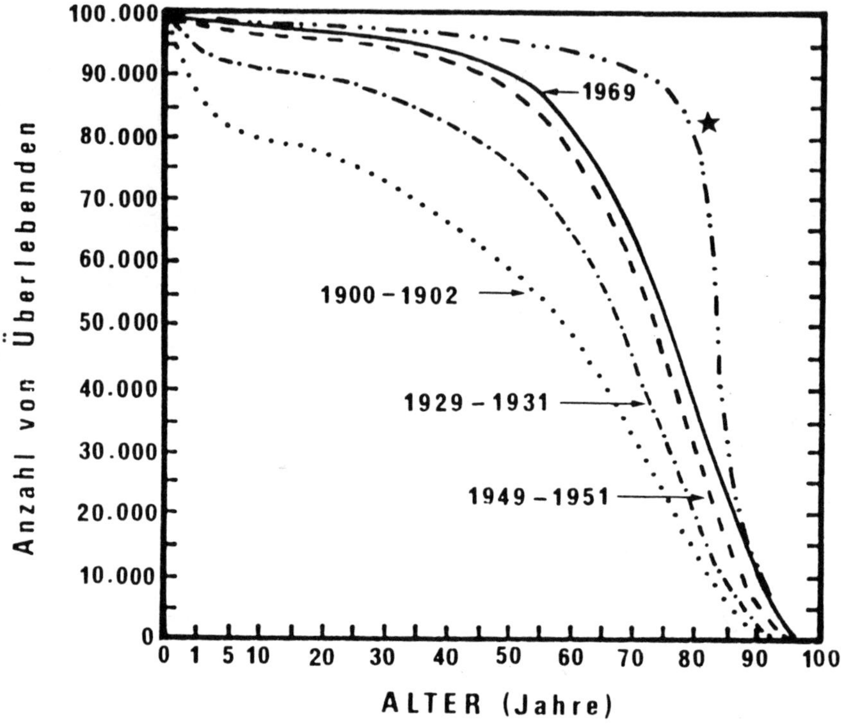

Abb. 4: Entwicklung der mittleren Lebenserwartung in den USA von 1900 bis 1969. Die durch den Stern markierte Kurve deutet das auf den bisherigen Erfahrungen aufbauende »theoretische« Limit der biologischen Überlebenszeit an. Adaptiert nach MAKINODAN (1977), aus Österr. Hochschulztg., Dez. 1987

Erde charakteristisch sind, doch wird die Annäherung der mittleren Lebenserwartung einer ganzen Bevölkerung (und nicht bloß einer Minderheit) an das theoretische Maximum stets die Investition zusätzlicher Energiemengen über das biologische Niveau hinaus notwendig machen.

Die Erhöhung der Lebenserwartung und damit die Verlängerung des individuellen Lebens weit über die Periode der Fortpflanzungsfähigkeit hinaus, charakterisiert nur die letzte einer Reihe biologischer Revolutionen, die im Verlauf der Evolution zu einer Aufwertung des Individuums und seiner sozialen Ansprüche geführt haben. Alle diese Revolutionen sind eng verknüpft mit dramatischen Veränderungen im Durchsatz und in der Verteilung der Energieströme in biologischen Systemen gewesen.

Rekapitulieren wir kurz die entscheidenden Phasen dieses evolutionären Prozesses:

- Der Übergang von der Einzelligkeit zur Vielzelligkeit, der zur Differenzierung von somatischen und Keimzellen und damit zu einem neuen Prinzip der Energieverteilung in Organismen geführt hat.
- Der Übergang von der Poikilothermie zur Homoiothermie, der von einer Erhöhung des Energiedurchsatzes durch Organismen um einen Faktor von etwa 10 begleitet war.
- Die Verzögerung der Jugendentwicklung bei Primaten, die mit einer Reduktion der Wachstumsleistung in dieser Periode korreliert.
- Eine weitere Erhöhung des Energiedurchsatzes durch menschliche Populationen, die zu einer Erhöhung der mittleren Lebenserwartung geführt und damit neue Formen zwischenmenschlicher Beziehungen ermöglicht hat.

Alle diese Veränderungen lassen sich als eine Entfaltung des *individuellen Seins aus dem Werden der Keimbahn* verstehen. Die in dieser Formulierung angedeutete Richtung der biotischen Evolution kontrastiert mit der Richtung der kosmischen Evolution, wie sie von Physikern gesehen wird. PRIGOGINEs berühmtes Buch heißt »Vom Sein zum Werden« (PRIGOGINE 1979).

Schließt sich da irgendwo ein Kreis?

Literatur

BONNER, J. T., 1980: The Evolution of Culture in Animals. Princeton Univ. Press, Princeton, N. J.

BRITTEN, R. J., 1986: Rates of DNA Sequence Evolution Differ Between Taxonomic Groups. Science **231**, 1393–1398.

BRODY, S., 1945: Bioenergetics and Growth. Reinhold, New York.

CALDER, W. A., 1984: Size, Function, and Life History. Harvard Univ. Press, Cambridge, Mass.

CALOW, P., 1977: Conversion Efficiencies in Heterotrophic Organisms. Biol. Rev. **52**, 385–409.

CASE, T. J., 1978: On the Evolution and Adaptive Significance of Postnatal Growth Rates in the Terrestrial Vertebrates. Quart. Rev. Biol. **53**, 243–279.

COPE, E. D. ,1885: On the Evolution of the Vertebrata. Amer. Naturalist **19**, 140–148.

EHRLICH, P. R., & A. H. Ehrlich, 1970: Population, Resources, Environment. Freeman, San Francisco.
FENCHEL, T., & B. J. FINLAY, 1983: Respiration Rates in Heterotrophic, Free-living Protozoa. Microb. Ecol. **9**, 99–122.
GLAZIER, D. S., 1985: Relationship Between Metabolic Rate and Energy Expenditure for Lactation in *Peromyscus*. Comp. Biochem. Physiol. **80** A, 587–590.
GRETHER, W. F., & R. M. YERKES, 1940: Weight Norms and Relations for Chimpanzee. Amer. J. phys. Anthropol. **27**, 181–197.
GRIFFIN, D. R., 1982: Animal Mind – Human Mind. Springer, Berlin.
HEMMINGSEN, A. M., 1960: Energy Metabolism as Related to Body Size and Respiratory Surfaces, and its Evolution. Rep. Steno Memorial Hosp. Nord. Insulin Lab. **9**, 1–110.
HUMPHREYS, W. F., 1979: Production and Respiration in Animal Populations. J. Anim. Ecol. **48**, 427–453.
LI, WEN-HSIUNG, & M. TANIMURA, 1987: The Molecular Clock Runs More Slowly in Man than in Apes and Monkeys. Nature **326**, 93–96.
LIMBERGER, D., F. TRILLMICH, H. BIEBACH & R. D. STEVENSON, 1986: Temperature Regulation and Microhabitat Choice by Free-ranging Galapagos Fur Seal Pups *(Arctocephalus galapagoensis)*. Oecologia **69**, 53–59.
MAKINODAN, T., 1977: Comprehensive Immunology. Vol 1. Immunology and Aging. Plenum Medical Books Comp., New York.
PRIGOGINE, I., 1979: Vom Sein zum Werden. Piper, München.
PURCELL, E. M., 1977: Life at Low Reynolds Numbers. Amer. J. Physics **45**, 3–11.
RAHN, H., 1982: Comparison of Embryonic Development in Birds and Mammals: Birth Weight, Time, and Cost. In: A Companion to Animal Physiology, pp. 124–137. Cambridge Univ. Press, London.
REMMERT, H., 1984: Ökologie. Springer, Berlin.
RUBNER, M., 1909: Kraft und Stoff im Haushalte der Natur. Akadem. Verlagsges., Leipzig.
WIESER, W., 1985: A New Look at Energy Conversion in Ectothermic and Endothermic Animals. Oecologia **66**, 506–510.
WIESER, W., 1986: Vom Werden zum Sein. Naturwissenschaften **73**, 543–549.
WILSON, A. C., 1985: Die molekulare Grundlage der Evolution. Spektrum d. Wissenschaft, Dez. 1985, 160–171.

Quellenhinweis zum 1. Essay
Völlig überarbeitete und erweiterte Fassung von: »Vom Werden zum Sein«. Naturwissenschaften **73**, 1986.

2. Essay: Der Energieverbrauch von Organismen, Städten und landwirtschaftlichen Systemen

Der Vergleich zwischen Organismen und Staaten ist so alt wie die Geistesgeschichte Europas. Hinter dem Vergleich steht die Suche nach Ähnlichkeiten zwischen Systemen, die sich einerseits aus diskreten, definierbaren Einheiten zusammensetzen (Zellen, Individuen), in denen andererseits aber die Funktionen dieser Einheiten bis zu einem gewissen Grad koordiniert sind, so daß sich ein systemspezifisches Verhalten einstellt. Jedes derartig definierte System muß vergleichbare Aufgaben erfüllen, und auf dieser Tatsache beruhen alle Systemtheorien. So verlangt die Koordination der Leistungen von Untereinheiten die Existenz von Nachrichtenverbindungen und steuernden Instanzen; die Versorgung der Untereinheiten mit Energie und Nährstoffen muß mit zunehmender Größe des Systems zu immer ausgedehnteren oder leistungsfähigeren Transportwegen, Verteilern, Speichern, Detoxifizierungsmechanismen usw. führen.

Ein Vergleich ähnlicher Funktionen in verschiedenen Systemen kann aus mancherlei Gründen lehrreich sein. So ist es natürlich schon an und für sich interessant herauszufinden, auf welche Weise ein und dasselbe Problem in Systemen unterschiedlicher Herkunft und Struktur gelöst wurde. Noch interessanter wäre es herauszufinden, ob es für bestimmte Probleme optimale Lösungen gibt, die sich in jedem entwicklungsfähigen System unter der Voraussetzung hinreichend langer Entwicklungszeiten einstellen müssen. Die einfachste Frage dieser Art ist die nach der Energieversorgung. Jedes dynamische System braucht zu seiner Erhaltung arbeitsfähige Energie. Wir können annehmen, daß der Energiebedarf von der Größe, Vielseitigkeit und Leistungsfähigkeit des jeweiligen Systems abhängt (aber das wäre noch zu prüfen, und es bedarf genauer Definitionen, was wir unter »Vielseitigkeit« und »Leistungsfähigkeit« verstehen wollen), woraus folgt, daß der Energieverbrauch irgendetwas über diese Eigenschaften von Systemen aussagt. Andererseits gibt es auch eine *Entwicklung* von Systemen und Systemzuständen, und da liegt die Annahme nahe, daß Systeme im Laufe ihrer Entwicklung immer wirtschaftlicher werden, d. h. ihre Aufgaben mit einem Minimum an Energieverlusten zu erfüllen trachten. Auch diese Annahme bedarf der Prüfung, aber sie ist in jenen Situationen wahrscheinlich, in denen der Energievorrat begrenzt ist und mehrere Konsumenten um diesen Vorrat konkurrieren. Die Tatsache, daß ein Mensch kaum mehr als 100 Watt an Stoffwechselenergie umsetzt; daß alles, was er an materiellen und geistigen Veränderungen in seiner Umwelt zu bewirken vermag, letzten Endes mit der energetischen Leistung einer mittelstarken Glühlampe zustande kommt, das deutet doch auf das außerordentlich erfolgreiche Wirken einer konsequenten Optimierungsstrategie im Verlauf der Evolution.

Energieverbrauch und Körpergröße

Zunächst aber hängt der Energieverbrauch von Organismen von ihrer Größe und ihrer Lebensweise ab. Was diese Beziehung betrifft, so waren wir im vorhergehenden Essay zu folgenden Schlüssen gelangt: Innerhalb vergleichbarer Kategorien steht der Energieverbrauch in exponentieller Beziehung zur Größe, so daß

$$y = a \bullet x^b \qquad (1)$$

wobei y der Energieverbrauch pro Zeiteinheit (also eine *Leistung*), x die Körpermasse, a und b Konstante darstellen. Als Maß des Energieverbrauches von Lebewesen wird meist der Sauerstoffverbrauch verwendet, der über ein oxikalorisches Aequivalent in Energieeinheiten umgerechnet und dann in Joule pro Zeiteinheit oder Watt ausgedrückt werden kann. Die Konstante a (der Massenkoeffizient) ist ein Maß für die *Intensität* des Energieverbrauches, die Konstante b (der Massenexponent) eines für den *Steigerungsfaktor* des Energieverbrauches in Abhängigkeit von der Körpermasse. Durch Logarithmieren gelangen wir zu der Gleichung einer Geraden:

$$\log y = \log a + b \bullet \log x \qquad (2)$$

deren Steigung durch den Massenexponenten b definiert ist.

Es hat sich nun gezeigt, daß im *inter*spezifischen (also zwischenartlichen) Vergleich der Energieverbrauch von Lebewesen mit einem Steigerungsfaktor von rund 0,75 zunimmt. Diese zuerst von MAX KLEIBER (1932) für Warmblüter formulierte Beziehung deutet an, daß innerhalb einer Gruppe verwandter Arten der Grundumsatz der einzelnen Vertreter mit der Dreiviertel-Potenz der Körpermasse zunimmt. Über größere Gewichtsbereiche betrachtet, führt dieses Prinzip zu beträchtlichen Einsparungen an aufgenommener und verbrauchter Energie. So verhalten sich die Körpermassen einer Feldmaus (5 Gramm) und eines Elefanten (1 Tonne) wie 1 : 200.000, ihre Grundumsätze jedoch bloß wie etwa 1 : 1.000. HEMMINGSEN (1960) hat diese Beziehung auch auf andere Organismengruppen ausgedehnt, so daß folgende Verallgemeinerung möglich erscheint: »Innerhalb vergleichbarer systematischer Kategorien nimmt der Energieverbrauch von Lebewesen mit der 3/4-Potenz der Körpermasse zu«.

Eine zweite Verallgemeinerung, die aus der monographischen Zusammenfassung des Wissens seiner Zeit durch HEMMINGSEN zu folgen schien, war jene, daß sich innerhalb aller Lebewesen drei Gruppen unterscheiden lassen: Einzeller, poikilotherme Vielzeller und homoiotherme Vielzeller, deren spezifischer Energieverbrauch (ausgedrückt durch den Massenkoeffizienten a in Gleichung 1) jeweils um einen Faktor von 8–10 zunimmt. Diese Verallgemeinerung –

und ihre durch neue Erkenntnisse erzwungene Einschränkung – ist bereits im vorhergehenden Essay analysiert worden. Jedenfalls bringt Abb. 1 (S. 13) zum Ausdruck, daß sich die Massen der kleinsten und der größten Lebewesen (Bakterien und Blauwal) um etwa 20 Zehnerpotenzen (10^{-12} bis 10^{8} Gramm) unterscheiden, ihre Energieumsätze um etwa 16 Größenordnungen ($4,2 \cdot 10^{-12}$ bis $4,2 \cdot 10^{4}$ kJ • h^{-1}). Der Energieverbrauch eines 100 Tonnen schweren Blauwals entspricht einer Leistung von 11,6 kW oder 16,2 PS, d. h. die vom größten aller lebenden Tiere abgegebene Stoffwechselleistung läßt sich mit der physikalischen Leistung eines kleinen Motorrades vergleichen.

Energieverbrauch und Lebensweise

Nun ist die Schlußfolgerung, daß sich die Stoffwechselleistungen von Einzellern, wechselwarmen und gleichwarmen Vielzellern wie 1 : 10 : 100 verhalten, natürlich eine grobe Vereinfachung, da sich hinter jeder dieser Gruppierungen eine außerordentliche Vielfalt verschiedener Lebensformen verbirgt. So gibt es etwa in allen Gruppen träge und aktive Tiere, mit oft beträchtlich differierenden Stoffwechselleistungen. Ein besonders drastisches Beispiel bieten die Insektenfresser unter den Säugetieren. Leiten wir aus der allometrischen Gleichung (1) den Ausdruck für den massenspezifischen Koeffizienten

$$a = y/x^{b} \qquad (4a)$$

ab und setzen für y = Grundumsatz (GU) in Watt, x = Körpermasse (M) in Kg und b = 0,75, dann erhalten wir

$$a = GU/M^{0,75} \qquad (4b)$$

und damit einen massen**un**abhängigen Ausdruck für den Energieverbrauch eines Tieres mit der Dimension Watt • $kg^{-0,75}$. Es zeigte sich nun, daß unter den Insektenfressern die Familie der Igel durch einen besonders niederen (a = 2,76), die der Spitzmäuse durch einen besonders hohen Grundumsatz (a = 8,96) ausgezeichnet ist. Der große Unterschied täuscht etwas, da die Körpertemperatur der Igel nur um 35 °C, die der Spitzmäuse hingegen bei 38 °C liegt, aber extrapolieren wir die Stoffwechselleistungen auf die höhere Temperatur, dann unterscheiden sich die aktiven Spitzmäuse von den trägen Igeln noch immer durch einen mehr als doppelt so hohen Energieverbrauch. Selbst innerhalb ein und derselben Tiergattung gibt es Vertreter mit stark unterschiedlichen Leistungsniveaus. Ein bekanntes Beispiel liefern die beiden amerikanischen Hasenarten *Lepus americanus* und *Lepus arcticus*, von denen erstere pro Gewichtseinheit fast zweimal so viel Energie verbraucht als letztere. Wo immer die beiden Arten aufeinander treffen, wird diese von jener verdrängt. Die Höhe des Energieverbrauches erhält so eine zusätzliche evolutionsbiologische Dimension. Bedeutende Unterschiede im Energieverbrauch von Tieren lassen sich auch mit der Art der Ernährung und mit den klimatischen Bedingungen des Lebensraumes verknüpfen; so verbrauchen etwa Wüstentiere stets viel weniger Energie als ihre nächsten gleichgroßen, aber in fruchtbareren Biotopen lebenden Verwandten (McNAB 1974; SHKOLNIK 1980).

Kurz und gut, der Blick auf das Allgemeine darf nicht den auf das Besondere verstellen. Andererseits zwingt uns die Berücksichtigung des Besonderen zur schärferen Differenzierung und zu genaueren Definitionen; sie beeinträchtig nicht die prinzipielle Möglichkeit, allgemeine Schlüsse ziehen zu können, wie zum Beispiel den, daß der Übergang vom Organisationstyp des Einzellers zu dem des Vielzellers und von dem des wechselwarmen zu dem des temperaturregulierenden gleichwarmen Tieres jeweils von einer starken und systematischen Erhöhung des massenspezifischen Energieverbrauches begleitet war. Wie im vorhergehenden Essay auseinandergesetzt, gilt der niedrige Energieverbrauch von Einzellern jedoch nur für *nichtwachsende* Organismen. Der Energieverbrauch *wachsender* Einzeller unterscheidet sich nicht von dem poikilothermer Vielzeller. In diesem Fall ist die systematische Erhöhung des Energieverbrauches also mit den Kosten des Wachstums und der Fortpflanzung verknüpft.

Phylogenie und Ontogenie des Energieverbrauches

Wir haben bisher nur von Unterschieden des Energieverbrauches zwischen verschiedenen Arten von Tieren gesprochen und damit ein wesentlich *phylogenetisches* Problem berührt. Alle Unterschiede zwischen Arten, auch jene, die den Energieverbrauch betreffen,wurzeln letzten Endes in Veränderungen, die ein Bauplan im Laufe der Evolution durch Anpassung an verschiedene ökologische Situationen erfahren hat.

Aber Lebewesen durchlaufen auch individuelle, *ontogenetische* Entwicklungen, in denen sie ebenfalls an Größe zunehmen, sowie ihre Proportionen, Eigenschaften und ökologischen Beziehungen ändern. Auf welche Weise wird der Energieverbrauch eines Organismus von dieser Form der Entwicklung bestimmt? Lassen sich auch aus dem *intra*spezifischen (also *inner*artlichen) Vergleich Regeln ableiten, denen der Energieverbrauch zu folgen scheint?

Stellen wir uns einmal den Lebenszyklus eines Tieres (im besonderen eines Säugetieres) vor, vom Ei über den sich entwickelnden Keim, Foetus oder Embryo zum Neugeborenen. Nach der Geburt wächst der junge Organismus heran, wird geschlechtsreif, erwachsen und schließlich – wenn ihm dafür Zeit gewährt wird – senil. Was den Energieverbrauch des Individuums im Rahmen eines derartigen ontogenetischen Zyklus betrifft, so sei zunächst festgestellt, daß der heranwachsende Keim einem Organ der Mutter gleicht und sich auch in bezug auf seine Stoffwechselrate wie ein solches verhält. Tatsächlich entspricht der Energieumsatz eines Säugerembryos pro Masseneinheit dem der Mutter und nicht etwa dem eines erwachsenen Vertreters einer anderen kleineren Art. Nach der Geburt steigt der Energieumsatz des Neugeborenen dann sehr schnell (beim Menschen innerhalb von Stunden bis ein paar Tagen) auf jenes Niveau, das ihm in der Säugerreihe aufgrund seiner Größe zukommt – ohne daß sich in dieser Zeit das Gewicht wesentlich ändern würde (HILL & RAHIMTULLA 1965; s. Abb. 5). Wir können diese Phase als einen hormonell bedingten Reifungsprozess ansehen, als eine Art physiologischer Abnabelung des Neugeborenen von der Mutter.

Nachdem das artspezifische Stoffwechselniveau dieser Lebensphase erreicht ist, beginnt das Neugeborene schnell zu wachsen, wobei der Energieumsatz nun keineswegs mit dem für *inter*spezifische Vergleiche typischen Exponenten von b = 0,75 zunimmt, sondern mit einem größeren. Für eine Reihe von Säugerarten, wie Schaf, Schwein, Katze und Mensch, hat man in dieser Phase einen Massenexponenten von ca. 1,0 gefunden (BRODY 1945; HILL & RAHIMTULLA 1965; MOUNT & STEPHENS 1970), beim Kaninchen sogar einen von 1,5 (PIEKARZEWSKA 1977). Mit anderen Worten: In dieser zweiten Phase der Entwicklung bleibt der Energieumsatz pro Masseneinheit konstant oder nimmt sogar zu, was in direktem Zusammenhang mit dem erhöhten Energiebedarf des zu dieser Zeit intensiven Wachstums stehen dürfte. Die massenproportionale Zunahme der Mitochondriendichte (von der der Sauerstoffverbrauch abhängt) ist jedoch nur solange möglich, wie Sauerstoff und Nährstoffe über respiratorische und resorbierende Flächen in ausreichender Menge zugeführt werden können. Mit zunehmender Größe geht die Massenproportionalität (b = 1,0) des Energieverbrauches dann auch in eine ungefähre Oberflächenproportionalität (b = 0,6 bis 0,66) über.

In allen gut untersuchten Fällen scheint dieser Übergang sogar recht abrupt zu sein und sich in einem kritischen Lebensalter abzuspielen, das beim Menschen etwa 18 Monate, beim Rind etwa 6 Monate und bei der Ratte etwa 3 Wochen beträgt (BRODY 1945). Im *intra*spezifischen Vergleich nimmt also – ab dem kritischen Lebensalter – der Energieverbrauch wachsender Individuen nicht mit der 3/4-Potenz, sondern oberflächenproportional mit der 2/3-Potenz der Körpermasse zu. Dies war auch der Inhalt des von MAX RUBNER vor etwa 100 Jahren formulierten »Oberflächengesetzes« des Energiestoffwechsels gewesen, dem noch heute Gültigkeit zukommt, wenn es als eine Aussage über *ontogenetische* und nicht über *phylogenetische* Veränderungen des Energieverbrauches von Tieren aufgefaßt wird (WIESER 1984).

Etwas vereinfachend wollen wir also formulieren, daß der Energiestoffwechsel von Tieren vier bis fünf Entwicklungsphasen durchläuft: Zunächst verhält sich das Ei oder der Keim wie ein Organ der Mutter und setzt pro Gramm Körpermasse etwa ebensoviel Energie um wie diese (Phase 1). Nach der Geburt nimmt der Energieumsatz in schnellen Schritten, bei mehr oder minder konstantem Körpergewicht, auf jenes Niveau zu, das innerhalb der jeweiligen systematischen Kategorie einem Tier von der Masse des Neugeborenen entspricht (Phase 2). Bis zu einem kritischen Alter nimmt dann der Energieverbrauch in etwa proportional der Körpermasse (Phase 3), ab diesem Alter proportional der Oberfläche des Tieres zu (Phase 4). An diese Phase mag sich noch eine weitere Phase der Seneszenz anschliessen, die durch eine allgemeine Abnahme der Stoff- und Energieumsätze gekennzeichnet ist. Diese Abfolge, wie sie in Abbildung 5 (ohne Berücksichtigung der Seneszenz, die außerhalb der menschlichen Gesellschaft ein eher seltenes Phänomen sein dürfte) schematisch dargestellt ist, macht auch verständlich, daß es in Unkenntnis der genauen Lage des kritischen Alters möglich ist, durch die streuenden Meßpunkte eine Regressionsgerade mit der Steigung b = 0,75 durchzulegen und so eine Übereinstimmung zwischen *intra-* und *inter*spezifischer Größenabhängigkeit der Stoffwechselraten von Tieren vorzutäuschen.

Fassen wir nochmals die bisher abgeleiteten Regeln für den Energieverbrauch von Organismen zusammen:

- Innerhalb vergleichbarer systematischer Kategorien nimmt der Energieverbrauch von Lebewesen mit der 3/4-Potenz der Körpermasse zu.
- Der Übergang vom Organisationstyp des (nichtwachsenden) Einzellers zu dem des Vielzellers und vom Organisationstyp des wechselwarmen zu dem des gleichwarmen Tieres war jeweils von einer starken und systematischen Erhöhung des massenspezifischen (d. h. auf die Gewichtseinheit bezogenen) Energieverbrauches begleitet.
- Innerhalb einer Größenklasse hängt der Energieverbrauch außerdem noch stark von der Lebensweise der Art ab. Unter Warmblütern können sich stoffwechselaktive und stoffwechselträge Arten in ihrem Energieverbrauch um einen Faktor bis zu etwa 2 unterscheiden. Unter Poikilothermen mag diese Spanne noch wesentlich größer sein, vor allem dann, wenn Arten mit unterschiedlichen Vorzugstemperaturen verglichen werden.
- Es gibt einen ontogenetischen Zyklus des Energieverbrauches, der aus 4–5 Phasen besteht. Jede dieser Phasen ist durch eine spezifische Beziehung zwischen Körpermasse und Energieverbrauch gekennzeichnet.

Der Energieverbrauch von Städten

Werfen wir nun einen Blick auf den Energieverbrauch von Städten und anderen sozialen Systemen. Es gibt viele Möglichkeiten, dieses faszinierende Thema abzuhandeln. Wir wollen zunächst von der eingangs erwähnten Analogie zwischen Organismen und sozialen Systemen ausgehen und uns die Frage stellen, welche Beziehung zwischen dem Energieverbrauch und der Größe einer Stadt besteht. Eine Stadt sei als ein soziales System definiert, das aus Gebäuden zusammengesetzt ist, in denen Menschen wohnen. Zwischen den Gebäuden und zwischen den Bewohnern bestehen mannigfache Beziehungen. Der Lebensstandard, die Zeiteinteilung, die Art der von den Menschen ausgeübten Tätigkeiten, die zur Aufrechterhaltung einer bestimmten Ordnung notwendigen Maßnahmen usw., all dies erfordert einen Betrag an Energie, der über den individuellen Energiebedarf der Bewohner hinausgeht. Betrachten wir eine moderne Stadt in einem industrialisierten Land, dann können wir im gesamten Energiebudget folgende Posten unterscheiden:

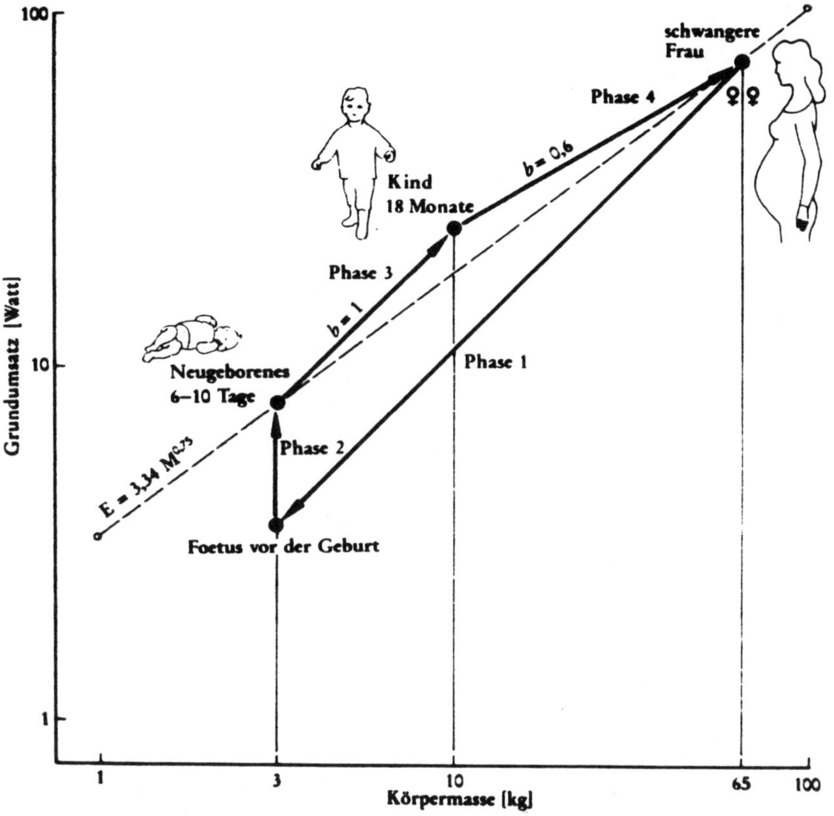

Abb. 5: Der *ontogenetische* Zyklus der Massenabhängigkeit des Grundumsatzes von Säugetieren, dargestellt am Beispiel des Menschen. Das Schema unterscheidet vier markante Lebensstadien, die durch vier Wachstumsphasen miteinander verbunden sind: die Mutter (65 Kg); der Foetus knapp vor der Geburt (ca. 3 Kg), dessen Energieverbrauch pro Gewichtseinheit dem der Mutter entspricht; das Neugeborene, 6–10 Tage nach der Geburt (ca. 3 Kg), dessen Energieverbrauch in kurzer Zeit auf das Niveau eines kleinen Säugetieres von der selben Masse angestiegen ist; das 18 Monate alte Kind (10–12 Kg), in welchem Alter die erste intensive Wachstumsphase abgeschlossen ist. Jede der Wachstumsphasen ist durch eine spezifische Größenbeziehung des Energieverbrauches gekennzeichnet. Die gestrichelte Linie charakterisiert die Massenabhängigkeit des Grundumsatzes von Säugetieren im *interspezifischen* Vergleich, also eine *phylogenetische* Variable. (E = Grundumsatz in Watt; M = Körpermasse in Kg).
Aus WIESER (1985)

■ *Individuelle biologische Energie.* Die mittlere Nahrungsenergie der Bevölkerung. Sie beträgt in einem Land wie Deutschland rund 10.000 KJ (= 10 MJ) pro Individuum.

■ *Private technische Energie.* Darunter soll im wesentlichen der durch fossile Brennstoffe gedeckte Energieaufwand für den individuellen Transport sowie für den Wärmebedarf von Wohnungen verstanden werden.

■ *Kommunale technische Energie.* Dies ist die von Elektrizäts-, Gas- und Fernheizwerken gelieferte Energie, mit der kommunale Leistungen, wie Information und Kommunikation, zentrale Versorgung von Häusern und öffentlichen Einrichtungen, Massenverkehr, industrielle Produktion usw. betrieben werden.

Ich habe nicht die Absicht, an dieser Stelle sämtliche Beziehungen des Energieverbrauches von Städten zu analysieren, sondern will mich auf einen einzigen Aspekt beschränken: auf die Abhängigkeit der kommunalen Energieversorgung von der Größe der Stadt. Dieser Posten läßt sich für Städte in der Bundesrepublik Deutschland ab einer Einwohnerzahl von etwa 2000 (der Begriff »Gemeinde« sei hier dem der »Stadt« subsumiert) aus den statistischen Unterlagen des »Deutschen Städtebundes« sowie des »Verbandes kommunaler Unternehmungen« näherungsweise berechnen*. Der individuelle biologische Energieverbrauch der Bevölkerung ergibt sich durch Multiplizieren der Einwohnerzahl mit dem mittleren individuellen Energiebedarf, wofür die oben genannte Zahl von 10.000 KJ pro Tag (entsprechend einer Leistung von etwa 115 Watt) von hinreichender Genauigkeit ist. Auf den privaten technischen Energiebedarf will ich in diesem Zusammenhang nicht eingehen. Dies schadet nicht sehr, da es weniger um die absoluten Zahlen als vielmehr um das Auffinden invarianter *Beziehungen* geht. Es sei nur angemerkt, daß der private Bedarf an Brennstoffen für Heizung eng mit dem Verbrauch an kommunaler technischer Energie korreliert. Was den Energieverbrauch für den privaten Transport mit Kraftfahrzeugen betrifft, so nimmt er *über*proportional mit der Zahl der Einwohner einer Stadt zu, denn in einer großen Stadt werden pro Auto und Jahr mehr Kilometer zurückgelegt, als in einer kleinen. Raumheizung und privater Transport machen in den Vereinigten Staaten etwa 25 % des gesamten nationalen Energieverbrauches aus (ROMER 1976). Wir wollen also annehmen, daß die im folgenden genannten Zahlen für den kommunalen Energieverbrauch von Städten miteinem Faktor von 1,1 bis 1,3

* Die Daten über den Strom- und Gasverbrauch in Städten der BR Deutschland beziehen sich auf das Jahr 1981 und stammen aus zwei Quellen: Städte über 50.000 Einwohner: Statistisches Jahrbuch Deutscher Gemeinden, herausgegeben vom Deutschen Städtetag, Jahresband 1982, pp. 368–375. Städte unter 50.000 Einwohner: Mitgliederverzeichnis des Verbandes kommunaler Unternehmen e. V., beide D-5000 Köln 51.

Nur jene Gemeinden wurden aufgenommen, für die komplette Angaben über den Strom- und Gasverbrauch vorliegen und bei denen die von den statistisch erfaßten kommunalen Unternehmen entsorgte Zahl der Einwohner mit der tatsächlichen Einwohnerzahl mehr oder minder übereinstimmt. Von der trotzdem verbleibenden Unsicherheit bezüglich der Übereinstimmung zwischen statistisch erfaßtem und tatsächlichem Energieverbrauch wird angenommen, daß sie sich ohne systematischen Trend über alle Größenklassen und Gemeinden verteilt. Die Beziehungen zwischen Energieverbrauch und Einwohnerzahl sollten also nur unwesentliche von etwaigen Korrekturen der absoluten Werte des Energieverbrauches beeinflußt werden.

zu multiplizieren wären, um zum *gesamten* (industriellen) Energieverbrauch zu gelangen. Das würde aber die allgemeinen Schlußfolgerungen nur unwesentlich beeinflussen. Die Rohdaten sind in Abb. 6 zusammengestellt, wobei zwischen folgenden Kategorien von Energieverbrauchern unterschieden wurde:

1. Städte (Gemeinden) zwischen 2.000 und 50.000 Einwohnern.
2. Städte über 50.000 Einwohner. In dieser Kategorie kann je nach Bedeutung der industriellen Energieabnehmer zwischen drei weiteren Gruppen unterschieden werden:

2. 1. Der industrielle Energieverbrauch beträgt weniger als 20 % des Gesamtenergieverbrauches der Stadt.

2. 2. Der industrielle Energieverbrauch beträgt 20–40 %.

2. 3. Der industrielle Energieverbrauch beträgt mehr als 40 %.

3. Individueller (biologischer) Energieverbrauch der Bewohner.

Für diese Kategorien von Energieverbrauchern ergeben sich nach dem Muster der Gleichung (2) die in Tabelle 3 gegebenen Beziehungen zwischen dem Logarithmus des kommunalen Energieverbrauches (y in Terajoule = 10^{12} Joule • $Jahr^{-1}$) und dem Logarithmus der Einwohnerzahl (x).

Konzentrieren wir uns auf die in Abb. 7 graphisch dargestellten Relationen, dann lassen sich folgende Schlüsse ziehen:

■ Der kommunale Energieverbrauch nimmt mit der Größe (= Einwohnerzahl) der Stadt stärker zu als der individuelle Energieverbrauch.

■ Dieser Anstieg ist in der Kategorie der Städte unter 50.000 Einwohner wesentlich steiler als in den größeren Städten (der Unterschied zwischen den beiden Steigerungsfaktoren 1,59 und 1,13 ist hoch signifikant).

Am deutlichsten wird die Konsequenz dieser beiden Schlußfolgerungen, wenn wir uns den individuellen und den kommunalen Energieverbrauch von drei Modellstädten aus den Funktionen Nr. 1., 2. und 3. errechnen. Es ergeben sich dann die in Tab. 4 aufgeführten Werte.

Während also in den kleinsten untersuchten Gemeinden der kommunale Energieverbrauch nur das 1,8fache des individuellen

Tabelle 3: Funktionelle Beziehung zwischen dem Logarithmus des kommunalen Energieverbrauches (y in TJ pro Jahr) und dem Logarithmus der Einwohnerzahl (x) in deutschen Städten, die nach ihrer Größe und nach dem Grad ihrer Industrialisierung in verschiedene Kategorien eingeteilt wurden.

Kategorie	Funktion (y = bx+a)	Korrelation	95% Vertrauensgrenzen von b
1.	y=1,59x–4,16	0,87	1,44–1,77
2.	y=1,13x–2,05	0,93	1,03–1,22
2.1	y=1,19x–2,50	0,74	0,61–1,69
2.2	y=1,08x–1,82	0,93	0,94–1,23
2.3	y=1,02x–1,44	0,97	0,93–1,11
3.	y=1,00x–2,48	1,00	1,00

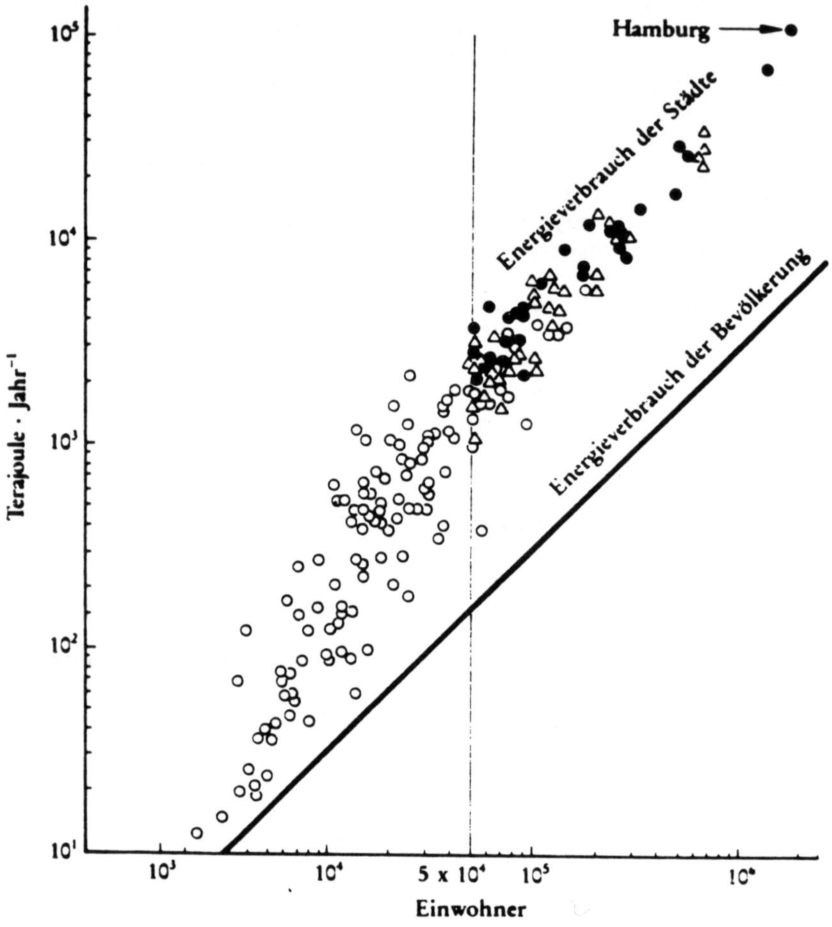

Abb. 6: Doppeltlogarithmische Auftragung des Verbrauches an kommunaler technischer Energie (Elektrizität und Gas, in TJ • $Jahr^{-1}$) in Städten der BR Deutschland in Abhängigkeit von der Bevölkerungszahl. Die Symbole haben folgende Bedeutung:
Offene Kreise: Gemeinden unter 50.000 Einwohner, bzw. Städte über 50.000 Einwohner und mit einem Anteil des industriellen Energieverbrauches von weniger als 20 % des Gesamtenergieverbrauches der Stadt;
offene Dreiecke: Industrieller Energieverbrauch 20–40 %;
Volle Kreise: Industrieller Energieverbrauch über 40 %.
Der (biologische) Energieverbrauch der Bevölkerung basiert auf der Annahme eines mittleren individuellen Wertes von 10.000 KJ • Tag^{-1}.
Aus WIESER (1985)

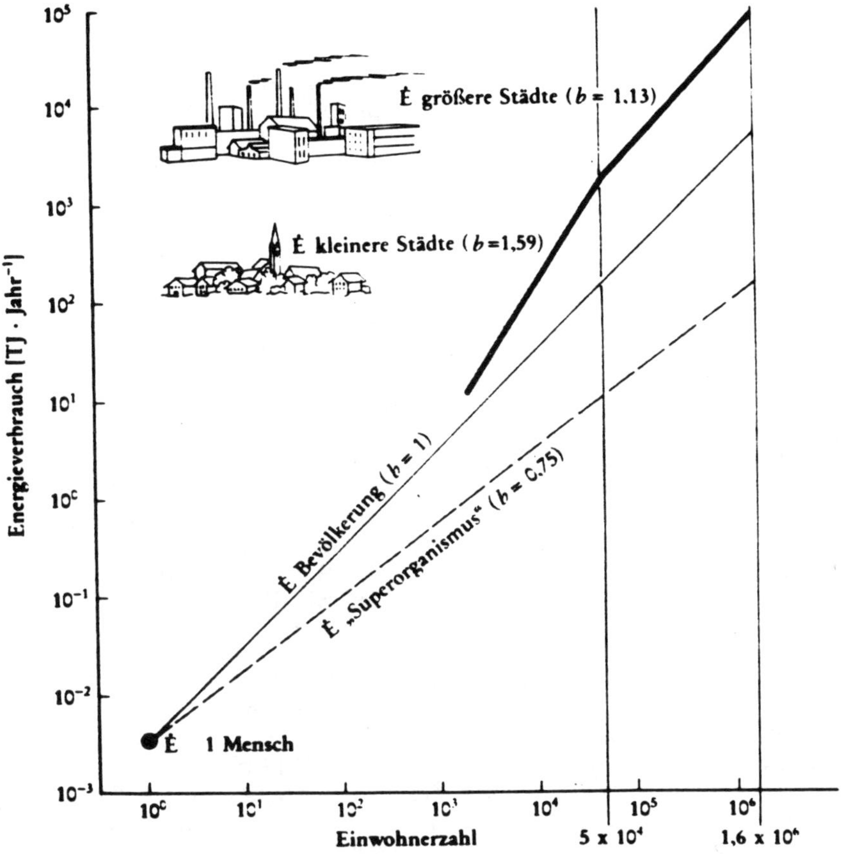

Abb. 7: Verschiedene Aspekte des Energieverbrauches von Städten und Menschen, dargestellt durch Regressionsgerade in einem doppeltlogarithmischen Koordinatensystem: Energieverbrauch (Ė in TJ • $Jahr^{-1}$) gegen Einwohnerzahl.

Dicke Linien: Der kommunale technische Energieverbrauch von Städten mit weniger bzw. mit mehr als 50.000 Einwohnern.

Dünne Linie: Der biologische Energieverbrauch der Bevölkerung.

Getrichelte Linie: Energieverbrauch eines fiktiven Superorganismus von der Masse der Bevölkerung.
Aus WIESER (1985)

Tabelle 4: Verhältnis zwischen dem Verbrauch an kommunaler, technischer und individueller biologischer Energie (in TJ pro Jahr) in drei Modellstädten mit unterschiedlicher Einwohnerzahl.

Energieform	Einwohnerzahl 2.000	50.000	$1{,}6 \times 10^6$
kommunal (E_k)	12,5	2042	91201
individuell (E_i)	6,6	164	526
E_k/E_i	1,8	12,4	17,4

(biologischen) Energieverbrauches beträgt, wächst dieses Verhältnis in Städten mit 50.000 Einwohnern auf rund 12 an: eine 7fache Steigerung. Für eine Stadt von 1,6 Millionen errechnet sich ein Verhältnis von 17,4 –, d. h. die relative Zunahme des kommunalen Energieverbrauches verläuft zwischen $5 \bullet 10^4$ und $1{,}6 \bullet 10^6$ Einwohnern beträchtlich flacher als zwischen $2 \bullet 10^3$ und $5 \bullet 10^4$.

In Abbildung 7 ist eine weitere Linie eingetragen, die mit E (= Energieverbrauch pro Zeiteinheit) »Superorganismus« bezeichnet ist. Diese Linie soll den Vergleich zwischen Organismus und Sozialsystem gewissermaßen auf die Spitze treiben. Sie beruht nämlich auf der fiktiven Annahme, verschieden große Städte repräsentierten verschieden große Organismen, deren Energieverbrauch – laut Abb. 1 – mit einem Steigerungsfaktor von b = 0,75 zunimmt. Ein »Superorganismus« mit der Masse $8 \bullet 10^7$ Kg (= 1,6 Millionen Einwohner mal 50 Kg durchschnittliche Körpermasse) hätte dann einen Energieverbrauch von rund 160 TJ • $Jahr^{-1}$ (= 5 Megawatt), dem der tatsächliche Energieverbrauch von 1,6 Millionen Menschen in der Höhe von 5.256 TJ • $Jahr^{-1}$ (= 164 MW) und der einer Stadt mit dieser Einwohnerzahl (genauer: der Stadt Hamburg) von 91.201 TJ • $Jahr^{-1}$ (= 2.850 MW) gegenüberzustellen wäre. Addieren wir zur letzteren Zahl noch den privaten technischen Energieverbrauch, dann ergibt sich ein technischer Gesamtenergieverbrauch der großen Stadt von weit über 100.000 TJ pro Jahr. Wer will, kann in der rund 700fachen Steigerung von 160 auf über 100.000 TJ • $Jahr^{-1}$ eines der Maße für den Unterschied zwischen einem Organismus und einem sozialen System von der Art einer Großstadt in einer hochindustrialisierten Zivilisation sehen.

Aber läßt sich aus dem Verlauf der Größenabhängigkeit des Energieverbrauches von Städten mit etwas Phantasie nicht auch noch ein »ontogenetischer Zyklus« herauslesen? Freilich, eine Stadt wie Hamburg hat sich nicht aus einer Gemeinde wie Garding in Schleswig-Holstein (der kleinsten hier berücksichtigten Gemeinde) entwickelt, aber zweifellos sind im industriellen Zeitalter viele kleine Städte innerhalb sehr kurzer Zeitspannen zu sehr großen Städten herangewachsen. Nun deuten die Regressionsgeraden der Abb. 7 darauf hin, daß – zumindest in einem industrialisierten westlichen Land – der kommunale Energieverbrauch kleiner Gemeinden mit 1.000 bis 5.000 Einwohnern etwa ebenso bis höchstens doppelt so groß ist, wie der biologische Energieverbrauch dieser Bewohner. Merkwürdigerweise haben – woran uns LEOPOLD KOHR (1983) erinnert – »die meisten Schilderer utopischer Gesellschaften für ihre vollkommenen Staaten Bevölkerungsgrößen zwischen 1.000 und 5.000 vorgesehen. PLATO hielt eine Bevölkerung von 5.040 Menschen für die beste. CHARLES FOURRIERS Phalansterien umfaßten 1.500 bis 1.600 Menschen. ROBERT OWENS Parallelprogramme hatten 500 bis 2.000 Mitglieder und HORACE GREELEYS Genossenschaften einige hundert bis einige tausend.« Wir könnten also ergänzen, daß das Besondere an dieser Bevölkerungsgröße die Tatsache sein mag, daß in so einem System der kommunale technische Energieverbrauch nur etwa ebenso bis höchstens doppelt so hoch wie der biologische Energiebedarf ist. Im übrigen sei erwähnt, daß dieses Verhältnis relativ unabhängig vom Entwicklungsniveau der Gesellschaft zu sein scheint. Ein aus 100 Menschen bestehendes primitives Ackerbaudorf, das sich 16 Ochsen für die Feld- und Transportarbeit leistet, muß zu den 328 GJ • $Jahr^{-1}$ für den Eigenbedarf noch 488 GJ • $Jahr^{-1}$ für das kommunale Eigentum investieren; ein Verhältnis von 1 : 1,5.

Ab einer Einwohnerzahl von 1.000 bis 5.000 folgt eine Phase der Vergrößerung, die durch einen besonders rasanten Anstieg des kommunalen Energieverbrauches gekennzeichnet ist –, so wie sich beim Säugetier die Phase des intensiven Wachstums nach der Geburt durch eine besonders starke Zunahme des Energieverbrauches auszeichnet (Abb. 5). Ab einem kritischen Alter schalten, wie wir gehört haben, tierische Organismen auf einen sparsameren Energieverbrauch zurück, und auch in der Statistik des Energieverbrauches von Städten gibt es eine kritische Größe von etwa 50.000 Einwohnern, ab der der kommunale Energieverbrauch wesentlich weniger steil ansteigt, als in den kleineren Gemeinden. Nun repräsentiert diese Statistik sicherlich nur einen kurzen Abschnitt in einem umfassenderen und längerfristigen Entwicklungsprozeß. Hätte die Menschheit Zeit und Gelegenheit, ihre sozialen Systeme weiter zu entwickeln (was ja gar nicht ausgemacht ist), dann müßte die Tendenz zweifellos dahin gehen, die Zunahme des Energieverbrauches von Städten mit deren zunehmender Größe zu reduzieren. Viele energiesparende Maßnahmen – wie Wärmerückgewinnung, Fernheizung, Massentransport usw. – werden erst ab einer kritischen Bevölkerungsgröße rentabel. Es läßt sich also voraussagen, daß bei ungebrochener technischer Entwicklung die Regressionsgerade des Energieverbrauches gegen die Systemgröße aufgetragen immer flacher werden muß, wobei ich nicht anstehe, nochmals die Analogie zwischen Organismus und Sozialsystem zu strapazieren und zu behaupten, daß die untere Grenze der Steigerung des Energieverbrauches von Städten durch den Massenexponenten des Grundumsatzes tierischer Organismen definiert ist. Das heißt, in ausgereiften sozialen Systemen würde der Energieverbrauch weniger stark als die Bevölkerung zunehmen, so etwa bei einer Zunahme der Bevölkerungsgröße um 100 % nur um 60 bis 70 %.

Produktivität und Produktionskosten: Geschichte eines Paradigmenwechsels

Im vorhergehenden Essay wurde auseinandergesetzt, daß gewisse Aspekte der Produktivität von Organismen eng mit dem Energieverbrauch korrelieren. So setzen etwa gleichwarme Tiere im Durchschnitt zehnmal mehr Energie um als wechselwarme Tiere, aber sie legen pro Zeiteinheit auch zehnmal mehr Körpersubstanz zu. Andere Formen der Produktivität haben sich im Laufe der Evolution jedoch vom Energieverbrauch der Organismen abgekoppelt: so sind die auf gleiche Zeit- und Gewichtseinheiten relativierten Energiekosten für die Erzeugung von Nachkommen von den einfachsten Vielzellern bis zu den höchsten Säugetieren weitgehend konstant geblieben, ja sogar etwas *gesunken*, während sich der gesamte Energiedurchsatz durch die Tiere um einen Faktor von 10–20 *erhöht* hat. Hinter diesem evolutionären Prozeß steckt das, was man in der Ideengeschichte mit THOMAS KUHN (1962) als einen »Paradigmenwechsel« bezeichnen würde: die Umstellung auf eine völlig neue Strategie der Verteilung von Energie in Organismen. Während bei einzelligen Lebewesen fast die gesamte chemische Energie der Nahrung in die Prozesse des Wachstums und der Fortpflanzung – also in die Erhaltung der *Keimbahn* – gesteckt wird, investieren poikilotherme und homoiotherme Vielzeller in zunehmendem Maße in die Tätigkeiten des Individuums und in dessen Beziehungen mit Nachkommen und Stammesgenossen.

Dieselbe Doppelstrategie des Produktionsprozesses läßt sich auch in menschlichen Gesellschaften beobachten. Zunächst fällt auf, daß die industrielle Produktion eng mit dem Energieverbrauch korreliert. Die Entwicklung der letzten Jahrhunderte ist gekennzeichnet durch den gleichzeitigen Anstieg des Energieverbrauches und der Produktivität, wodurch seit dem Ende des letzten Krieges mehr Menschen ein verschwenderischer Überfluß an Sachgütern beschert wurde, als jemals zuvor in der Geschichte. Allerdings gibt es innerhalb dieser Beziehung zwischen Energieeinsatz und Produktivität (die wir uns nicht als eine Regressions*gerade* sondern als ein Regressions*band* vorzustellen haben) genügend Raum für mehr oder minder wirtschaftliche Varianten. So ist oft darauf hingewiesen worden, daß Schweden pro Kopf das gleiche Bruttonationalprodukt wie die Vereinigten Staaten erwirtschaftet, dafür aber nur halb so viel Energie verbraucht. Dies erinnert daran, daß sich auch bei gleich großen und nahe verwandten Tierarten das Verhältnis zwischen Produktivität und Energieverbrauch um einen Faktor von etwa zwei unterscheiden kann (WIESER 1986).

Neben dieser proportionalen Entwicklung von Produktivität und Energieverbrauch (in der wir einen Faktor von 2–3 als Maß für die Variabilität der Wirtschaftlichkeit spezifischer Lösungen akzeptieren wollen) hat es in der Geschichte der Menschheit jedoch auch einen echten Paradigmenwechsel im Umgang mit der Energie gegeben, der sich durch eine Verschiebung des Verhältnisses zwischen Einsatz und Gewinn um einen Faktor von 10 bis 20 und darüber charakterisieren läßt.

Am deutlichsten sichtbar wird diese Entwicklung in der Landwirtschaft.

In der vorindustriellen Landwirtschaft bestand der Energieeinsatz, zusätzlich zur Primärenergie der Sonne, fast ausschließlich aus der menschlichen Arbeit, zu der in vielen Kulturen noch die von Nutztieren hinzukam. Eine Erhöhung der Produktivität konnte im wesentlichen nur durch eine Erhöhung des Arbeitseinsatzes von Menschen und Tieren erreicht werden, der sich auf Grund unserer Kenntnisse über die Zusammensetzung und Verwertung von Nahrung in Energieeinheiten ausdrücken läßt. Die vorindustrielle Maisproduktion in Mexiko erforderte zum Beispiel den Einsatz von Menschen, die mit Axt und Haue den Wald rodeten, bzw. den Boden bearbeiteten und dabei im Durchschnitt 17.000 KJ pro Tag und Mann verbrauchten, was einer Leistung von 200 Watt entspricht. Für die Bearbeitung von 1 ha Boden waren pro Jahr im Durchschnitt 1.140 Mannstunden (= 143 Manntage) vonnöten, so daß sich ein Energieeinsatz von rund 2,5 Millionen KJ • ha^{-1} • $Jahr^{-1}$ ergibt (PIMENTEL & PIMENTEL 1979). Der so bearbeitete Boden lieferte dann mit Hilfe der Sonnenergie pro Hektar und Jahr eine durchschnittliche Ernte von 1.944 Kg Mais mit einem Energiegehalt von 28,8 Millionen KJ. Das Verhältnis zwischen erwirtschafteter und eingesetzter Energie betrug in dieser primitiven Landwirtschaft somit 11 : 1, d. h. durch den Einsatz von 1 KJ, überwiegend in der Form von menschlicher Arbeit, wird die Natur veranlaßt, rund 11 KJ in der Form von organischer Substanz zurückzugeben, die fast zur gänze wieder vom Menschen und seinen Arbeitstieren verwertet wird, bzw. als Dünger im Feld verbleibt. Ein zusätzlicher Bonus war hierbei, daß sich die Arbeitstiere von den für Menschen unverwertbaren Anteilen der Produktion zu ernähren vermögen.

Dieses Budget hängt natürlich in starkem Maße von der Beschaffenheit des Bodens, vom Klima, von der Art der Pflanze, von den Interessen der Bevölkerung und anderen Randbedingungen ab. Eine Zusammenstellung primitiver Landwirtschaften, in denen Mais, Reis, Sorghum und Cassava (Maniok) angepflanzt wurden, zeigt beispielhaft, daß unter diesen Bedingungen der Nutzungsquotient E_r (das Verhältnis von Energiegewinn zu Energieeinsatz, jeweils in MJ • ha^{-1} • $Jahr^{-1}$) zwischen 7 und 23 schwankt und daß unter den günstigsten Bedingungen um 80 • 10^6 KJ • ha^{-1} • $Jahr^{-1}$ dem Boden abgewonnen werden können, was sich durchaus mit den höchsten Leistungen industrieller Landwirtschaftsbetriebe vergleichen läßt (Tab. 5). Diese industriellen Betriebe, mit ihren extremsten Repräsentanten in den USA, imponieren zwar durch eine Steigerung der Produktivität (bei gleichwertigen Produkten) um das 3- bis 4fache, doch läßt sich diese Steigerung nur durch eine überproportionale Erhöhung des Energieeinsatzes in der Form von Maschinen, Düngung, Bewässerung und Schädlingsbekämpfung erreichen. Das heißt aber, daß der Nutzungsquotient E_r bis auf ein Zehntel und darunter des für die vorindustrielle Landwirtschaft unter günstigsten Bedingungen charakteristischen Wertes sinkt (Tab. 5). Durch Berücksichtigung eines noch weiteren Spektrums unterschiedlicher landwirtschaftlicher Systeme haben LEACH (1976) und BAYLISS-SMITH (1982) die von der zunehmenden Industrialisierung der Landwirtschaft bewirkten Veränderungen der Produktionseffizienz in noch dramatischerer Form sichtbar ge-

Tabelle 5: Manueller oder maschineller Energieeinsatz und Produktivität in einigen vorindustriellen und vollindustrialisierten landwirtschaftlichen Systemen. (Nach PIMENTEL & PIMENTEL 1979). Der Nutzungsquotient E_r entspricht dem Verhältnis Produktion/Energieeinsatz.

	überwiegend Menschenenergie	MJ • ha⁻¹ Jahr⁻¹		überwiegend Maschinenenergie	MJ • ha⁻¹ Jahr⁻¹
Mais					
Mexiko:	Einsatz	2685	USA:	Einsatz	27303
	Produktion	28847		Produktion	80042
	E_r	10,7		E_r	2,9
Reis					
Borneo:	Einsatz	4323	USA:	Einsatz	60359
	Produktion	30589		Produktion	93469
	E_r	7,1		E_r	1,6
Sorghum					
Sudan:	Einsatz	861	USA:	Einsatz	22459
	Produktion	12414		Produktion	44090
	E_r	14,4		E_r	2,0
Cassava			Tomaten		
Tanga:	Einsatz	3504	USA:	Einsatz	69222
	Produktion	80336		Produktion	41479
	E_r	22,9		E_r	0,6

macht (Abb. 8). In dieser Abbildung sind die Analysen von 84 Systemen zusammengefasst, deren Nutzungsquotienten sich in charakteristischer Weise verteilen (Tab. 6).

Der erwähnte Paradigmenwechsel kündigt sich nicht durch die absolute Erhöhung der Produktivität des Bodens an, sondern durch die Reduktion des Nutzungsquotienten von einem Bereich um 20 auf einen Bereich um 1. Diese Reduktion der ökologischen Produktivität eines künstlichen Lebensraumes um einen Faktor von etwa 20 entspricht – wie wir im vorhergehenden Essay gehört haben – ziemlich genau der Reduktion der ökologischen Produktivität in tierischen Populationen, wenn wir poikilotherme Tiergruppen als »Niedrig-

Tabelle 6: Nutzungsquotienten (E_r = Produktion/Energieeinsatz) in 84 landwirtschaftlichen Systemen, eingeteilt nach dem Grad ihrer Industrialisierung (aus BAYLISS-SMITH 1982).

Systemkategorie	E_r
Vorindustriell	13,0–65
Halbindustriell	1,7–11
Vollindustriell, Landwirtschaft	0,7– 4,9
Vollindustriell, Landwirtschaft mit Tierhaltung	0,1– 1,2

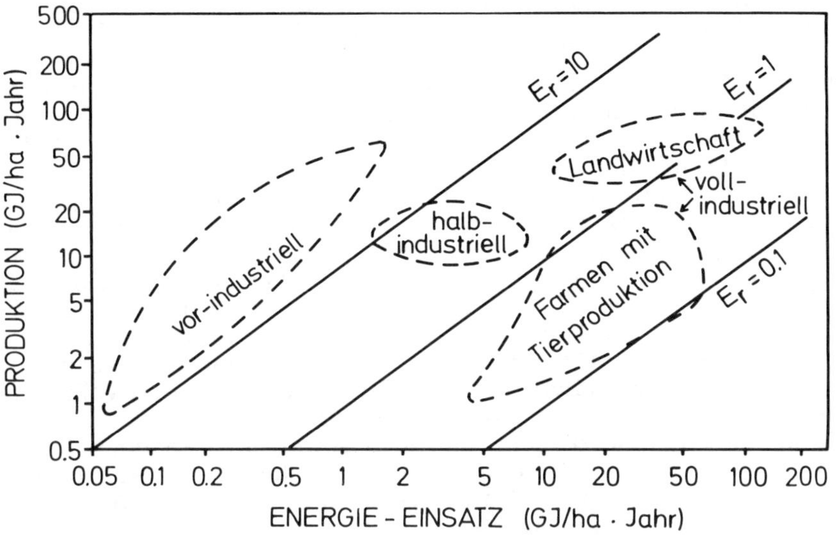

Abb. 8: Die Beziehung zwischen der jährlich produzierten und der hierfür eingesetzten (ohne Berücksichtigung der von der Sonne gelieferten) Energie in verschiedenen Formen landwirtschaftlicher Systeme. Das Verhältnis Produktionsenergie / eingesetzte Energie (beide in GJ • ha^{-1} • $Jahr^{-1}$) repräsentiert den Nutzungsquotienten E_r, für den drei markante Werte, nämlich 0,1, 1 und 10, als Orientierungsgerade im doppeltlogarithmischen Koordinatensystem angegeben sind. Nach BAYLISS-SMITH (1982)

energiesysteme« mit homiothermen Tiergruppen als »Hochenergiesysteme« vergleichen. Das geht aus der Gegenüberstellung von Abb. 8 und Abb. 9 sowie der Daten in Tab. 6 und Tab. 7 hervor (siehe auch Tab. 1 auf S. 18). Das Verhältnis zwischen der ökologischen Produktivität (P) und dem Energieumsatz (R) tierischer Populationen entspricht dem Nutzungsquotienten E_r der landwirtschaftlichen Systeme. Die absoluten Werte dieses Verhältnisses sind bei den tierischen Populationen natürlich wesentlich geringer als bei den pflanzlichen Populationen, da bei diesen der Anteil der primären Energiequelle, des Sonnenlichtes, außer acht gelassen wurde. Da die Verwandlung der photosynthetisch aktiven Strahlung der Sonne in pflanzliche Produktion mit einem Wirkungsgrad von meist 1–2 %, maximal 10 %, erfolgt (s. folgenden Essay), würden sich unter Berücksichtigung dieses Wertes alle in Tab. 5 zusammengestellten Nutzungsquotienten auf ein Zehntel bis ein Hundertstel vermindern. Der Unterschied zwischen den vorindustriellen und den vollindustrialisierten Systemen bliebe jedoch erhalten.

Es scheint also so zu sein, daß sich sowohl in tierischen Populationen wie in der Landwirtschaft eine Entwicklung von scheinbar »effizienten« Systemen (hohe Nutzungsquotienten) zu scheinbar »ineffizienten« Systemen (niedrige Nutzungsquotienten) vollzogen hat, die den Charakter eines Paradigmenwechsels hat. Das Charakteristische an diesem Wechsel ist die enorme Steigerung des Einsatzes von Energie, um ein bestimmtes Produkt zu erzeugen. In tierischen Populationen wird dieses Produkt durch die Nachkommen repräsentiert, die Garanten für die Erhaltung der Keimbahn; in landwirtschaftlichen Systemen geht es um die Erzeugung der Grundnahrungsmittel der menschlichen Bevölkerung.

Ich muß nun auf einen wichtigen Unterschiedzwischen der Energieverteilung in natürlichen Populationen und der in einem modernen landwirtschaftlichen System aufmerksam machen:

In natürlichen Populationen von Tieren hat sich im Verlauf der Evolution von Einzellern zu wechselwarmen Tieren und von diesen zu gleichwarmen Tieren zwar der gesamte Energiedurchsatz gewaltig gesteigert, die biochemischen Kosten zur Produktion von Nachkom-

Tabelle 7: Mittlere ökologische Produktion (P), mittlerer Energieumsatz (R), beide in MJ • ha^{-1} • $Jahr^{-1}$, und Nutzungsquotient P/R (= E_r) in insgesamt 205 tierischen Populationen (verändert nach HUMPHREYS 1979).

Systemkategorie	P (MJ • ha^{-1} • $Jahr^{-1}$)	R	P/R (= E_r)
Poikilotherme:			
Nichtsoziale Insekten	86	120	0,72
andere Wirbellose	417	1350	0,31
Homoiotherme:			
Insektenfresser	0,5	60	0,01
andere Säugetiere	4,0	117	0,034
Vögel	5,0	420	0,012

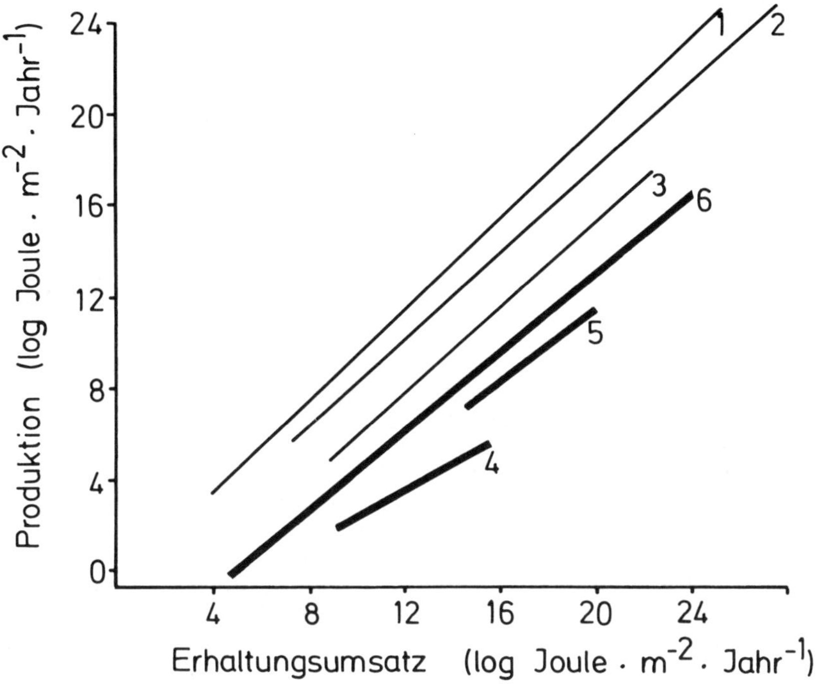

Abb. 9: Doppeltlogarithmische Darstellung der jährlichen Produktion in Beziehung zum jährlichen Erhaltungsumsatz (beide in Joule pro m^2 und Jahr) bei sieben Gruppen tierischer Populationen. Die Ziffern beziehen sich auf folgende systematische Kategorien:

Wechselwarme Tiere (dünne Linien)
1: Nichtsoziale Insekten
2: Wirbellose ohne Insekten
3: Soziale Insekten und Fische

Gleichwarme Tiere (dicke Linien)
4: Insektenfresser
5: Vögel
6: Säuger ohne Insektenfresser

Etwas verändert aus PHILLIPSON (1981)

men sind jedoch mehr oder minder konstant geblieben (s. Tab. 2, S. 19). Daraus resultiert gewissermaßen ein »Überschuß« an Stoffwechselenergie, den homoiotherme Tiere in den individuellen Komfort (wenn wir das Schaffen eines konstanten inneren Milieus so nennen wollen), in ein reichhaltiges Spektrum von Aktivitäten und in soziale Beziehungen investieren. Hierher zu rechnen sind der Bau von Nestern und Höhlen; das Verteidigen von Territorien; Balz- und Paarungsrituale; Spiele und Wanderungen; vor allem aber die Ernährung, Pflege und Erziehung von Jungen.

In den industriellen Systemen unserer Zeit sind Energieumsatz und Produktivität jedoch weiterhin eng gekoppelt. Konzentrieren wir uns auf die Landwirtschaft, dann erwecken Daten, wie die in Tab. 5 mitgeteilten, den Eindruck, als hätte die enorme Erhöhung des Energieflusses vor allem den Zweck, die Produktivität des Bodens zu erhöhen, den Ernteertrag zu steigern und damit die Voraussetzung für eine bessere Ernährung der Menschheit zu schaffen. Das Sinken des Nutzungsquotienten deutet an, daß die Erhöhung der Produktionsleistung (bei vergleichbaren Produkten um einen Faktor von 3–4) nur durch eine unverhältnismäßige Steigerung des Einsatzes an technischer Energie (um das 10- bis 30fache) zu erreichen war.

Wo immer diese industrielle Option verwirklicht wurde, stellt sich jedoch heraus, daß *zuviel* produziert wird. Butterberge, Fleischberge, Milchseen, Weinseen usw. wurden erzeugt, deren Erhaltung einen beträchtlichen Anteil des Volksvermögens absorbiert. Letzten Endes läßt sich dasselbe von der gesamten Industrieproduktion in der entwickelten Welt sagen: *es wird zu viel produziert*. Indem die industrialisierte Welt wie gebannt auf den Produktionsprozeß blickt und sich – trotz aller nachteiligen Erfahrungen – von einer weiteren Steigerung der Produktion das Heil erwartet, hat sie das Augenmaß für einen weiteren (nach Ansicht der sozialistischen Denker des vorigen Jahrhunderts den entscheidenden) Effekt der Industrialisierung verloren: die Befreiung des Menschen von der Fronarbeit. Nichts deutet darauf hin, daß zwischen der Mechanisierung der Arbeit und der Steigerung der Produktivität eine stets und überall gültige gesetzmässige Beziehung besteht.

Betrachten wir zum Beispiel nochmals die in Tab. 5 angeführte Maisproduktion:

In Mexiko werden rund 2.500 MJ an menschlicher Arbeit eingesetzt, um pro Hektar und Jahr etwa 30.000 MJ an pflanzlicher Energie zu produzieren. In den USA ist der Gesamtenergieeinsatz etwa 10mal so hoch, doch sind in ihm nur 23 MJ an menschlicher Arbeit enthalten. Während in Mexiko insgesamt 143 Manntage notwendig sind, um 30.000 MJ Maisenergie zu erzeugen, genügen in den USA 1,5 Manntage, um fast das 3fache, nämlich 80.000 MJ zu erzeugen.

Diese Produktivitätssteigerung ist jedoch nichts, worauf man stolz sein kann, wenn sich herausstellt, daß die Speicher voll sind. Wesentlich ist hingegen, daß mit Hilfe eines großen Einsatzes an technischer Energie *ein* Mensch nun ein Maß an Arbeit verrichtet, wofür früher 100 Menschen notwendig waren. Diese Strategie ergibt nur dann einen Sinn, wenn die wegrationalisierten 99 Arbeiter nicht als *Opfer*, sondernals *Nutznießer* des Symstems erscheinen, denen es auf diese Weise ermöglicht wird, sich anderen, befriedigenderen Tätigkeiten zuzuwenden. Meint man, daß die Steigerung der Produktivität notwendig sei, um die Kosten des großen Einsatzes an technischer Energie zu decken, dann redet man am eigentlichen Problem der Überflußgesellschaft vorbei. Hätte sich nämlich die Produktionsleistung des amerikanischen Maisfarmers gegenüber der des mexikanischen Maisbauern *nicht* erhöht, der Preis des Produktes jedoch gleichzeitig *verdreifacht*, dann wäre die kostspielige Lagerhaltung nicht notwendig und der eigentliche Profit des Paradigmenwechsels, die Entlassung der 99 Arbeiter aus der Fronarbeit, hätte dennoch realisiert werden können. Dies geschah nur deshalb nicht, weil die Kosten der freigesetzten Arbeiter bei der Preisgestaltung des Produktes nicht berücksichtigt worden waren (und im Rahmen der gegenwärtig herrschenden ökonomischen Theorie wohl auch nicht berücksichtigt werden könnten).

Diese Ansicht mag in einer Zeit, in der mehr vom *Sparen* als vom *sinnvollen Einsatz einer großen Menge von Energie* die Rede ist, als ketzerisch gelten. Aber wovon ich spreche, das ist seit je die Strategie der biologischen Evolution gewesen. So erzeugt ein Fisch ein paar Millionen Eier und Larven, von denen nur ganz wenige zu adulten Tieren heranwachsen werden (so wie nur wenige Kilogramm jenes Butterberges, der von modernen europäischen Kühen erzeugt wird, tatsächlich auf dem Frühstückstisch landen). Ein Säugetier bringt demgegenüber nur ein paar Junge zur Welt, die dank intensiver Brutpflege alle eine große Überlebenschance haben. In dem Maße, in dem die Säugetiereltern mehr Energie in die Erhaltung ihrer wenigen Jungen stecken, als die Fischeltern in die Erhaltung ihrer Millionen Larven, ist der *evolutionäre Wert* des einzelnen Säugerjungen größer als der einer Fischlarve, auch wenn sich die reinen Gestehungskosten aller Nachkommen der Säugereltern und aller Nachkommen der Fischeltern, auf gleiche Masseneinheiten normiert, kaum voneinander unterscheiden. Die Erhöhung des Energiedurchsatzes gekoppelt mit einer Stabilisierung der Produktionskosten (Tab. 2, S. 19) hatte bei Säugetieren die dramatische *Reduktion* der ökologischen Produktivität (Tab. 1, S. 18) und die ebenso dramatische *Steigerung* dessen zur Folge, was man in der menschlichen Gesellschaft »Lebensqualität« nennen würde: ein konstantes inneres Milieu sowie ein erweitertes Repertoire an individuellen Verhaltensweisen und sozialen Bindungen.

Der Unterschied zwischen den beiden Systemen läßt sich auch noch auf andere Weise charakterisieren: In beiden Fällen nimmt der »Wirkungsgrad« der Produktionsleistung, also das Verhältnis zwischen produzierter Biomasse und eingesetzter Energie, ab, wenn wir jeweils das Niedrigenergiesystem mit dem Hochenergiesystem vergleichen (s. Tab. 6, 7). In den landwirtschaftlichen Systemen geht die Verringerung des Wirkungsgrades ausschließlich auf das Konto des dramatisch angestiegenen Energieumsatzes; in den tierischen Systemen hingegen ist es die ebenso dramatisch gesunkene ökologische Produktivität, die für den verringerten Wirkungsgrad verantwortlich ist. Im ersten Fall wird der Energiezuwachs benutzt, um die Produktionsleistung zu steigern; im zweiten Fall wird die vom Produktionszwang befreite Energie für die Steigerung individueller und sozialer Aktivitäten verwendet.

Wer will, mag aus dieser Analogie eine Lehre ziehen.

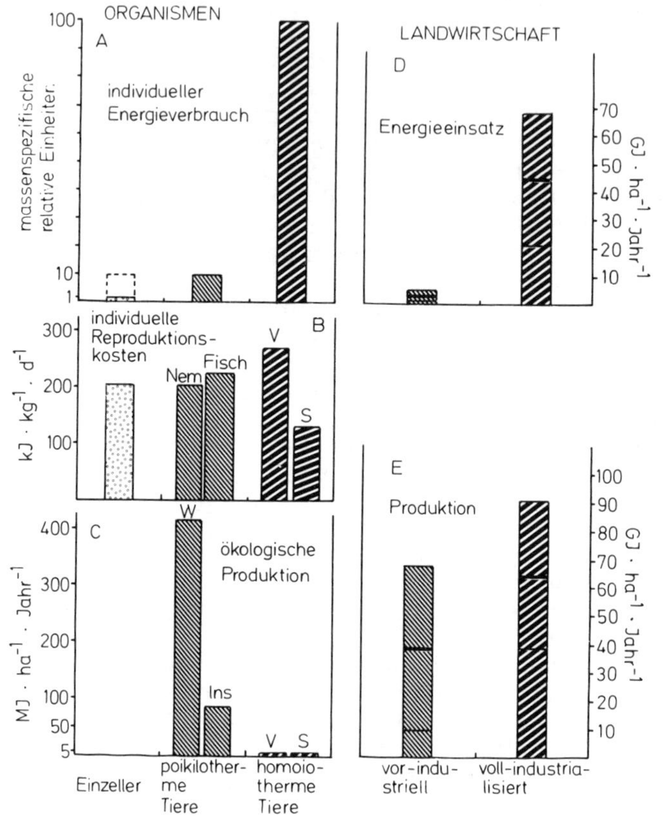

Abb. 10: Überblick über die Energieverteilung und Produktionsleistungen in tierischen Populationen (linke Hälfte) und in ausgewählten landwirtschaftlichen Systemen (rechte Hälfte). Für die einzelnen Diagramme gelten folgende Hinweise:
A: Massenspezifischer individueller Energieverbrauch von Einzellern, poikilothermen und homoiothermen Tieren nach den in Abb. 1 (S. 13) und Abb. 2 (S. 16) dargestellten Regeln. Bei den Einzellern ist zwischen wachsenden (gestrichelt) und nichtwachsenden Populationen unterschieden. Der massenspezifische Energieverbrauch hat die Dimension Watt • Kg^{-1}, doch ist er hier in relativen Einheiten aufgetragen, wobei der Wert für Warmblüter gleich 100 gesetzt wurde.
B: Individuelle Reproduktionskosten ausgewählter Tiere und Tiergruppen nach Tab. 2 (S. 19). Als Reproduktionskosten gelten die von der Mutter zusätzlich zu ihrer Erhaltung aufgewendeten Energiekosten (in KJ • d^{-1}) pro Kg Nachkommen. Nem = Nematoden (Fadenwürmer); V = Vögel; S = Säugetiere.
C: Die jährliche Produktivität tierischer Populationen nach Tab. 6 (S. 44). W = Wirbellose außer Insekten; Ins = nichtsoziale Insekten.
D und E: Energieumsatz und Produktion in einigen ausgewählten vor-industriellen und voll-industrialisierten Landwirtschaften, nach Tab. 5 (S. 44). In jeder Säule gibt der dicke mittlere Balken den Mittelwert an, die oberen und unteren dünnen Grenzlinien repräsentieren jeweils eine Standardabweichung

Die wesentlichsten Aspekte des Verteilungsmusters der Energie in Organismen und in den Systemen der Landwirtschaft sind schematisch nochmals in Abb. 10 zusammengefaßt. Was die Energieverteilung in Organismen betrifft, so wird deutlich, daß beim Übergang von Einzellern zu poikilothermen Tieren und von diesen zu homoiothermen Tieren
1. der individuelle Energieverbrauch drastisch zunimmt;
2. die individuellen Reproduktionskosten der Mutter (d. h. die auf gleiche Zeit- und Gewichtseinheiten bezogenen Energiekosten für die Produktion von Nachkommen) ziemlich gleich bleiben, ja, was die Säugetiere betrifft, sogar etwas abnehmen, und
3. die ökologische Produktion von Populationen drastisch abninmmt.

In der Landwirtschaft hat die Industrialisierung, wie in der Natur die Erfindung der Homoiothermie, zu einer starken Erhöhung des Energieeinsatzes geführt, aber zum Unterschied von den Verhältnissen in natürlichen Populationen hat in der Landwirtschaft auch die Produktion stark zugenommen.

Literatur

BAYLISS-SMITH, T., 1982: Energy Use, Food Production and Welfare: Perspectives on the 'Efficiency' of Agricultural Systems. In: Energy and Effort (G. A. HARRISON, ed.) Taylor & Francis London.

BRODY, S., 1945: Bioenergetics and Growth. Reinhold Publ. Corp. New York.

HEMMINGSEN, A. M., 1960: Energy Metabolism as Related to Body Size and Respiratory Surface, and its Evolution. Rep. Steno Memorial Hosp. Nord. Insulinlab. **9**, 1-110.

HILL, J. R., & K. A. RAHIMTULLA, 1965: Heat Balance and the Metabolic Rate of New-born Babies in Relation to Environmental Temperature and the Effect of Age and of Weight on Basal Metabolic Rate. J. Physiol. **180**, 239-265.

HUMPHREYS, W. F., 1979: Production and Respiration in Animal Populations, J. Animal Ecol. **48**, 427-453.

KLEIBER, M., 1932: Body Size and Metabolism. Hilgardia **6**, 315-353.

KOHR, L., 1983: Die überentwickelten Nationen. Alfred Winter, Salzburg.

KUHN, T., 1962: The Structure of Scientific Revolutions. Univ. Chicago Press, Chicago. [Deutsche Ausgabe, 1960: Die Struktur wissenschaftlicher Revolutionen. Suhrkamp Taschenbuch Wissenschaft Nr. 25].

LEACH, G., 1976: Energy and Food Production. IPC Science and Technology Press, Guildford.

MCNAB, B. K., 1974: The Energetics of Endotherms. Ohio J. Sci. **74**, 370-380.

MOUNT, L. E., & D. B. STEPHENS, 1970: The Relation between Body Size and Maximum and Minimum Metabolic Rates in the New-born Pig. J. Physiol. **207**, 417-427.

PHILLIPSON, J., 1981: Bioenergetic Options and Phylogeny. In: Physiological Ecology (C. R. Townsend & P. Calow, eds.), pp. 20-45. Blackwell Sci. Publ., Oxford.

PIEKARZEWSKA, A. B., 1977: Changes in Thermogenesis and its Hormonal Regulators during Postnatal Development of Rabbits and Guinea Pigs. Acta Theriol. **22**, 159-180.

PIMENTEL, D., & M. PIMENTEL, 1979: Food, Energy, and Society. Edward Arnold Publ. London.

ROMER, R. H., 1976: Energy. An Introduction to Physics. W. H. Freeman & Comp. San Francisco.

SHKOLNIK, A., 1980: Energy Metabolism in Hedgehogs: »Primitive« Strategies. In: Comparative Physiology: Primitive Mammals, pp. 148–154. Cambridge Univ. Press, London.
WIESER, W., 1984: A Distinction must be Made Between the Ontogeny and the Phylogeny of Metabolism in Order to Understand the Mass Exponent of Metabolism. Resp. Physiol. **55**, 1–9.
WIESER, W., 1985: Der Energieverbrauch von Organismen und Städten. Biol. i. u. Zeit 15. Jahrg., 1–7.
WIESER, W., 1986: Bioenergetik: Energietransformationen bei Organismen. G. Thieme, Stuttgart.

Quellenhinweis zum 2. Essay
Veränderte und erweiterte Fassung von: »Der Energieverbrauch von Organismen und Städten«. Biologie in unserer Zeit, 15. Jahrg., 1985

3. Essay: Wieviele – und welche – Menschen erträgt die Erde?

Betrachten wir die räumlichen und zeitlichen Veränderungen, die die Völker der Erde in den letzten Jahrhunderten durchgemacht haben, dann drängt sich der Eindruck auf, wir seien Zeugen einer dramatischen Phase in der Evolution des Lebens. Zwischen 8000 v. Chr. und 1650 n. Chr., also innerhalb von 10000 Jahren, hatte sich die menschliche Bevölkerung von wahrscheinlich 5 Millionen auf 500 Millionen vermehrt, was einer Verdopplungszeit von etwa 1500 Jahren entspräche. Die nächsten Verdopplungsschritte folgten in immer kürzeren Zeitabständen aufeinander: zunächst in 200, dann in 80, dann in 45 Jahren. Gegenwärtig beträgt das jährliche Bevölkerungswachstum auf der Erde im Durchschnitt 2 %, die Verdopplungszeit 34 Jahre. THOMAS ROBERT MALTHUS, einer der Väter der Populationsbiologie, war der Meinung gewesen (MALTHUS 1806; s. HUTCHINSON 1978, p. 12), daß sich die Menschheit unter – wie er sagte – »günstigsten« Bedingungen alle 25 Jahre verdoppeln könne. Aber andere soziologisch bedeutsame Prozesse laufen noch viel schneller ab, so etwa in vielen Ländern die Urbanisierung. Die Einwohnerzahl von Nairobi wächst mit 7 %, die von Lusaka und Lagos mit 14 % pro Jahr, d. h. sie verdoppelt sich in 10 bzw. in 5 Jahren. Derartig explosive Wachstumsvorgänge kennzeichnen heutzutage vor allem Entwicklungs- und Schwellenländer, doch setzen deren Schicksale nur eine Tendenz fort, die sich um das Jahr 1600, vielleicht sogar noch früher, auf der ganzen Erde anzukündigen begann – und zwar gleichzeitig in Regionen mit so unterschiedlichen Gesellschaftsstrukturen wie China und Westeuropa. Lange vor dem eigentlichen Beginn des technischen Zeitalters, noch ehe sich medizinische und hygienische Maßnahmen auf die große Masse der Menschen hätten auswirken können, begannen die Wachstumsraten vieler Völker zuzunehmen; ein Prozeß, der von Katastrophen zwar unterbrochen werden konnte, in seiner unerbittlichen Konsequenz scheinbar jedoch nicht aufzuhalten war. Die Wachstumskurve der Bevölkerung Westeuropas vor und nach der großen Pestepidemie im 14. Jahrhundert macht diesen Vorgang deutlich (Abb. 11): Zwischen dem Jahr 1200 und der Mitte des 14. Jahrhunderts hatte die europäische Bevölkerung von etwa 55 auf 85 Millionen Menschen zugenommen. Innerhalb von 50 Jahren reduzierte der schwarze Tod diese Zahl auf etwa 60 Millionen; ein dramatischer Aderlaß, von dem sich die Völker Europas jedoch sehr schnell wieder erholten: sie setzten ihr beschleunigtes Wachstum unbeirrt fort, als gelte es zu beweisen, daß ein mathematisches Prinzip durch ein so zufälliges Ereignis wie das Zusammentreffen von Bazillen, Flöhen und Ratten nicht aufgehalten werden könne.

Zwischen 1600 und 1750 waren einige Länder Europas wahrscheinlich bereits übervölkert, oder zumindest nahe daran. Mit den damals gebräuchlichen landwirtschaftlichen Methoden bedurfte es etwa 1,5 Hektar fruchtbaren Bodens, um einen Menschen zu ernäh

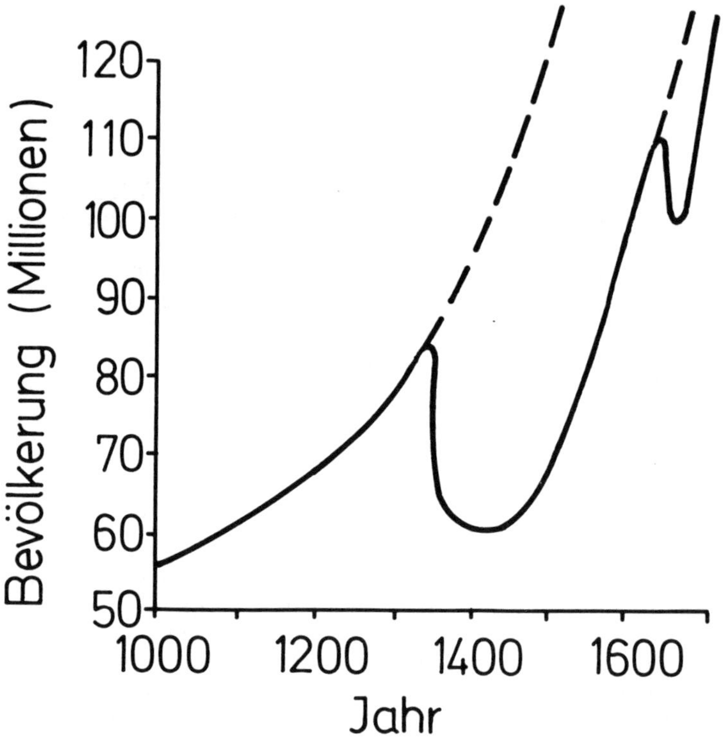

Abb.11: Wachstumskurve der Bevölkerung Europas zwischen 1000 und 1650 n. Chr. Nach den beiden Pestepidemien im 14. und 17. Jahrhundert setzte sich das unterbrochene Bevölkerungswachstum mit unverminderter – oder gar erhöhter – Geschwindigkeit fort. Verändert nach EHRLICH & EHRLICH (1970)

ren, was einer maximalen Bevölkerungsdichte von 60–70 Menschen pro Km^2 entspricht. Die Bevölkerungsdichten Italiens, der Niederlande und Frankreichs betrugen im 17. Jahrhundert jeweils 44, 40 und 34 Menschen pro Km^2, und dies auf nur teilweise fruchtbarem, meist kargem Boden. Es ist also durchaus möglich, daß einige der sich damals ankündigenden demographischen Spannungen bereits Ausdruck regionaler Übervölkerungsprobleme waren (BRAUDEL 1979). Die im 18. Jahrhundert einsetzende technische und wirtschaftliche Revolution mag also ebensosehr eine *Folge* des ökologischen Druckes einer expandierenden Bevölkerung gewesen sein, wie wir sie heute als die *Ursache* der Beschleunigung des Bevölkerungswachstums anzusehen gewohnt sind.

Konzentrieren wir uns auf die Ereignisse in der Gegenwart, dann erleben wir, wie sich im Sog der Bevölkerungsvermehrung die ganze Natur mitverändert: Ganze Lebensräume und mit ihnen zahllose Pflanzen- und Tierarten verschwinden, Kulturlandschaften, Wohngebiete und Wüste breiten sich aus, Flüsse werden aufgestaut und umgeleitet, das Klima verändert sich.

Grund genug zu der Frage: wie war das früher?

Da das Grundprinzip des Lebens die Evolution ist, müssen sich zu allen Zeiten und an allen Punkten der Erde Veränderungen abgespielt haben. Welche Prinzipien beherrschen die Veränderungen natürlicher Populationen in der Zeit und im Raum? Gibt es so etwas wie universelle Muster, in die sich die gegenwärtig ablaufenden Prozesse einfügen – oder auch nicht einfügen – lassen?

Das Wachstum von Populationen

Grundlage aller numerischen Veränderungen von Populationen sind die Vermehrungs- und Überlebensraten von Individuen. Der zeitliche Verlauf solcher Veränderungen hängt von den Lebenslaufmerkmalen der jeweiligen Art, also von der Lebensdauer, der Generationsdauer und der Zahl der Fortpflanzungsperioden ab. Die Vermehrungsrate einer Population (die Veränderung der Zahl der Individuen mit der Zeit: dN/dt) wird durch die Gesamtzahl der Geburten (Natalität: b) und die Gesamtzahl der Todesfälle (Mortalität: m) in der Zeiteinheit, sowie durch die Anfangsgröße der betrachteten Population (N) bestimmt (wobei es uns überlassen bleibt, wie wir N definieren: als die Zahl sämtlicher Individuen, als die Zahl der geschlechtsreifen Individuen oder – bei zweigeschlechtlichen Arten – als die Zahl der Weibchen). Jedenfalls gilt:

$$dN/dt = (b-m) \cdot N \qquad (5a)$$

und ersetzen wir b–m durch den Vermehrungskoeffizienten r:

$$dN/dt = r \cdot N \qquad (5b)$$

Integriert ergibt diese Differentialgleichung:

$$N_t = N_0 \cdot e^{rt} \quad (5c)$$

wobei N_t die Populationsgröße zur Zeit t, N_0 die zu Beginn der Beobachtungsperiode bedeutet.

Diese Funktion bringt zum Ausdruck, daß sich eine Population solange um denselben Faktor vermehren wird, wie in der Bilanz der Geburten und Todesfälle und damit im Vermehrungskoeffizienten r keine Änderung eintritt.

T. R. MALTHUS war zu der Ansicht gekommen, daß ein derartig exponentielles Anwachsen das Schicksal aller Völker sei und daß es einen immanenten – von Gott dem Menschen auferlegten – Vermehrungskoeffizienten gäbe, den zu erreichen nur Armut und Laster (»misery and vice«) verhindern können. Die Verhältnisse in den noch jungen und, wie ihm schien, tugendhaften Vereinigten Staaten von Amerika hatten ihn überzeugt, daß dieser immanente Vermehrungskoeffizient etwa bei 2,8 % pro Jahr liegen müsse, was der schon genannten Verdopplungzeit von 25 Jahren entspricht. Armut würde einerseits zu Nahrungsmangel und damit zu einer Verminderung der Zeugungsfähigkeit führen, andererseits Menschen aufgrund der Einsicht in die Hoffnungslosigkeit ihrer Lage in die Arme des Lasters, als da sind: Masturbation, Homosexualität und Prostitution, treiben. Diese Kombination von Armut und Laster war nach T. R. MALTHUS dafür verantwortlich, daß England zu Beginn des 19. Jahrhunderts nicht in der Lage zu sein schien, die ihm angemessene, natürliche Bevölkerungszahl zu erreichen.

Wenn Gott den Vermehrungskoeffizienten vorgeschrieben hat, dann mußte er aber auch den Zusammenbruch der Völker dekretiert haben; oder aber, Armut und Laster waren die einzigen Instrumente, mit deren Hilfe die Menschheit hoffen konnte, sich den Konsequenzen einer ungebremst gottgefälligen Vermehrungspolitik zu entziehen (der amerikanische Schriftsteller und Politiker ROBERT DALE OWEN kommentierte im Jahre 1830 den MALTHUSschen Gedanken auch tatsächlich in diesem Sinne: »We are compelled to admit to Malthus«, meinte er, »that, sooner or later, some restraint or other to population *must* be employed; and compelled to admit that if no other better restraint than vice and misery can be found, *then vice and misery must be*«. Zitiert nach HUTCHINSON 1978, p. 17).

Malthus hat das Dilemma einer geometrisch wachsenden Bevölkerung gesehen. Er erkannte, und proklamierte als das allgemeine Schicksal der Menschheit, daß die zur Verfügung stehende Nahrung im besten Fall nur in gleichgroßen Schritten, also arithmetisch, zunehmen könne, so daß früher oder später die Nahrungsvorräte erschöpft, ausgedehnte Hungersnöte unvermeidlich sein würden (s. Abb. 12a). Das Paradoxe an dieser Situation war, daß eine gottesfürchtige und zutiefst moralische Lebenshaltung, wie sie für MALTHUS und die anglikanische bürgerliche Klasse, der er zugehörte, selbstverständlich war, zu einem derart auswegslos pessimistischen Weltbild führen konnte. Erst dem belgischen Mathematiker und Soziologen PIERRE-FRANCOIS VERHULST (1804–1849), einem aufgeklärteren Geist als es T. R. MALTHUS war, gelang es, das moralische Dilemma der Bevölkerungspolitik an der Schwelle des industriellen Zeitalters durch eine mathematische Lösung zu entschärfen. In drei

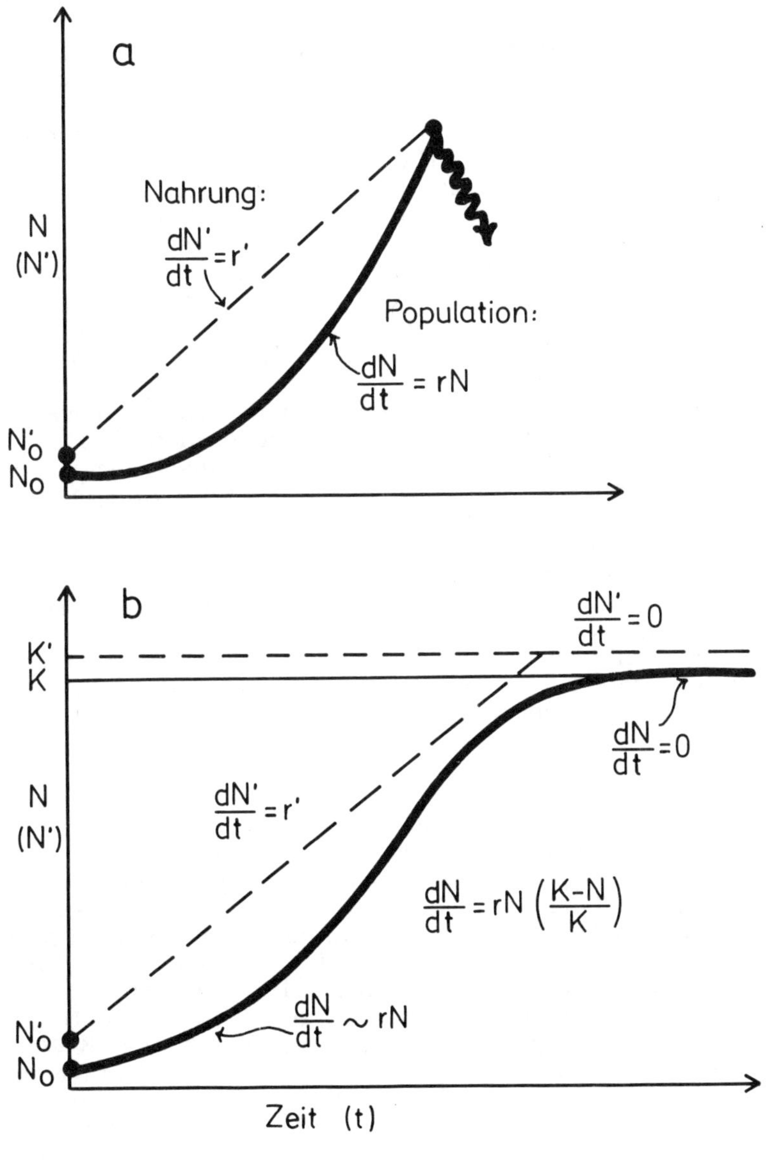

Abb. 12: Exponentielles (a) und logistisches (b) Wachstum von Populationen, sowie lineare Zunahme der Nahrungsproduktion.
Individuenzahl = N; zum Zeitpunkt t_0 = N_0. Nahrungsmenge = N' und N_0'. Maximale Populationsgröße = K; maximale Nahrungskapazität = K'.
Die eingetragenen Gleichungen sind im Text erklärt

zwischen1838 und 1847 erschienenen Arbeiten legte VERHULST den Grundstein für die Entwicklung der modernen statistischen Populationsbiologie und Demographie. Wie alle hellsichtigen Zeitgenossen sah auch VERHULST, daß die Vermehrungsraten von Populationen mit deren Dichte abnahmen. Anstatt diese Veränderung jedoch als den beklagenswerten Ausdruck widriger Umstände zu sehen, interpretierte er sie als das unvermeidliche Ergebnis eines funktionalen Zusammenhanges zwischen der Nahrungskapazität eines Lebensraumes und einer in diesem Lebensraum sich vermehrenden Population. Er postulierte, daß die Vermehrungsrate einer Population nicht nur durch einen immanenten Koeffizienten r, sondern auch durch die für den jeweiligen Lebensraum charakteristische maximale Populationsdichte bestimmt würde. In heutiger Ausdrucksweise bezeichnen wir diese maximale Populationsdichte als die *Tragfähigkeit* (K) des Lebensraumes, die in direktem Zusammenhang mit deren *maximaler Nahrungskapazität* steht.

Der Ansatz VERHULSTs kann auch so umschrieben werden, daß eine Population nicht nur von einem angeborenen Vermehrungspotential *getrieben* wird, sondern auch einem Gleichgewicht zwischen Vermehrungskapazität und Nahrungskapazität *entgegenstrebt*, also gleichermaßen von der *Vergangenheit* (dem genetisch fixierten Vermehrungspotential) wie von der *Zukunft* (dem zu erwartenden Gleichgewicht) determiniert wird.

Mathematischen Ausdruck findet dieser funktionale Zusammenhang in der *logistischen Gleichung*, die von VERHULST zum ersten Mal für die Beschreibung des Wachstums von Populationen verwendet wurde (zur Geschichte dieser Funktion siehe LLOYD 1967, HUTCHINSON 1978). In moderner Schreibweise:

$$dN/dt = r \cdot N \cdot (K - N)/K \qquad (6).$$

Wir erkennen, daß die Vermehrungsrate der Population nun nicht mehr ausschließlich vom immanenten Parameter r, sondern auch von einem zweiten Parameter, dem Abstand der jeweiligen Populationsdichte N von der Tragfähigkeit K des Lebensraumes abhängt. Ist dieser Abstand groß, wie bei allen jungen, einen Lebensraum gerade erst besiedelnden Populationen, dann wird die Vermehrungsrate vor allem von r (dem MALTHUSschen Parameter) bestimmt; je älter die Population, desto kleiner der Abstand zwischen K und N, desto geringer die Vermehrungsrate. Irgendwann wird N den K-Wert erreichen und die Vermehrungsrate der Population wird auf Null absinken: das Gleichgewicht ist hergestellt. Die graphische Projektion dieses Zusammenhanges ist eine sigmoide Kurve, wie sie in Abb. 12b dargestellt ist. Falls eine konstante Beziehung zwischen der Tragfähigkeit K und der maximalen Nahrungskapazität des Lebensraumes besteht, dann wird das Populationswachstum bei Wahl geeigneter Parameter immer so verlaufen, daß die Nahrungsvorräte für alle Individuen reichen.

Obwohl uns diese Überlegungen heutzutage selbstverständlich erscheinen und obwohl wir wissen, daß derartige Abstraktionen die Wirklichkeit nur unvollkommen beschreiben, sollte man die wissenschaftlichen und philosophischen Implikationen der Leistung VERHULSTs nicht unterschätzen.

Die wissenschaftshistorische Bedeutung der logistischen Gleichung als der Grundfunktion zur Erklärung des Wachstums von Populationen liegt darin, daß sie die Anpassung der Populationsdichte an die Tragfähigkeit des Lebensraumes als eine aus dem mathematischen Zusammenhang ableitbare *Notwendigkeit* definiert, während MALTHUS und seine anglikanischen Gesinnungsbrüder die Verflachung der Wachstumskurve als den Ausdruck der Unzulänglichkeit und Sündhaftigkeit des Menschen deuteten. In Anbetracht der seit PYTHAGORAS akzeptierten Hypothese, daß mathematische Gesetze den Schöpferwillen am reinsten zum Ausdruck brächten, eröffnete die logistische Gleichung die Möglichkeit, in der Regulation der Bevölkerungszahl einen natürlichen und – wenn man dieser Bestätigung bedurfte – von Gott sanktionierten Vorgang zu sehen.

Zunächst aber erwies sich die logistische Kurve als kein sehr geeignetes Instrument zur Beschreibung oder Deutung der quantitativen Entwicklung der Menschheit. Zu verschieden waren die Ausgangspositionen der verschiedenen Völker, und es war schlechterdings unmöglich, die Tragfähigkeit oder Nahrungskapazität von Lebensräumen oder Ländern zu definieren, deren wirtschaftliche Basis sich unter dem Einfluß der industriellen Revolution stetig veränderte. So verschwand die logistische Gleichung beinahe von der Bildfläche der Populationsforschung, bis sie im Jahre 1920 von PEARL und REED wiederentdeckt wurde, die sie zur Beschreibung des Wachstums der amerikanischen Bevölkerung verwendeten. Ab diesem Zeitpunkt fand die logistische Gleichung auch Eingang in die Biologie, wo sie in zahlreichen Untersuchungen dazu diente, gewisse Aspekte der Dynamik tierischer und pflanzlicher Populationen abzubilden. Das Hauptinteresse konzentrierte sich hier auf die Frage, welche Faktoren denn für die Verwandlung einer explosiv wachsenden Population in eine stationäre Population mit Nullwachstum verantwortlich sein könnten. Falls es zutrifft, daß sich tierische und pflanzliche Populationen einem stationären Gleichgewicht, dem Plateau der logistischen Kurve, annähern und diesen Zustand gegenüber Störungen sogar verteidigen können, dann muß es die Möglichkeit zur »Regulation« der Populationsdichte geben und die Frage nach den in der Natur wirksamen regulierenden Faktoren wird immer dringender.

So hat das von VERHULST vor 150 Jahren formulierte Problem der logistischen Gleichung auf Umwegen über Zoologie und Botanik wieder Eingang in die Humanbiologie und Soziologie gefunden, denn es kann kein Zweifel darüber bestehen, daß die Frage nach den Faktoren, die das Wachstum menschlicher Populationen und die Tragfähigkeit von Lebensräumen bestimmen, von zunehmender Bedeutung in einer Zeit geworden ist, in der über die »Grenzen des Wachstums« immer ernsthafter nachgedacht wird.

Nun ist es freilich nicht so, daß die logistische Funktion das einzige oder auch nur das geeignetste Instrument zur Beschreibung populationsdynamischer Vorgänge ist. Sie hat die Exponentialfunktion nicht einfach *ersetzt*, sondern beide Funktionen zeichnen auf abstrakte Weise verschiedene Wege von Populationen durch die Zeit nach. Der Unterschied ist, daß die logistische Funktion eine im Prinzip dauerhafte Lösung des Wachstumsproblems von Populationen beschreibt, während die Exponentialfunktion nur zur Beschreibung kurzfristiger Veränderungen taugt. Aber viele Vorgänge in natürlichen Populationen lassen sich weder durch die eine noch durch die andere Funktion ausreichend charakterisieren; sie enthalten gewissermaßen Elemente verschiedener populationsbiologischer Strategien. Um das Modell der Wirklichkeit besser anzupassen, bedarf es zusätzlicher Information und zusätzlicher Annahmen. Kombinieren wir etwa die beiden bisher diskutierten mathematischen Funktionen mit zwei weiteren Prinzipien, einem biologischen und einem ökologischen, dann läßt sich ein realistischeres Bild von den zeitlichen Veränderungen natürlicher Populationen in einer unsicheren Welt entwerfen. Auf vier Varianten des populationsbiologischen Spiels sei hier besonders hingewiesen.

■ **Erstens:** Die logistische Funktion enthält die Aussage, daß die Vermehrungsrate umgekehrt proportional der Populationsgröße ist; das heißt, sie soll dann am größten sein, wenn die Population am kleinsten ist. Das widerspricht jedoch der biologischen Erfahrung, daß das Fortpflanzungsgeschäft gefährdet ist, wenn die Populationsdichte einen kritischen Wert **unter**schreitet. Es kommt dann zu Schwierigkeiten beim Zusammenfinden der Geschlechtspartner und die Gefahr der Inzucht nimmt zu. Es wäre somit realistisch, für die Populationsdichte einen unteren Grenzwert festzulegen, unter dem die Population nicht überleben kann. Bezeichnen wir diese untere Grenze mit M, dann läßt sich die logistische Funktion wie folgt modifizieren:

$$dN/dt = r \cdot N \cdot [(K - N)/K] \cdot [(N - M)/N] \qquad (7)$$

Fällt die Populationsdichte unter den Wert M, dann wird die Vermehrungsrate negativ, das heißt, die Populationsdichte nimmt ab, die Population stirbt letztendlich aus.

■ **Zweitens:** In einem Biotop können die Lebensbedingungen so ungünstig und unvorhersehbar sein, daß die Population stets weit unter dem K-Wert des Lebensraumes gehalten wird. Dementsprechend wird die Phase der intensiven Konkurrenz zwischen den Individuen gar nicht erreicht, die unvermindert hohe Natalität durch hohe Mortalität stets wieder wettgemacht. Eine derartige Population bezeichnet man als »ökologisch« (zum Unterschied von »biologisch«) determiniert; ihre Dichte wird unregelmäßig um niedrige Werte schwanken.

Auf die unbezweifelbare Existenz solcher Populationen stützt sich die oft vorgebrachte Kritik an einer der Grundannahmen des klassischen Darwinismus, daß es die Konkurrenz zwischen um ihren Vorteil kämpfenden Individuen gewesen sei, die die Verbreitung neuer, an eine bestimmte Situation besser angepaßter Mutanten möglich gemacht habe (s. 4. Essay). Zu dieser Auseinandersetzung ist jedoch grundsätzlich zu sagen, daß keine der hier diskutierten populationsbiologischen Varianten die Rolle einer endgültigen Strategie spielt; jede von ihnen kann nur als eines der vielen möglichen Eröffnungsgambits in einem endlosen globalen Spiel angesehen werden.

■ **Drittens:** Wandert eine von einer größeren Population abgespaltene Gruppe von Individuen in einen neuen, für sie günstigen, Lebensraum ein, dann wird sie möglicherweise zunächst wenig Feinde, dafür aber reichlich Nahrung vorfinden. Sie wird sich dementsprechend schnell vermehren und Zug um Zug den gesamten Lebensraum besiedeln. Kommt es zu keinen kompensatorischen Maßnahmen, dann stößt die Population sehr bald an die Grenze der Nahrungskapazität des Biotops. Die intraspezifische Konkurrenz verschärft sich, die Mortalität nimmt zu, vor allem bei den empfindlicheren Jungen. Auch die Gefahr der Infektion mit Krankheitserregern und des Befalls mit Parasiten wächst mit der Populationsdichte meist sprunghaft an; die Zahl der Feinde, die ja nun reichlich Beute vorfinden, nimmt zu. Kurz und gut, ein klassisches Bild deutet sich an; der Beginn eines periodischen Prozesses, der sich aus Phasen des Zusammenbruchs und der Erneuerung zusammensetzt. Derartig zyklische Vorgänge sind in der Natur wohlbekannt und laufen oft über weite Zeiträume mit mehr oder minder konstanter Periodendauer ab, so etwa die seit 1820 dokumentierten Fluktuationen der Luchspopulationen in nordamerikanischen Wäldern mit eine Periodendauer von ziemlich genau 10 Jahren.

■ **Viertens:** Diesen exponentiell wachsenden und periodisch zusammenbrechenden Populationen stehen jene gegenüber, die einem Weg durch die Zeit folgen, wie ihn die logistische Gleichung simuliert. Die Entscheidung, ob eine Population exponentiell oder logistisch wächst, hängt davon ab, ob und wie gut die Rückkopplung zwischen der Populationsdichte und der Vermehrungsrate funktioniert. Je schneller und deutlicher diese auf jene reagiert, desto störungsfreier wird der Übergang von der Wachstumsphase in die Stabilitätsphase der Population erfolgen. Wir können jedoch davon ausgehen, daß sich der dynamische Gleichgewichtszustand, wenn überhaupt, dann erst nach einer durch »Krankheit und frühen Tod« gekennzeichneten Übergangsphase einstellen wird. Wir wissen fast nichts über die Mechanismen, die hinter derartigen Übergängen zwischen Wachstum und Stabilität stehen; sicher ist nur, daß sich der Charakter einer Population unter diesen beiden Aspekten sehr verändert. Damit sind wir an einem weiteren wichtigen Punkt angelangt: Welchen Einfluß hat das Schicksal der Population auf die Eigenschaften und Reaktionen der Individuen, aus denen sich die Population zusammensetzt?

Eroberer und Eingeborene

Stellen wir uns eine Population vor, die der zuletzt geschilderten Variante des Wachstums folgt, dann wird deutlich, daß in der Anfangs- und in der Endphase des Kurvenverlaufes sehr unterschiedliche Anforderungen an die Mitglieder der Population gestellt werden. In der Anfangsphase geht es darum, einen Lebensraum möglichst schnell zu erobern; in der Endphase, die Ressourcen des bis an seine Grenzen besiedelten Lebensraumes möglichst wirtschaftlich zu nutzen. Demzufolge müßten in der frühen Siedlungsphase vor allem jene Eigenschaften von Vorteil sein, die zu einer hohen Vermehrungsrate führen, also rasche Entwicklung, kurze Lebensdauer, geringe Körpergröße und frühe Reproduktion; dazu Mobilität und exploratives Verhalten als Voraussetzung für die weitere Inbesitznahme des Biotops. Die für intra- und interspezifische Konkurrenz typischen Verhaltensmuster wären von geringerer Bedeutung, da einem allfälligen Rivalen leicht ausgewichen werden kann.

Demgegenüber müßten in der stabilen Endphase jene Eigenschaften gefragt sein, die zu einer optimalen Nutzung der beiden wichtigsten Ressourcen Nahrung und Raum führen. Die Reproduktionsleistung wäre weniger wichtig als das physiologische Leistungsvermögen der Individuen, das heißt, große Individuen wären begünstigt; die Entwicklung würde langsamer verlaufen und alle Verhaltensweisen, die der Sicherung und Verteidigung des Besitzes dienen, spielten im sozialen Leben der Population eine entscheidende Rolle.

Diese beiden Merkmalsprofile repräsentieren die Extreme eines breiten Spektrums von Eigenschaften und Verhaltensweisen, die sich mit den beiden Parametern der logistischen Funktion verknüpfen lassen. Die Individuen der frühenVermehrungsphase entsprechen einem Abschnitt dieser Funktion, in dem dieVermehrungsrate fast zur gänze durch den MALTHUSschen Parameter r bestimmt wird (da die Differenz zwischen K und N noch sehr groß, der Wert des Ausdruckes [(K – N)/K] somit nahe 1 ist; s. Gleichung 6). MACARTHUR und WILSON (1967) haben zur Charakterisierung dieses Zustandes die griffigen Schlagworte **r-Strategie** und **r-Selektion** geprägt. Am anderen Ende des Spektrums wird die Vermehrungsrate der Population überwiegend von der Tragfähigkeit des Lebensraumes bestimmt, die Summe der Eigenschaften und Verhaltensweisen in diesem Zustand wird dementsprechend als **K-Strategie** bezeichnet.

Die Merkmalsprofile von r- und K-geprägten Individuen sind so verschieden, daß sie sich eigentlich wie die Signaturen verschiedener *Arten* lesen. MACARTHUR und WILSON haben sie auch in diesem Sinne interpretiert und wollten sie als das Ergebnis langfristiger evolutionärer Prozesse verstanden wissen. Am Anfang einer Besiedlungswelle (z. B. der Eroberung einer Insel) würden die als »r-Strategen« charakterisierten Arten am erfolgreichsten sein, während in der Endphase der Besiedlung die »K-Strategen« Oberhand gewönnen. Da jedoch die Lebensräume der Erde weder in der Zeit stabil noch im Raum homogen sind, kann es in keinem dieser Lebensräume zu endgültigen, von K-selektierten Arten beherrschten, Klimax-Zuständen kommen. Immer wieder werden klimatische und andere ökologische Faktoren scheinbar wohletablierte biozönotische Gleichgewichte zerstören und sowohl Raum wie Zeit für neue Eroberungen, neue Besiedlungswellen, neue Ungleichgewichte und Zusammenbrüche schaffen.

Unter Ökologen herrscht Übereinstimmung darüber, daß es Arten gibt, die auf dem r/K-Kontinuum extrem unterschiedliche Positionen einnehmen. Viele Insektenarten zeichnen sich z. B. durch r-selektierte Merkmale aus: ihre Vertreter sind klein und kurzlebig, sie vermehren sich rapide und ihre Populationen wachsen fast ebenso schnell zu hohen Dichten heran wie sie wieder zusammenbrechen. Demgegenüber repräsentieren viele der großen Säugerarten den K-selektierten Typus: sie sind langlebig, ihre Vermehrungsraten sind niedrig und sie zeigen Verhaltensweisen, die einer schrankenlosen Erhöhung der Populationsgröße entgegenwirken, somit als dichteregulierende Mechanismen anzusehen sind.

Weit weniger Übereinstimmung herrscht in bezug auf die Frage, ob es *innerhalb* einer Art oder Population eine Entwicklung geben kann, die von einem r-geprägten in einen K-geprägten Zustand führt. Etwas anders formuliert lautet die Frage, ob es Populationen gibt, die sich in einem neubesiedelten Lebensraum zunächst ungehemmt wie eine typische r-selektionierte Art vermehren, allmählich aber Mechanismen entwickeln, die eine Beschränkung der Vermehrungsrate und die Regulation der Populationsdichte auf einem dem K-Wert annähernd entsprechenden Niveau zur Folge haben. Diese Frage ist schwierig zu beantworten, da es nur in den seltensten Fällen möglich ist, das Schicksal einer tierischen oder pflanzlichen Population im Freiland über viele Generationen zu verfolgen und mit hinreichender Genauigkeit zu analysieren. Andererseits liegt in der Antwort auf diese Frage einer der Schlüssel zum Verständnis der Ökologie des Wachstums natürlicher Populationen.

Analysieren wir die Reaktionen von Populationen unterschiedlicher Organismen auf Schwankungen im Nahrungsangebot, dann kristallisieren sich jedoch einige charakteristische Muster heraus, die uns ein Bild von den möglichen Strategien der biologischen Dichteregulation vermitteln.

1. Physiologische Dichteregulation bei Bakterien

Kulturen von *Escherichia coli*, dem Darmbakterium, liefern eines der besten biologischen Beispiele für logistisches Wachstum. Wird solch eine Kultur in einer Nährlösung mit konstantem Nahrungsangebot gezüchtet, dann stellt sich eine stabile Populationsdichte ein. Die Bakterien nützen die vorhandenen Nährstoffe optimal aus, das heißt, die Verwandlung der Nährstoffe in Zellbestandteile erfolgt mit der maximal möglichen Effizienz, der Energieumsatz ist jedoch auf ein Minimum reduziert und es finden keine Zellteilungen statt. Wird nun das Nährstoffangebot erhöht, dann stellt die Bakterienpopulation ihren Stoffwechsel nach einer kurzen Verzögerung radikal um. Die im Überschuß angebotene Energie wird zur gänze in Wachstumsleistungen der Zellen gesteckt. Die Geschwindigkeit von Proteinsynthesen wird angekurbelt und die Zellteilungsmaschinerie in Gang gesetzt, so daß sich die gesamte Kultur mit der maximal möglichen Rate von etwa einer Verdopplung pro Stunde (bei 37 °C) zu vermehren beginnt. In dieser Phase, dem ersten Abschnitt der logistischen Wachstumskurve, ist der Energieumsatz der Zellen etwa zehnmal höher als während der vorangegangenen stabilen Phase. Je näher die wachsende Population an die neudefinierte Tragfähigkeit der Kultur kommt, desto geringer wird der Überschuß an Nahrungsenergie und desto langsamer folgen die weiteren Teilungsschritte aufeinander. Wir haben hier ein fast perfekt funktionierendes Rückkopplungssystem vor uns, bei dem der den Parameter K enthaltende Term der logistischen Funktion (Gleichung 6) proportional auf die Vermehrungsrate zurückwirkt (Abb. 13).

Ist der Überschuß an Nahrungsenergie durch die neu hinzugekommenen Zellen verbraucht, dann stellt sich der Stoffwechsel der Bakterienkultur wieder auf den Ruhezustand um; der Energieverbrauch sinkt auf ein Zehntel und es finden keine Zellteilungen mehr statt.

Untersuchten wir einzelne Bakterienzellen aus den beiden Phasen

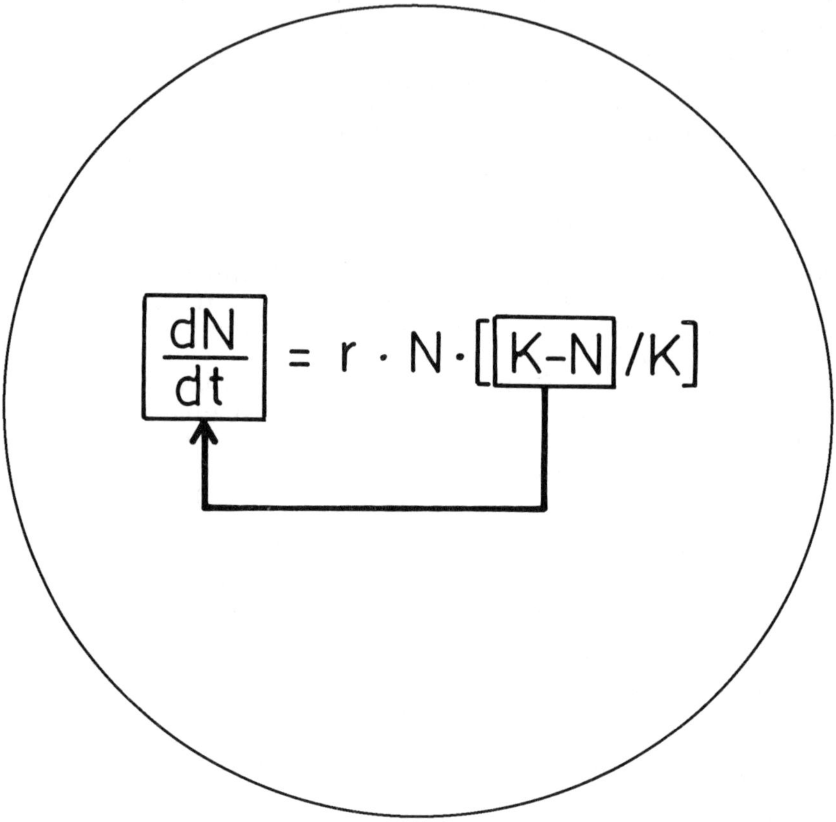

Abb.13: Die logistische Wachstumsfunktion als Regelkreis dargestellt. Die Differenz zwischen der Tragfähigkeit des Lebensraumes (K) und der Populationsgröße (N) ist dergestalt mit der Vermehrungsrate gekoppelt, daß mit steigendem N und damit sinkender Differenz auch die Vermehrungsrate abnimmt

der logistischen Kurve, dann fänden wir, daß sie sich in ihren physiologischen Leistungen wesentlich unterscheiden. Bei Nahrungsüberfluß ist die Geschwindigkeit der Proteinsynthese maximal; die Gesamtheit der synthetisierten Proteine dient dem Wachstum und der Vermehrung von Zellen. Im biologischen Temperaturbereich werden bis zu 16 Peptidbindungen pro Sekunde geknüpft, etwa achtmal mehr als die Zellen von Säugetieren zu leisten imstande sind. Die Nukleotidsynthese verläuft genau dreimal so schnell, nämlich mit 48 Bindungen pro Sekunde, was die Voraussetzung dafür ist (da drei Nukleotide benötigt werden, um eine Aminosäure zu spezifizieren), daß der Informationsfluß von der DNA in die Proteine mit maximaler Geschwindigkeit und höchster Effizienz, ohne Stau und ohne Verzögerung, erfolgen kann (KOCH 1971).

Während der stabilen Phase findet demgegenüber kein Zellwachstum statt, wohl aber werden Proteine synthetisiert. Diese Synthesen – und das ist ein entscheidender Punkt – kompensieren jedoch nur den gleichzeitig erfolgenden Abbau anderer Proteine. Die Synthesemaschinerie der Zellen fördert also nicht nicht mehr den *Zuwachs* an Proteinen, sondern den *Umsatz* der vorhandenen Moleküle –, ein für alle Organismen charakteristischer Prozeß, der in diesem Fall nur während der explosiven Wachstumsphase der Zellen unterdrückt worden war. Gleichzeitig wird ein Vorrat an Ribonukleinsäuren angelegt, der dafür sorgt, daß bei einer neuerlichen Erhöhung des Nahrungsangebotes die Phase des schnellen Wachstums sofort wieder beginnen kann.

In der Wachstumsphase werden also alle Stoffwechselprozesse dem Ziel der schnellen Proteinvermehrung untergeordnet; in der stabilen Phase geht es darum, den Fließgleichgewichtszustand des Lebens aufrechtzuerhalten. Signal für den Phasenwechsel sind die Konzentrationen essentieller Nährstoffe im Medium, die ab einer bestimmten kritischen Schwelle anzeigen, daß die Zeiten des Überflußes vorüber sind.

Dieser Prozeß funktioniert unter anderem deshalb so perfekt, weil sich seit etwa 200 Millionen Jahren die in den Därmen von Säugetieren aufeinanderfolgenden Generationen von *Escherichia coli* (bisher immerhin an die 10^{50}) stets dem selben rigorosen Selektionsprinzip zu unterwerfen hatten: bei Nahrungsüberfluß die Geschwindigkeit von Proteinsynthesen zu *maximieren*, bei Nahrungsmangel den dynamischen Zustand der zellulären Organisation mit einem Minimum an Energieverbrauch zu *konservieren*.

Der amerikanische Mikrobiologe ARTHUR L. KOCH, dem wir eine Schlüsselarbeit zu diesem Thema verdanken (KOCH 1971), hat darauf hingewiesen, daß vielzellige Tiere einem derart radikalen Selektionsprozeß nicht hätten unterworfen werden können. Da die Lebensfunktionen von Tieren viel mannigfaltiger sind als die von Bakterien, somit mehr Energie in die physiologischen und ethologischen Bedürfnisse von Individuen investiert werden müssen, sind der Reduktion des Stoffwechsels auch bei Nahrungsmangel Grenzen gesetzt. Bei höheren Lebewesen kann die Selektion eben nicht mehr ausschließlich auf das Wachstum als die einzig relevante biologische Funktion zielen, sie muß auch auf andere Funktionen Rücksicht nehmen. »We might speculate«, meint A. L. KOCH, »that the mammal has not been selected to be ultimately fast at protein synthesis but selection has been for other qualities, such as mobility and wisdom ...« (S. 150). Ein Argument, das wir uns merken wollen.

2. Physiologische Dichteregulation bei Tieren

Der soeben zitierte Satz von A. L. KOCH bekräftigt nur, was uns selbstverständlich erscheint: vielzellige, geschlechtlich sich vermehrende Organismen von begrenzter Lebensdauer und komplexer Organisation können ihre Lebensfunktionen nicht beliebig drosseln und ihre Produktionsprozesse nicht beliebig lange stillegen. Sowohl wechsel- als auch gleichwarme Tiere vermögen zwar ungünstige klimatische Perioden und Mangelsituationen durch Ruhephasen (Diapause, Winterschlaf) zu überleben, aber mit dieser Strategie läßt sich bei Tieren keine dauerhafte Regulation der Populationsdichte bewerkstelligen. Einer der kompensatorischen Prozesse, der das Populationswachstum von Tieren begrenzt, wurzelt in physiologischen Veränderungen, die durch ein Ansteigen der Populationsdichte über einen kritischen Wert hinaus in Gang gesetzt werden. In vielen Fällen dürfte der Auslöser für derartige Veränderungen der soziale Streß sein, der eine Überproduktion von Adrenalin und eine Störung hormonaler Gleichgewichte bewirkt. Beim Spitzhörnchen *Tupaja* können solche Störungen zum Erliegen der Nierenfunktionen, im Extremfall zum Tod führen. Bei überlebenden Individuen ist das Wachstum gehemmt, die Geschlechtsreife verzögert, bereits angelegte Geschlechtsorgane bilden sich wieder zurück, Mütter fressen ihre Jungen, weil sie sie nicht mehr als Angehörige der vertrauten Gruppe erkennen. In wieder eine andere Richtung weisen Untersuchungen mit Mäusen, die zeigen, daß bei höheren Populationsdichten die Produktion von Antikörpern gestört, die Widerstandsfähigkeit der Tiere gegen Infektionen reduziert sein kann.

Die meisten Versuche mit derart drastischen Resultaten sind unter Laborbedingungen durchgeführt worden. Es wurde immer wieder bezweifelt, daß solche pathologische Prozesse charakteristisch für natürliche Populationen sein könnten, deren Dichten üblicherweise niedriger als die von Laborpopulationen sind. Immerhin zeigen diese Versuche, daß Säugetiere in ihren genetischen Repertoires die Anlagen für spezifische Reaktionen auf hohe Populationsdichten und engen Sozialkontakt enthalten, deren Ergebnis eine Verminderung der Individuenzahl im Lebensraum ist. Daneben gibt es eine ganze Reihe gut dokumentierter Daten, die auch bei natürlichen Populationen auf eine negative Korrelation zwischen Nachkommenzahl und Populationsdichte weisen. So nimmt etwa bei Hirscharten sowohl die Zahl der Zwillingsgeburten wie die Zahl tragender Weibchen mit der Individuenzahl im Biotop ab (REMMERT 1984, S. 141). Je nachdem, wie schnell die Individuen die Streßfolgen überwinden, können derartige Reaktionsmuster zu einem Oszillieren der Populationsdichte um einen Wert führen, der verschieden weit unterhalb des streßauslösenden Niveaus liegen wird. Was immer das Ergebnis dieser physiologisch bedingten Vorgänge sein mag: das Signal zur Stabilisierung oder zur Umkehr des Populationswachstums bewirkt im Zustand der Tiere Veränderungen, die, hätten wir die Absicht eine moralisierende Fabel über die Folgen des ungehemmten Vermehrungsdranges zu schreiben, mit dem MALTHUSschen Begriffspaar »misery and vice« charakterisiert werden müßten.

3. Genetische Instrumente der Dichteregulation

Eine der grundsätzlichen Unterscheidungen, die in der Ökologie getroffen werden müssen, ist die zwischen den Reaktionen von Individuen und den Reaktionen von Populationen. Jedes Individuum kann innerhalb seiner »Norm« störende Wirkungen von Umweltveränderungen durch physiologische oder ethologische Reaktionen kompensieren. Sinkt etwa die Umgebungstemperatur, dann kann durch Zusammenkauern oder durch Sträuben der Haare oder durch Muskelzittern die Körpertemperatur konstant gehalten werden. Obwohl derartige Fähigkeiten natürlich im genetischen Programm der Art wurzeln, ist ihr spezifischer Einsatz das Ergebnis der *Modifikation* individueller Reaktionsweisen durch äußere Faktoren. Wir sollten also von einer *modifikatorischen Reaktionsnorm* sprechen.

Eine Population von Pflanzen oder Tieren setzt sich aber aus Individuen von unterschiedlicher genetischer Konstitution zusammen. Zu diesen Unterschieden der Konstitution mögen auch solche gehören, die die Reaktionsnorm betreffen. Kommt es zu einer drastischen Veränderung in der Umwelt, dann werden nicht nur alle Individuen innerhalb ihrer jeweiligen Norm reagieren, sondern es kann auch eine Differenzierung zwischen besser und weniger gut angepaßten Individuen erfolgen, indem jene auf Dauer mehr Nachkommen produzieren als diese. Die genetische Konstitution der Population wird sich so unter dem Einfluß der Umweltveränderung allmählich verschieben. Dies ist, wie leicht zu erkennen, die Basis des natürlichen Selektionsprozesses, wie er sich in molekulargenetischer Sicht darstellt (siehe 4. Essay, S. 89). Das Ergebnis ist eine Verschiebung der *genetischen Reaktionsnorm* der Population.

Nun repräsentieren Veränderungen der Populationsdichte genau so eine Veränderung der Lebensbedingungen wie etwa ein Klimawechsel oder die Versalzung des Bodens. Es könnte also durchaus so sein, daß es Populationen gibt, in denen gewisse Individuen besser an die in der *Wachstums*phase der logistischen Kurve herrschenden Bedingungen angepaßt sind, andere Individuen hingegen besser an die in der *stabilen* Phase herrschenden Bedingungen. Wäre dies so, dann würde sich die genetische Zusammensetzung der Population im Verlauf eines Wachstumszyklus verschieben: zunächst würde der r-selektierte, dann der K-selektierte Genotypus dominieren, wobei vorausgesetzt werden muß, daß es tatsächlich nur zu einer Verschiebung in den Häufigkeiten und nicht zum Verschwinden eines dieser Genotypen kommt.

Es gibt Hinweise, daß sich derartige Prozesse in natürlichen Populationen von Tieren abspielen. So haben MYERS und KREBS (1974) bei der Feldmaus *Microtus pennsylvanicus* Populationszyklen beobachtet, die sich auf diese Weise interpretieren lassen. In der ersten Phase der Populationsvermehrung dominierten Genotypen mit hohen Fortpflanzungsraten aber relativ geringer Aggressivität; mit zunehmender Populationsdichte wanderten diese Genotypen häufig aus und beeinflussten die genetischen Profile benachbarter Populationen, während in der Stammpopulation allmählich jene Genotypen überwogen, für die intraspezifische Aggressivität einen höheren Selektionsvorteil darstellt als Produktivität.

Obwohl derartige Verschiebungen der genetischen Reaktionsnorm nicht notwendigerweise zu einer dauerhaften Regulation der Populationsdichte führen müssen (dafür spielen die zusätzlichen Fluktuationen vor allem des Nahrungsangebots im Biotop eine zu große Rolle), so deuten sie doch die Umrisse einer evolutionären Strategie an, unter deren Einfluß es zur Dämpfung von destabilisierenden Oszillationen der Populationsdichte kommen könnte.

4. Ethologische Instrumente der Dichteregulation

Die Struktur einer Population wird wesentlich durch das Verhalten ihrer Mitglieder bestimmt. Bewegliche Tiere bedingen andere Organisationsformen als seßhafte, territoriale Tiere andere als nichtterritoriale usw. Das Abgrenzen eines Raumes, der von einem Individuum, einem Paar oder einer Gruppe in Besitz genommen und gegen Stammesgenossen verteidigt wird, kann als das wichtigste ethologische Instrument im Dienste der Dichteregulation angesehen werden. Es gibt viele Säuger- und Vogelarten, bei denen der Besitz eines Territoriums Voraussetzung für den Fortpflanzungserfolg ist. Individuen, denen es nicht gelungen ist, ein Territorium zu besetzen und gegen Konkurrenten zu verteidigen, sind Ausgestoßene, die nur selten zur Paarung gelangen, die auch als erste emigrieren oder Räubern zum Opfer fallen.

Auf diese Weise wird die Dichte der Population auch von ihrer territorialen Struktur bestimmt; so lange sich diese nicht ändert, bleibt auch jene konstant. Zusätzlich gibt es eine Beziehung zwischen der territorialen Struktur und der Tragfähigkeit des Lebensraumes, und zwar in dem Sinne, daß Territorien um so schärfer ausgeprägt und um so größer sind, je weniger Nahrung zur Verfügung steht.

Bei der Besitzergreifung und Verteidigung von Territorien sind die aggressivsten Individuen am erfolgreichsten, so daß sich mit der territorialen auch die soziologische Struktur der Population wandelt. Auch diese spielt als dichteregulierender Faktor eine entscheidende Rolle, denn in Populationen mit hierarchisch angelegter Sozialstruktur hängt der Fortpflanzungserfolg eines Männchens oder Weibchens wesentlich von dessen Stellung im Rangordnungssystem ab. Auf je niederer Stufe ein Individuum steht, desto geringer sind seine Chancen auf Erfolg, und die von *allen* Stammesgenossen Unterdrückten vereinen sich mit den Besitz-, d. h. Territoriumslosen zu einer Kaste, die wir durchaus als die Pariahs, die Ausgestoßenen der Population, bezeichnen können. Wie die territoriale so gewinnt auch die Rangordnungsstruktur in Zeiten des Mangels schärfere Kontur und erweist sich dadurch als ein weiteres Instrument der sozialen Ordnung und Stabilisierung. Konzentrieren wir uns auf die soeben geschilderten vier Möglichkeiten der Dichteregulation und auf die Wechselwirkungen zwischen der räumlichen und zeitlichen Struktur einer Population einerseits, und den Eigenschaften der Individuen andererseits, dann entsteht der Eindruck eines geordneten Geschehens, das mit der Besitzergreifung und Besiedlung neuer Lebensräume, mit rasanter Vermehrung und hoher Mobilität beginnt und allmählich (der logistischen Logik folgend) in eine Phase der immer differenzierteren Anpassung an die Lebensbedingungen sowie der immer wirtschaftlicheren Nutzung der Ressourcen des jeweils besiedelten Biotops mündet. Nach diesem Schema müßte es in den Lebensräumen der Erde eine ökologische Entwicklung in Richtung auf immer angepaßtere und geordnetere Verhältnisse gegeben haben. Daß dies nicht der Fall war, hängt mit der Komplexität der Wechselwirkungen, mit der Heterogenität aller Lebensräume und mit der Unvorhersagbarkeit ökologischer Ereignisse zusammen. Das quantitative Schicksal einer Population läßt sich nur dann durch eine logistische (oder verwandte) Funktion abbilden, wenn während des gesamten Vermehrungsprozesses die beiden Parameter r und K konstant bleiben. Da diese jedoch ständig durch eine Fülle ökologischer Faktoren in Gefahr sind – von Parasitenbefall bis zu Dürreperioden, von Eutrophierung bis zu strengen Wintern – verändert zu werden, gibt es für Populationen prinzipiell keinen simplen (d. h. durch bloß zwei Parameter beschreibbaren) Weg durch die Zeit. In dem Augenblick, in dem ein K-dominierter Gleichgewichtszustand in Sicht ist, mögen äußere Bedingungen die Tragfähigkeit des Lebensraumes verändern und die Population findet sich von einem Gleichgewichtszustand auf einmal wieder ebenso weit entfernt, wie sie es zu Beginn des letzten Vermehrungszyklus war.

Am ehesten entsprechen dem klassischen Modell die oben erwähnten Bakterienpopulationen, und zwar deshalb, weil sich in ihnen die Kräfte der Selektion so gut wie ausschließlich darauf konzentriert haben, die Prozesse des Wachstums und der Proteinvermehrung an jene Fluktuationen zwischen Mangel und Überfluß anzupassen, die in den Därmen von Wirbeltieren die Regel sind. Bei höheren Lebewesen gibt es eine ungeheuer viel größere Zahl von Angriffspunkten für die Selektion (z. B. »mobility and wisdom«, wie sich A. L. KOCH ausdrückte), so daß simple Lösungen für die durch hohe Populationsdichten und Nahrungsmangel hervorgerufenen Probleme gar nicht möglich sind. Für gewisse Arten mögen z. B. hohe Mobilität und schnelle Vermehrung einen derart dominierenden Selektionswert darstellen, daß sie sich auf die durch hohe Populationsdichten erzwungenen Veränderungen der Lebensbedingungen prinzipiell nicht einzustellen vermögen. Die Populationen solcher Arten müssen dementsprechend vor Erreichen des K-determinierten Zustandes auswandern oder ihr Zusammenbruch ist unvermeidlich.

Mit Ausnahme des Falles der Bakterienpopulationen beziehen sich die meisten Beispiele für Dichteregulation auf gleichwarme Tiere: Säuger und Vögel. Das hat seinen guten Grund, denn diese Tiere mit ihrer relativen Unabhängigkeit von Milieuschwankungen, mit ihren geringen Nachkommenzahlen und den raffinierten und vielseitigen Methoden der Brutpflege, sind geradezu prädestiniert für die Rolle des K-selektierten, territorialen oder gruppenbildenden Tieres, dessen Populationen imstande sind, einen zumindest relativen Grad der Anpassung an das Ressourcenangebot des Lebensraumes zu erreichen. Dieser Zustand der relativen soziologischen Stabilität wurde um den Preis des enorm erhöhten Energieverbrauches der Individuen gewonnen, denn erst die Erfindung der Homoiothermie mit ihren hohen Betriebskosten hat die Brutpflege als ein allgemeines Prinzip und damit die Reduktion der Nachkommenzahl auch bei den Bewohnern extremer und unsicherer Lebensräume möglich gemacht (s. 1. Essay).

Wenn nun der Mensch, als ein Vertreter dieser Warmblüter, über die Wege seiner Art durch die Geschichte reflektiert, stößt er dann auf Spuren alter populationsbiologischer Strategien? Vergegenwärtigen wir uns noch einmal das biologische Umfeld der beiden Hauptphasen des logistischen oder sonstwie sigmoiden Wachstumsverlaufes einer Population, der r-determinierten und der K-determinierten Phase:

- In r-determinierten Phasen, zu Beginn des Zyklus, gilt es, einen Lebensraum in Besitz zu nehmen. Die Fähigkeit zur raschen Vermehrung ist dann ebenso wichtig, wie die der Mobilität. Rasche Vermehrung bedingt höhere Investititionen in die Leistungen der Reproduktion als in die des Körperwachstums, führt dementsprechend zu geringerer Körpergröße und kürzerer Lebensdauer. Das Errichten und Verteidigen von Territorien ist in dieser Phase weniger wichtig als die Fähigkeit, den Zufall zu nützen und sich der Herausforderung einer neuen Situation zu stellen (d. h. neue Nischen zu besiedeln). Die Mortalität wird hoch sein, aber in ihrem Ausmaß unvorsehbar, eher von äußeren Ereignissen als von solchen innerhalb der Population bestimmt.
- In K-determinierten Phasen, gegen Ende des Zyklus, gilt es demgegenüber, den in Besitz genommenen Lebensraum zu nützen und gegen Konkurrenten zu verteidigen. Da nun die Ausweichmöglichkeiten beschränkt sind, ist der im Vorteil, der die zur Verfügung stehenden Ressourcen wirtschaftlicher nützt, was höhere Investitionen in Körperwachstum als in Reproduktion impliziert. Da sowohl der Besitz, d. h. das Territorium, als auch die soziale Ordnung in Zeiten des Mangels schärfer definiert sind als in Zeiten des Überflusses, nimmt in jenen Phasen die Bereitschaft zur Verteidigung des Besitzes und Ranges zu, das heißt, die Neigung zu intraspezifischer Aggression wächst.

Ich habe in diese Schilderung mit Absicht anthropomorphe Begriffe eingeflochten, um den Leser zu ermuntern, in dieser Typologisierung auch ein Gleichnis für gewisse Phasen der menschlichen Geschichte und gewisse Zustände menschlicher Gesellschaften zu sehen. Es kann ja wohl kaum bezweifelt werden, daß sich Zeiten der Eroberung und Besitznahme von jenen der Verwaltung und Konsolidierung unterscheiden – und zwar nicht nur rein phänomenologisch, sondern auch in ihrem geistigen Gehalt, in den Anforderungen, die sie an den einzelnen Menschen stellen, in den Werten, die sie propagieren.

Entspricht dem Typus des r-selektierten Lebewesens nicht die Signatur des Eroberers und Pioniers, der ein unbekanntes Land betritt? – dem Typus des K-selektierten Lebewesens nicht die Signatur des Alteingesessenen, Eingeborenen, der das aufgeteilte Land ererbt hat, der es bearbeitet und verwaltet? In den Pionierzeiten zählen der Mut des Einzelnen und der Zusammenhalt kleiner Gruppen mehr als Besitz und Gesetz (dessen Anwendungsbereich ja noch gar nicht definiert ist), während es in den Zeiten der Konsolidierung genau umgekehrt ist. Im ersten Fall gelten Tapferkeit und Stammestreue als höchste Güter, im zweiten Fall Gesetzestreue und soziales Gewissen.

Hinter derartigen Vergleichen steckt kein billiger Biologismus, denn für unsere Zwecke ist es unerheblich, ob die unterschiedlichen Eigenschaften und Reaktionen von Menschen die Projektionen unterschiedlicher genetischer Ausstattungen oder unterschiedlicher Traditionen sind, ob sie das Ergebnis *genetischer* oder *modifikatorischer* Verschiebungen der Reaktionsnorm sind. Entscheidend ist allein, daß die zunehmende Besiedlung des Landes die Lebensbedingungen der Völker ändert und daß diese Veränderung unabdingbar auf das Verhalten der Menschen, aus denen sich die Völker rekrutieren, zurückwirkt.

Es ist nicht gerechtfertigt, die Analogie zwischen r-Selektion und Pionierzeit, zwischen K-Selektion und Konsolidierungszeit, über die bloße Andeutung hinaus mit spezifischen Details zu füllen, denn bei genauerer Betrachtung finden wir natürlich alle Übergänge zwischen den Extremen, läßt sich die Koexistenz sehr unterschiedlicher Typen zu ein und derselben Zeit, in ein und derselben Gesellschaft, dokumentieren. Wie die natürliche so ist auch die kulturell-soziologische Evolution bisher von Ungleichgewichten, von Wachstum und Untergang und von zyklischen Veränderungen geprägt gewesen. In jeder historischen Epoche schneiden sich die unterschiedlichsten Entwicklungslinien, vermengen sich die unterschiedlichsten Traditionen und bis jetzt sind historische Entwicklungen noch stets durch Katastrophen, Kriege und Revolutionen unterbrochen worden. Aber wer sagt, daß das immer so sein muß? Läßt sich nicht eine Erdbevölkerung denken, die alle technischen Probleme des Überlebens gelöst und zum ersten Mal in der Geschichte des Lebens auf der Erde einen zumindest relativen Gleichgewichtszustand erreicht hat, in dem die Ressourcen der Erde auf das wirtschaftlichste genützt, Krankheit und Hunger besiegt und Kriege unführbar geworden sind?

Die Tragfähigkeit von Lebensräumen

Wir haben Grund zu der Annahme, daß Säugetiere und Vögel die am typischsten K-selektierten aller Tiere sind. Von ihren Populationen wäre also am ehesten zu erwarten, daß sie sich an das Nahrungsangebot des jeweiligen Lebensraumes angepaßt und einen gewissen Gleichgewichtszustand erreicht haben, der in der relativen Konstanz ihrer Populationsdichten zum Ausdruck kommt. Wohl sind große Schwankungen der Dichtewerte zu erwarten, doch eher in der Form von Oszillationen um einen Mittelwert, der direkt mit dem Angebot an Nahrung und Raum im jeweiligen Biotop korreliert. Eine weitere wichtige Variable in dieser Beziehung ist die Körpergröße, denn die Individuen kleiner Arten leben dichter zusammen als die großer Arten. Will man also eine Beziehung zwischen Nahrungsangebot und Populationsgröße herstellen, dann ist einerseits auf den Ernährungstypus, andererseits auf die Körpergröße der Art zu achten. Eine sehr gründliche Untersuchung zu diesem Thema ist kürzlich von DAMUTH (1987) publiziert worden, deren wichtigstes – in Abb. 14a zusammengefaßtes – Ergebnis sich auf eine Analyse von 368 Populationen homoiothermer Pflanzenfresser stützt, von der 5 Gramm schweren Feldmaus bis zum 2,8 Tonnen schweren afrikanischen Elefanten. Wie ersichtlich, ist die Variabilität der Populationsdichten selbst bei gleichem Körpergewicht der erwachsenen Tiere außerordentlich hoch, aber das kommt nicht ganz unerwartet, wenn wir bedenken, daß sich eine Population im Augenblick der Untersuchung verschieden weit von ihrem K-Wert entfernt befunden haben mag. Außerdem ist zu

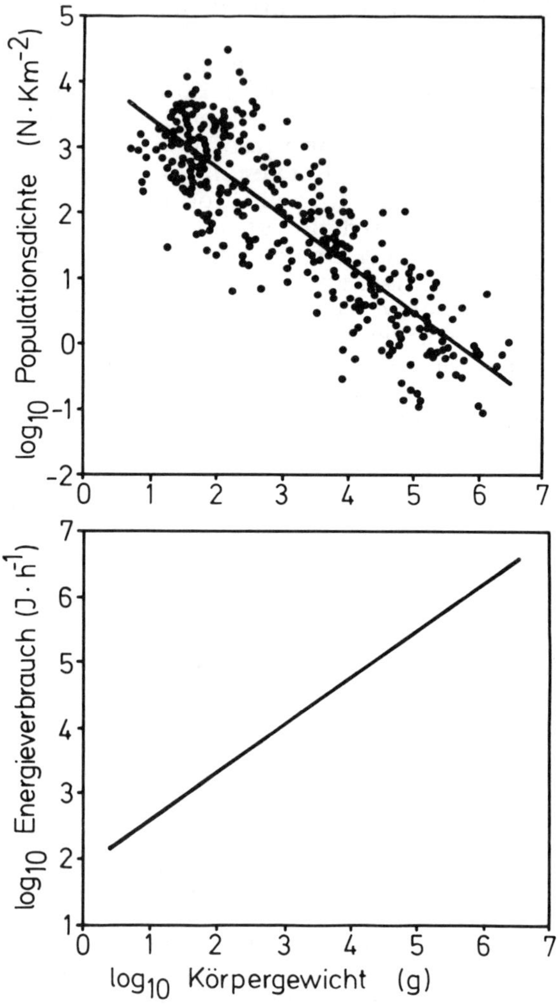

Abb. 14: Darstellung des Zusammenhanges zwischen Populationsdichte, Energieverbrauch und Körpergewicht bei homoiothermen Pflanzenfressern.
Oben sind die Logarithmen der Dichten (pro Km^2) von 368 natürlichen Populationen gegen die Logarithmen der Körpergewichte (in Gramm) der adulten Tiere aufgetragen.
Unten ist die Beziehung zwischen dem Logarithmus des Energieverbrauches (in $J \bullet h^{-1}$) und dem Logarithmus des Körpergewichtes der erwachsenen Pflanzenfresser dargestellt. Es ist deutlich, daß die Regressionsgeraden, die diese beiden Beziehungen charakterisieren, genau spiegelbildlich verlaufen. Verändert nach DAMUTH (1987)

berücksichtigen, daß das Raum- und Nahrungsangebot in den Lebensräumen der Erde vom Klima und von anderen ökologischen Faktoren abhängt und daß Pflanzenfresser ihre Nahrung sehr unterschiedlich nützen. Von all diesen Aspekten ist der K-Wert einer Population betroffen. Dennoch ist die Korrelation zwischen der Populationsdichte (D in Anzahl der Individuen pro Km^2) und dem Körpergewicht der adulten Tiere (M in Gramm) eindeutig und hoch signifikant (r = 0,84):

$$D = 14125 \bullet M^{-0,73} \quad (8a)$$

bzw.:

$$\log D = 4,15 - 0,73 \bullet \log M \quad (8b).$$

Nun wissen wir (s. 2. Essay), daß auch der Energieverbrauch von Tieren mit der Körpergröße korreliert und zwar im interspezifischen Vergleich proportional in etwa der Dreiviertelpotenz des Körpergewichtes. Für die in Abb. 14a zusammengefaßten homoiothermen Pflanzenfresser besteht folgende Beziehung zwischen Sauerstoffverbrauch (VO_2 in ml • h^{-1}) und Körpergewicht (M in Gramm):

$$VO_2 = 3,89 \bullet M^{0,72} \quad (9a)$$

bzw.:

$$\log VO_2 = 0,59 + 0,72 \bullet \log M \quad (9b).$$

Der Sauerstoffverbrauch läßt sich mit Hilfe eines oxikalorischen Äquivalents (1 ml verbrauchter Sauerstoff entspricht einer Wärmeproduktion von rund 20 Joule) in Energieverbrauch (E) umrechnen:

$$E\ (J \bullet h^{-1}) = 78 \bullet M^{0,72} \quad (10a)$$

bzw.:

$$E\ (KJ \bullet Jahr^{-1}) = 683 \bullet M^{0,72} \quad (10b)$$

(In einer anderen Untersuchung beschrieb McNAB (1986) den Energieumsatz weidender Säugetiere durch die Funktion $E = 506 \bullet M^{0,79}$, was als gute Übereinstimmung mit der von DAMUTH ermittelten Beziehung angesehen werden kann).

Wie die logarithmische Form von Gleichung 10 in Abb. 14b zeigt, ist die Größenabhängigkeit des Energieverbrauches pflanzenfressender Tiere ein genaues Spiegelbild der Größenabhängigkeit ihrer mittleren Populationsdichte. Das heißt aber, daß das Produkt der beiden abhängigen Variablen, der *Gesamtenergieverbrauch der Population*, von der Körpergröße unabhängig und konstant sein muß. Aus Gleichung 8a und 10b läßt sich dieser Gesamtenergieverbrauch berechnen. Für ein 1 g schweres Tier gilt zum Beispiel:

$$E = 14125 \bullet 683 = 9,6 \bullet 10^6\ KJ \bullet Km^{-2} \bullet Jahr^{-1}$$

für ein 1 kg schweres Tier:

$$E = 91 \bullet 98723 = 9{,}0 \bullet 10^6 \text{ KJ} \bullet \text{Km}^{-2} \bullet \text{Jahr}^{-1}.$$

Das heißt, daß die von Populationen homoiothermer Pflanzenfresser pro Zeiteinheit umgesetzte Energie *von der adulten Körpergröße unabhängig* ist und rund 10 GJ • km^{-2} $Jahr^{-1}$ beträgt. Wir können in diesem Wert eine ökologische Konstante sehen, von der anzunehmen ist, daß sie in etwa dem mittleren K-Wert der von dieser Gruppe von Tieren besiedelten Lebensräume entspricht.

Räuberische Tiere formieren sich zu wesentlich kleineren, lockerer verteilten Populationen, da sie die Nettoproduktion ihrer Beute, der pflanzenfressenden Tiere, nur zu etwa 10 % für ihre eigene Produktion nützen können. DAMUTH (1987) gibt für die kleintierverzehrenden Räuber unter den Säugetieren (also im wesentlichen Insektenfresser) folgende Beziehung an:

$$D = 2400 \bullet M^{-0{,}76} \qquad (11)$$

Der Vergleich mit Gleichung 8a zeigt, daß die natürlichen Populationen dieses Ernährungstypus pro Flächeneinheit nur etwa ein Fünftel bis ein Sechstel so viele Individuen umfassen wie die Populationen der Pflanzenfresser.

Wenn der ökologische Energieumsatz gleichwarmer Pflanzenfresserpopulationen im Durchschnitt 10 GJ • Km^{-2} • $Jahr^{-1}$ beträgt, dann ist zu fragen, in welchem Verhältnis dieser Wert zum Nahrungsangebot, d. h. zur pflanzlichen Primärproduktion steht. Nach WHITTAKER & LIKENS (1975; siehe auch LARCHER 1980; BEGON et al. 1986, p. 631) variiert die Nettoproduktion in terrestrischen Lebensräumen, von tropischen Regenwäldern bis zu den Wiesen und Steppen temperierter Zonen, zwischen 2200 und 600 Tonnen organische Trockensubstanz pro km^2 und Jahr. Der Energiegehalt einer Tonne pflanzlicher Trockensubstanz beträgt im Durchschnitt 19 GJ, so daß sich die Nettoproduktivität der ergiebigsten Lebensräume der Erde zu 11.400–41.800 GJ • Km^{-2} • J^{-1} errechnet, etwa um drei Größenordnungen mehr als die Populationen pflanzenfressender Säugetiere an Energie umsetzen.

Aus diesen Zusammenhängen läßt sich somit folgende Schlußfolgerung ableiten:

> Natürliche Populationen pflanzenfressender Säugetiere setzen im Durchschnitt 10 • GJ • Km^{-2} • J^{-1} an Nahrungsenergie um, eine Menge, die in etwa 0,1 % der Netto-Primärproduktion des jeweiligen Lebensraumes entspricht.

Diese Verhältnisse sind das Ergebnis eines seit 200 Millionen Jahren sich abspielenden Anpassungsprozesses, was vermuten läßt, daß sie eine »stabile evolutionäre Strategie« (im Sinne von MAYNARD SMITH, 1982) repräsentieren. Ein Nutzungsquotient von 0,1 % oder 0,001 ist niedrig genug, um die Produktionsbasis der Vegetation intakt zu erhalten, andererseits hoch genug, um den Stoffkreislauf – der ohne die zelluloseverarbeitenden Pflanzenfresser nicht in Gang kommen könnte – zu beeinträchtigen.

Die Tragfähigkeit der Erde

Die vor einer Million Jahren irgendwo in Afrika zum ersten Mal aufgetretene Säugerart, der letzte Sproß des Primatenstammes, dessen Nachkommen einmal die Erde beherrschen würden, fügte sich zunächst den Regeln dieser evolutionären Strategie. Wie ihre Vorfahren nutzten die Jäger und Sammler vorgeschichtlicher Epochen die natürliche Produktivität der Erde, um kleine Populationen von maximal 500 Individuen (SERVICE 1962) mit dem für das Leben Notwendigen zu versorgen. Das genutzte Gebiet mußte je nach seiner Fruchtbarkeit verschieden groß gewesen sein. CLARK und HASWELL (1970) schätzten, daß es in fruchtbaren Regionen einer Fläche von rund 1000 ha (= 10 Km^2) bedurfte, um eine 5köpfige Familie zu ernähren. Aus dieser Zahl errechnet sich eine Besiedlungsdichte von $0{,}5 \bullet Km^{-2}$, ziemlich genau der Wert, der nach Gleichung 11 für einen 50 kg schweren homoiothermen Jäger zu erwarten gewesen wäre. Es ist anzunehmen, daß die Populationsdichten der Jäger und Sammler durch Jahrtausende hindurch konstant geblieben sind, da jeder Geburtenüberschuß durch Erweiterung der Versorgungsbasis, jeder beginnende Konflikt durch Auswandern, aufgefangen werden konnte. Für die mittleren Populationsdichten in den damals besiedelten, verschieden fruchtbaren, Regionen der Erde dürfte ein Schätzwert von 0,1–2 Menschen pro Km^2 realistisch sein, was bei einem Energieumsatz von 10000 KJ pro Person und Tag einer Energiedichte von 10^3–$2 \bullet 10^4$ KJ $\bullet$ $Km^{-2} \bullet Tag^{-1}$, im Durchschnitt von $4 \bullet 10^6 \bullet KJ \bullet Km^{-2} \bullet Jahr^{-1}$ entspräche.

Ob sich die prähistorischen Jäger- und Sammler-Kulturen mit dieser Energiedichte dem K-Wert ihres Lebensraumes angenähert hatten oder nicht, darüber läßt sich nur spekulieren. Die Lebensweise eines der letzten Jäger- und -Sammler-Stämme der Gegenwart, der !Kung-Buschmänner, legt jedenfalls nahe, daß die an die ökologischen Bedingungen der Region angepaßten Nomaden mit ihren Ressourcen stets sehr sparsam umgegangen sind. LEE (1969) berichtet, daß die Männer und Frauen des Buschmannstammes so viel Naturprodukte sammeln und jagen, daß über den Eigenbedarf hinaus ein Überschuß von rund 38 % verbleibt, was gerade ausreicht, um die Kinder und Alten des Stammes zu versorgen. Das Ausmaß der Sammeltätigkeit macht jedoch nicht den Eindruck, maximiert worden zu sein. Oft wird der für eine ganze Woche benötigte Vorrat (vor allem von Nüssen) in 2–3 Tagen gesammelt, so daß die restliche Zeit für soziale Aktivitäten, Arbeiten am Lagerplatz und für Müßiggang zur Verfügung steht. Es mag aber sein, daß dieser sparsame Umgang mit den Ressourcen die optimale Form ihrer Nutzung ist, da er einerseits einen Sicherheitsbereich für ökologische Zufälle und Katastrophen schafft, andererseits den Erhalt jener sozialen Struktur garantiert, die ein Teil der Anpassungsweise des Nomaden an die Bedingungen seines Lebensraumes ist.

Die Entwicklung der Landwirtschaft, die vor etwa 10000 Jahren einsetzte, hat diese Beziehungen des Menschen zu seiner Umwelt auf dramatische Weise verändert. Die Ackerbauer und Viehzüchter begannen die Fruchtbarkeit des Bodens auf einige wenige ertragreiche

Pflanzen, später auf einige wenige Tiere zu konzentrieren. Durch künstliche Aussaat, Selektion und Elimination konkurrierender Pflanzen gelang es, die Tragfähigkeit des besiedelten Landes zunächst um das 10-, dann um das 100fache zu steigern. Da einige landwirtschaftliche Produkte, vor allem die Hauptnahrungsmittel der alten und neuen Zivilisationen: Getreide, Reis und Mais, eine Zeit lang gelagert werden konnten, ergab sich die Möglichkeit, produzierte Überschüsse entweder zur Überbrückung von Mangelzeiten oder zur Erhaltung von nicht in der Landwirtschaft beschäftigten Menschen einzusetzen. Dabei zeigt sich, daß in den meisten antiken Zivilisationen der erwirtschaftete Überschuß gering war und im wesentlichen dazu diente, die kleine herrschende Elite, mit ihren Sklaven und Kriegern, zu versorgen.

Wie sehr sich unter den Bedingungen der landwirtschaftlichen Kultur die Völker des Altertums einem Gleichgewichtszustand zwischen Populationsdichte und Produktivität angenähert zu haben scheinen, dafür liefert die von COTTRELL (1955) durchgeführte Analyse der wirtschaftlichen Basis der Pharaonenzeit in Ägypten ein gutes Beispiel. Von 2780 bis 1625 v. Chr. lebten in Ägypten an die 3 Millionen Menschen, von denen 95 % in der Landwirtschaft beschäftigt waren und soviel produzierten, daß sie sich selbst und die restlichen 5 % der Bevölkerung ernähren und kleiden konnten. Der jährliche Produktionsüberschuß von 30–45 • 10^6 Kg Getreide wurde zum kleineren Teil für die Erhaltung der herrschenden Eliten, zum größeren Teil für den Bau der Pyramiden verwendet. Es ist geschätzt worden, daß in der Pharaonenzeit pro Jahr rund 100.000 Sklaven beim Bau der Pyramiden tätig waren. Da ein Sklave jährlich das Aequivalent von 300–400 Kg Getreide verbrauchte, errechnet sich ein Gesamtbedarf von insgesamt 30–40 • 10^6 Kg pro Jahr, also ziemlich genau der von den übrigen 95 % des Volkes erwirtschaftete Nahrungsüberschuß, der somit in die Unsterblichkeit der herrschenden Klasse investiert wurde.

Einen Sonderfall stellen die Kulturen der Azteken und Mayas in Mexiko dar, die nach Ansicht von BRAUDEL (1979) auf der Fruchtbarkeit der Maispflanze gründeten. Der Mais ist das bei weitem ertragreichste und »pflegeleichteste« aller Grundnahrungsmittel der Menschheit. Saatkörner lieferten bereits damals unter günstigen Bedingungen den bis zu 800fachen Ertrag und erlaubten so eine Produktion von 500–600 Kg pro Hektar, was nicht viel weniger ist, als auch heute auf kleinen Feldern ohne Maschineneinsatz erwirtschaftet wird. Von entscheidenderer Bedeutung ist jedoch die Tatsache, daß die Art *Zea mays* von Natur aus äußerst fruchtbar ist und dabei kaum der Unterstützung durch den Menschen bedarf. Um die Maisernte eines Jahres zu produzieren, mußten die aztekischen Bauern nicht viel mehr als 50 Tage, also bloß einen Tag in der Woche, arbeiten. Dies gab ihnen jenes Übermaß an Freizeit, das nach Ansicht von BRAUDEL Voraussetzung für den Aufbau des für diese Kultur charakteristischen, komplizierten, theokratisch totalitären Regimes, mit seiner gewaltigen Bautätigkeit und seinen blutdürstigen Opferritualen war.

Man kann diese Entwicklung in den antiken landwirtschaftlichen Kulturen aber auch von einer anderen Seite sehen:

Die ägyptische und die mexikanische Hochkultur repräsentierten relativ geschlossene soziale Systeme. Um die Bevölkerungszahlen einigermaßen stabil zu erhalten, bedurfte es gewisser Mechanismen der Geburtenkontrolle und dies mag die primäre Funktion sowohl der religiösen Rituale mit ihren Hekatomben von Opfern (vor allem von jungen Frauen) als auch des menschenverachtenden Einsatzes von Sklaven beim Bau der Pyramiden gewesen sein.

So mögen die Populationsdichten der frühen landwirtschaftlichen Kulturen um Werte geschwankt haben, die durch die jeweilige Produktivität des Ackerlandes bestimmt waren, während der Reichtum des Volkes davon abhing, in welchem Ausmaß die freien Kapazitäten an Zeit und Produktivität genutzt wurden, um den Lebensstandard der Eliten und die Tätigkeiten von Künstlern und Handwerkern zu beeinflussen.

Die nächste Stufe der ökonomischen Evolution wurde durch zwei historische Prozesse geprägt:

1. Übervölkerungsprobleme in den verschiedensten Regionen der Erde erzeugten Spannungen, die sich in Wellen von Migrationen entluden. In Verbindung mit Fortschritten im Schiffsbau, in der Navigationskunst und in der Zucht ausdauernder Tragtiere, wurden so die personellen und technischen Voraussetzungen für die Kolonialisierung fremder Länder und für den Aufbau eines ausgedehnten Handelsnetzes geschaffen.
2. Die Erfindung des Geldes revolutionierte den Gütertausch, indem durch Vermittlung eines symbolischen Transferfaktors Angebot und Nachfrage wesentlich effizienter aufeinander abgestimmt werden konnten, als dies beim direkten Tauschverfahren möglich war.

Wir können sagen, daß diese Prozesse gleichsam als Motoren und Transmisssionsriemen die Entfaltung der Weltwirtschaft und die Entstehung großer Städte ermöglicht haben. Erst auf diese Weise konnten die freien Produktionskapazitäten weit voneinander entfernter Gebiete genutzt und in Reichtum verwandelt werden. Aus den bisher genannten Beispielen ist ja bereits deutlich geworden, daß in fruchtbaren Regionen auch in der Nähe des K-Wertes einer Population freie Produktionskapazitäten bestehen, die nur mangels Bedarf und Gelegenheit nicht genützt werden. Wenn z. B. die Mitglieder der !Kung ihre wöchentliche Nahrungsration in drei Tagen gesammelt und erjagt haben und sich in den übrigbleibenden vier Tagen dem Müßiggang ergeben, dann könnten sie im Prinzip natürlich auch einen Überschuß an Naturprodukten sammeln und diese verkaufen – gäbe es einen Käufer! Oder die aztekischen Bauern hätten in ihrer reichlich bemessenen Freizeit Gebrauchs- und Kunstgegenstände für fremde Märkte herstellen können – hätte es diese Märkte sowie Transportwege gegeben!

Wann und wo immer zu dieser Zeit Käuferschichten angesprochen, Märkte erschlossen und Transportwege eröffnet wurden, stammten die angebotenen Objekte aus lokalen freien Kapazitäten an Zeit und Produktivität, die durch Vermittlung des Geldes oder im direkten Tauschhandel an jenen Stellen des Handelsnetzes in Reichtum verwandelt wurden, an denen Bedarf erzeugt werden konnte. Dies gilt für Seide, Gewürze, Weihrauch, Tee, Purpur, Pelze, Bernstein, Silber, Gold und unzählige andere Produkte. Die Welt der Antike und Post-Antike expandierte somit aufgrund der immer besseren Nutzung freier Kapazitäten, wobei als Instrumente der Nutzung

Handel und Geldverkehr dienten. Die *energetische* Basis dieser Welt hatte sich jedoch gegenüber der früher landwirtschaftlicher Kulturen kaum geändert. Die Formen der Energie, die das System in Gang hielten, waren neben der Sonnenenergie weiterhin vor allem die im Stoffwechsel freigesetzte mechanische Energie des arbeitenden Menschen und seiner Nutztiere. Die Windenergie begann in der Schiffahrt eine immer wichtigere Rolle zu spielen, während die Wasserenergie quantitativ noch kaum ins Gewicht fiel. Holz, Holzkohle und Torf wurden wie seit Jahrtausenden zum Heizen und Kochen verwendet, was die immer dichtere Besiedlung auch der kälteren Gegenden der Erde erlaubte. So wuchs die Bevölkerung der Erde durch Expansion, durch Inbesitznahme und durch die zunehmende Besiedlung eines immer größeren Teiles der Landmassen der Erde. Sie stieg von vielleicht 5 Millionen zu Beginn der Jungsteinzeit vor 10000 Jahren auf etwa 100 Millionen zur Zeit des Perikles und dann nochmals auf etwa 500 Millionen in der Mitte des 17. Jahrhunderts, als die Weichen für den Beginn des technischen Zeitalters bereits gestellt waren. Die Populations*dichten* hatten sich jedoch, zumindest in den Stammländern der Zivilisation, seit dem Beginn der landwirtschaftlichen Revolution kaum verändert (sehen wir von den durch Hungersnöte, Kriege und Epidemien verursachten Zäsuren ab). Pro Km^2 lebten im Ägypten der Pharaonenzeit nicht weniger sondern eher mehr Menschen als im Ägypten des 17. Jahrhunderts, und etwa ebenso viele als in anderen landwirtschaftlich strukturierten und dichtbesiedelten Ländern der Erde bis in die Neuzeit.

All dies indiziert, daß für die vorindustrielle landwirtschaftliche Kultur ein Nutzungsgrenzwert erreicht war, der sich – in Abhängigkeit von der lokalen Fruchtbarkeit des Bodens – in relativ konstanten Populationsdichten manifestierte. Dieser Grenzwert scheint fast immer den von MALTHUS für das industrielle Zeitalter vorhergesagten Punkt gefunden zu haben, an dem die Populationskurve die Nahrungskurve schneidet (Abb. 12a). Mit anderen Worten: die Landbevölkerung war gezwungen, die Produktionskapazität ihres Bodens stets auf das äußerste in Anspruch zu nehmen, so daß selbst geringfügige Störungen, wie ein langer Winter oder das Auftreten von Schädlingen, zu Hungersnöten Anlaß geben konnten. Für die 2019 Jahre der chinesischen Geschichte vor 1911 ist zum Beispiel die Zahl von 1828 Hungersnöten aktenkundig, fast eine pro Jahr (EHRLICH & EHRLICH 1970). Hauptverantwortlich für den Fortbestand dieses prekären Gleichgewichtes war die schon erwähnte Praxis, die durchaus vorhandenen Überschüsse der landwirtschaftlichen Produktion abzuschöpfen und in die Städte zu transferieren, wo sie die Grundlage des akkumulierenden Reichtums eines kleinen Teiles der Gesellschaft bildeten. Diese Kombination von großflächigem Gleichgewicht und lokalem Überfluß war auch das charakteristische Muster der Wirtschaft des Mittelmeerraumes, der Wiege unserer Kultur, von der Pharaonenzeit bis an die Schwelle der modernen Zeit. FERNAND BRAUDEL hat dieses auf der Dreiheit von Ölbaum, Wein und Getreide basierende Verteilungsmuster sehr instruktiv geschildert (BRAUDEL 1987, S. 30):

»Alles Leben strebt nach Gleichgewicht, muß eines finden oder es geht unter ... Das Leben, das wir betrachten wollen, ist karg, schwierig, und sein Gleichgewicht schlägt letztlich regelmäßig gegen den

Menschen aus, indem es ihn zur Mäßigkeit verdammt. Für ein paar Stunden oder Tage Schwelgerei (wenn überhaupt) wird er jahrelang, ein Leben lang auf knappe Ration gesetzt. Der Historiker oder der Reisende sollte sich nicht von den Monumenten der Urbanität blenden lassen, von den wundervollen alten Städten. Hier wurden von Anbeginn die Reichtümer aufgehäuft, und eben deshalb sind die Städte Ausnahmen, sind sie privilegiert. Um so mehr, als vor der Industriellen Revolution 80 bis 90 Prozent der Bevölkerung auf dem Lande wohnten.«

Mit dem Beginn des industriellen Zeitalters änderte sich jedoch die energetische Basis der Zivilisation. Neue Energiequellen wurden erschlossen: Kohle, Wasserkraft, Elektrizität, Erdöl, Erdgas und schließlich Atomenergie, die in den Industrieländern eine Revolution der Produktionsmethoden bewirkten. Seitdem stehen als wirtschaftliche Antriebsmittel nicht bloß die Energiemengen zur Verfügung, die durch Stoffwechselprozesse in den Muskeln von Tieren und Menschen freigesetzt werden, sondern auch jene, die mittels chemischer und physikalischer Prozesse – oft von den Orten der Anwendung weit entfernt – in Maschinen und Kraftwerken erzeugt werden. Damit steht hinter jedem Menschen der auf ihn entfallende Anteil der Energieproduktion seines Landes.

Wie diese Verteilung in der heutigen Zeit aussieht, das illustriert Tabelle 8, in der einige mit dem Energieverbrauch zusammenhängende Größen für verschiedene Länder – arme und reiche – zusammengestellt sind. Konzentrieren wir uns auf den *spezifischen technischen Energieverbrauch* –, also auf die jährliche Energieproduktion eines Landes dividiert durch die Einwohnerzahl (Spalte 5), dann erkennen wir, daß sich die Extremwerte unter den heutigen Ländern etwa wie 1 : 1000 verhalten. In den USA und in Kanada steht hinter jedem einzelnen Bewohner eine aus vielen Kraftwerken fließende technische Leistung von rund 10 KW, in einigen europäischen Ländern von rund 5 KW und in den Entwicklungsländern von 0,01 bis 0,1 KW. Diese Werte mögen mit der auf der Oxydation von organischer Substanz beruhenden *biologischen* Leistung von 0,1 KW verglichen werden, die ein Mensch in Ruhe, von 1,0 KW, die er kurzfristig bei Schwerstarbeit abgibt. Im Hinblick auf den *spezifischen Gesamtenergieverbrauch* (die Summe aus technischer und biologischer Leistung: s. Abb. 6, S. 38 und Abb.7, S. 39) verhalten sich die ärmsten und reichsten Länder wie 1 : 100.

Ebenso instruktiv ist der Vergleich der *Leistungsdichte*, also des technischen Energieverbrauches pro Km^2 (Spalte 6). Auf Grund ihrer geringen Flächen liegen hier die europäischen Länder, sowie Japan, noch vor den USA und weit vor Kanada.

Vergleichen wir die maximalen Leistungsdichten des technischen Zeitalters mit denen der landwirtschaftlichen und der noch früheren Jäger- und -Sammler-Kulturen, dann ergibt sich folgendes Bild:

Für die in den fruchtbaren Regionen der Erde lebenden Jäger und Sammler wurde oben (S. 75) eine mittlere Populationsdichte von $1 \cdot Km^2$ angenommen, woraus sich eine Leistungsdichte von etwa $4 \cdot 10^9$ J $\cdot$ Km^{-2} $\cdot$ $Jahr^{-1}$ (= 100 W $\cdot$ Km^{-2}) ergibt. In den landwirtschaftlichen Kulturen war (und ist) das Land etwa 100fach dichter besiedelt als in den Zeiten der Jäger und Sammler. Daraus ergibt sich eine Leistungsdichte von etwa $4 \cdot 10^{11}$ J $\cdot$ Km^{-2} $\cdot$ $Jahr^{-1}$ (= 10

Tabelle 8: Bevölkerungsstatistische und energetische Größen zur Berechnung des spezifischen Energieverbrauches einer Auswahl reicher und armer Länder. Die Spalten bedeuten folgendes:
1: Anzahl der Einwohner (• 10^6); **2**: Fläche (• 10^6 Km^2); **3**: Einwohner pro Km^2 (Spalten 1 : 2); **4**: Gesamtenergieverbrauch (• 10^{18}Joule • $Jahr^{-1}$); **5**: Gesamtleistung pro Person (Spalten 4 : 1) (KW); **6**: Energiedichte (Spalten 4 : 2) (• 10^{12} Joule • Km^{-2} • $Jahr^{-1}$); **7**: Bruttonationalprodukt (US $).
Die Werte beziehen sich auf 1972 und stammen aus OWEN (1976) und STANCESCU (1985). Die in Klammern gesetzten Abkürzungen dienen zur Erklärung von Abb. 16.

	1	2	3	4	5	6	7
Reiche Länder:							
USA	218	9,4	23	73	10	7,8	8640
Kanada (Can)	23	10	0,4	7,2	9,1	0,7	8450
BR Deutschland	62	0,25	248	9,7	4,7	39	8160
Dänemark (DK)	5	0,04	116	0,8	4,7	19	8050
Schweden (S)	8	0,45	18	1,3	4,7	3	9250
GB	56	0,24	233	5,8	3,0	24	4430
Frankreich (F)	52	0,55	95	6,2	3,6	11	7290
USSR	252	22,4	11	35	4,2	1,6	3010
Australien (AUS)	13	7,7	1,7	2,1	4,7	0,3	7340
Japan (J)	110	0,37	297	10,5	3,0	28	5640
Arme Länder:							
Ghana (GHA)	10	0,24	42	0,044	0,13	0,18	152
Guinea	4	0,25	16	0,011	0,10	0,044	96
Burundi (BUR)	4	0,08	50	0,0003	0,01	0,004	50
Äthiopien (ÄTH)	28	1,2	23	0,028	0,03	0,023	60
Zaire	24	2,3	10	0,06	0,09	0,026	50
Uganda (UG)	11	0,24	46	0,021	0,07	0,088	66
Indien (IND)	619	3,3	187	3,3	0,16	1,0	150
Bangladesh (BAN)	77	0,14	24	0,071	0,03	0,5	40
Mexiko (MEX)	60	1,97	31	2,3	1,1	1,2	1110
Brasilien (BRA)	111	8,5	13	2,5	0,7	0,29	1390
Ekuador (EKU)	7	0,27	26	0,09	0,4	0,33	770

KW • Km^{-2}), während die hochindustrialisierten Länder der Gegenwart durch Leistungsdichten bis zu 4 • 10^{13} J • Km^{-2} • $Jahr^{-1}$ (= 1000 KW • Km^{-2}) gekennzeichnet sind.

Mit anderen Worten: die drei großen Stufen der kulturellen Entwicklung der Menschheit, die Jäger-und-Sammler-Stufe, die landwirtschaftliche Stufe und die industrielle Stufe, verhalten sich auf der Skala der Leistungsdichte wie 1 : 100 : 10000.

Auf welchen Wegen die neuen Energieströme die industrialisierten Gesellschaften verändert haben, das wurde schon im 2. Essay (S. 29) angedeutet. Zum einen wurde durch den Einsatz von Maschinenbau, Chemie und Genetik die Produktivität natürlicher Lebensräume erhöht. Diese Erhöhung machte sich vor allem auf dürftigeren Böden bemerkbar, wodurch sich die bewirtschafteten Flächen der Erde stark erweitert haben. Die Steigerung der Ertragsleistung durch den Einsatz technischer Mittel und wissenschaftlicher Verfahren kann das Zehnfache und mehr der vorindustriellen Leistung betragen. So produzieren auf trockenen Böden angelegte Weizenfelder zehn- bis fünfzigmal mehr Energie als die Vegetation, die früher dort wuchs; und moderne Milchkühe geben im Jahr zehn- bis fünfzehn mal mehr Milch als ihre Vorfahren.

Zum anderen - und das ist auf lange Sicht die folgenschwerere Konsequenz der Industrialisierung - befreite der Einsatz technischer Energien den größten Teil der Bevölkerung von der landwirtschaftlichen Produktion, trieb sie in Fabriken, wo sie wieder etwas, wenn auch ganz anderes als das tägliche Brot, produzieren, von wo sie aber durch die nächste Maschinengeneration erneut vertrieben werden, um - so hoffen die Optimisten - endlich für die Produktion geistiger und sozialer Werte frei zu sein.

Was uns hier, vom energetischen Standpunkt, vorgeführt wird, das ist die atemberaubend rasche Verschiebung des K-Wertes der Erdbevölkerung nach oben. Während zu den Zeiten der Jäger und Sammler auf einem Km^2 im Durchschnitt 1 bis 2 Menschen lebten, in einer landwirtschaftlich geprägten Kultur 100 bis 200, so vermag der Einsatz technischer Energien die Populationsdichte im Prinzip nochmals um einen Faktor von hundert zu steigern. In Manhattan und anderen Zentren des modernen Lebens beträgt die Bevölkerungsdichte gegenwärtig etwa 30000 Menschen pro Km^2.

Wir erleben und empfinden, daß es Grenzen für diese Steigerung des K-Wertes gibt, aber die Verschiedenartigkeiten der menschlichen Gemeinwesen und die Geschwindigkeit, mit der sich alles ändert, verbieten die Formulierung einer generellen Lösung. Wohl will uns scheinen, daß Städte mit 30 Millionen Einwohnern und Populationsdichten von $30000 \cdot Km^{-2}$ unerträglich, ungesund und ganz einfach »unnatürlich« sind, aber da die »Natur« des Menschen weiterhin nicht definiert ist, bleibt der Verdacht, daß alle derartigen Schlußfolgerungen auf gefühlsbetonten Analogien mit der »guten alten Zeit« oder anderen, scheinbar glücklicheren, Zuständen der Menschheit, manchmal sogar der Tierwelt, beruhen. Wir wissen nicht, welche Populationsdichte, welche Individualdistanz »dem« Menschen angemessen ist und ob es stabile Lösungen im Konflikt zwischen den diametralen Bedürfnissen nach Nähe und Intimität einerseits, Autonomie andererseits (BISCHOF 1985) gibt. Es lassen sich aber auch ziemlich plausible Argumente dafür beibringen, daß Prinzipien des Stoff- und Energiewechsels die Tragfähigkeit der Erde - oder die K-Werte einzelner Länder - begrenzen werden, noch ehe dieser Konflikt wirklich ausgetragen ist.

Vor etwa 25 Jahren spekulierte der englische Physiker J. H. FREMLIN (1964), wie viele Menschen auf der Erde unter der einzigen Annahme leben könnten, daß alle lösbaren technischen Probleme tatsächlich gelöst werden würden. Er kam zu dem Schluß, daß die Obergrenze bei einer Bevölkerungszahl von 10^{16}–10^{18} erreicht wäre, wenn auf jedem Quadratmeter der Erdoberfläche - inklusive der dann überdachten Weltmeere - etwa 130 Menschen lebten (Abb. 15). Diese obere Grenze wird nach Ansicht von FREMLIN durch das physikalische Problem der Wärmeabfuhr bestimmt, denn eine Bevölkerung von 10^{18} würde so viel Energie umsetzen, daß die entstehende

Abb.15: Die Übervölkerung der Erde. Aus FREMLIN (1964)

Wärme nicht mehr rasch genug an das Weltall abgegeben werden könnte. Die Erde würde an einem Hitzekollaps zugrunde gehen. Die einzig beherzigenswerte Schlußfolgerung aus dieser düsteren Parabel ist, daß nicht nur die *Zufuhr*, sondern auch die *Abfuhr* von Energie gesichert sein muß, damit sich ein System im Fließgleichgewicht erhalten kann. Da aber der Fluß von Energie auch den von Stoffen impliziert, müssen deren Kreisläufe bei Spekulationen über die Tragfähigkeit der Erde unbedingt berücksichtigt werden, und da lassen uns die Erfahrungen der letzten Jahrzehnte mit radioaktiven Abfällen, Kohlendioxyd, Kohlenwasserstoffen und vielen anderen Endprodukten der technischen Zivilisation vermuten, daß die Obergrenze der Erdbevölkerung – selbst bei Außerachtlassung aller psychologisch-soziologischen Probleme – weit unter der durch den Wärmefluß bestimmten Dichte liegen dürfte.

Eine plausible Strategie für die Suche nach der Tragfähigkeit der Erde wäre es, sich an biologischen Gleichgewichten zu orientieren. Diese sind immerhin das Ergebnis einer durch strenge Selektion geprägten milliardenjährigen Evolution und können daher in Anspruch nehmen, stabile evolutionäre Lösungen zu repräsentieren. Im Geiste einer derartigen Lösung könnte zum Beispiel folgende Spekulation angestellt werden:

Geht man davon aus, daß die Populationen gleichwarmer Pflanzenfresser zur Deckung ihres Energiebedarfes rund 0,1 % der in ihrem jeweiligen Lebensraum anfallenden Nettoproduktion verbrauchen (S. 74) und daß dieser Anteil einen Grenzwert der ökologischen Energienutzung darstellt, dann wären 0,1 % der auf die Erdoberfläche einstrahlenden Sonnenenergie das obere Limit der technischen Energienutzung, wenn angenommen wird, daß die fossilen Energieträger einmal erschöpft sein werden und daß die wirtschaftliche Nutzung der Atomenergie so große Schwierigkeiten bereitet, daß sie irgendwann einmal aufgegeben werden wird.

Nun empfangen die $1{,}3 \cdot 10^8$ Km^2 Landmasse der Erde im Jahr insgesamt $7{,}5 \cdot 10^{23}$ Joule an kurzwelliger (< 1000 nm) Strahlungsenergie, was einer mittleren Energiedichte von $5{,}8 \cdot 10^{15}$ J $\cdot$ Km^{-2} $\cdot$ Jahr^{-1} entspricht. Akzeptieren wir zunächst einen Nutzungskoeffizienten von 0,001 (d. h. 1 Promille der eingestrahlten Energie wird in arbeitsfähige Energie verwandelt), dann erhalten wir einen Wert von $5{,}8 \cdot 10^{12}$ J $\cdot$ Km^{-2} $\cdot$ Jahr^{-1} als Obergrenze für die Dichte der verfügbaren Primärenergie auf der Erde. Wie die Zusammenstellung der Abb. 16 zeigt, ist dieser kritische Wert – allerdings auf der Basis der Nutzung von Sekundärenergie – im Jahre 1972 bereits von sechs Ländern, nämlich der BR Deutschland, Japan, Großbritannien, Dänemark, Frankreich und den USA, überschritten worden. Dieser technische Grenzwert liegt 6–7 Größenordnungen über dem Umsatz an arbeitsfähiger Energie in *tierischen* Populationen und um 3–4 Größenordnungen über der mittleren Nettoproduktivität *pflanzlicher* Populationen (S. 74). Multiplizieren wir die kritische Leistungsdichte mit der Landfläche der Erde, dann ergeben sich $7{,}5 \cdot 10^{20}$ J $\cdot$ Jahr^{-1} als Obergrenze für die der Menschheit zur Verfügung stehende *Gesamtmenge* an arbeitsfähiger Energie aus der Sonne. Aus diesem Wert läßt sich die kritische Masse der Erdbevölkerung ableiten, wenn wir uns auf den wünschenswerten Verbrauch an technischer Energie pro Person einigen (Spalte 5, Tab. 8). Ziehen wir etwa den

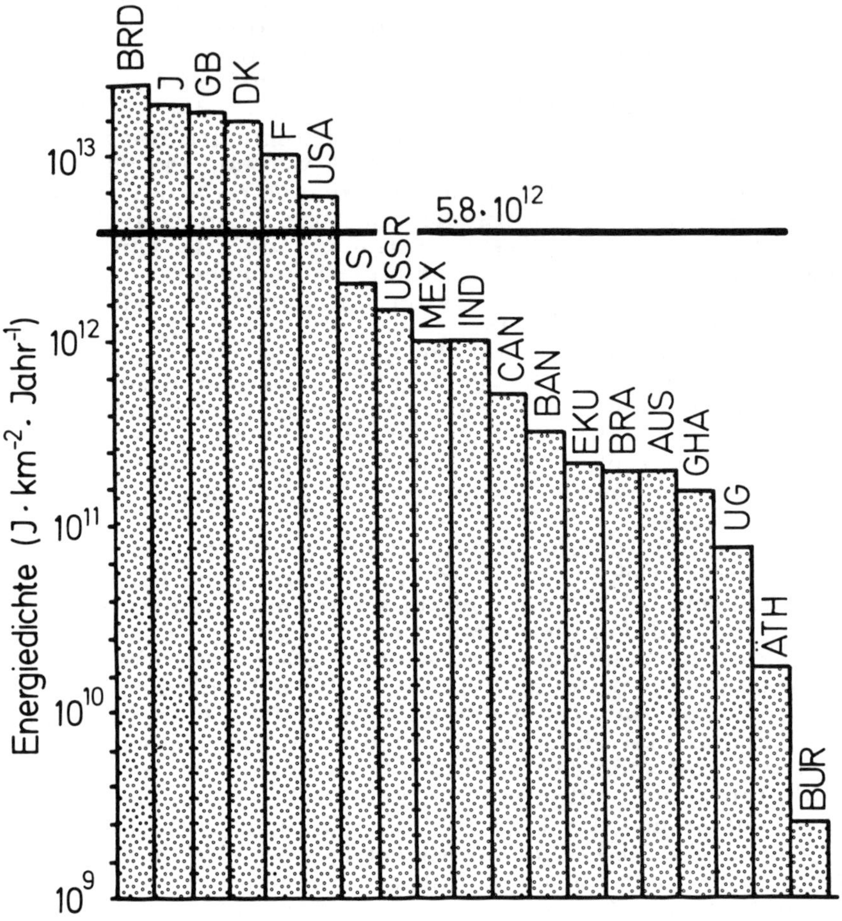

Abb.16: Energiedichten (in J • Km^{-2} • $Jahr^{-1}$) in ausgewählten Ländern der Erde. Die Daten beziehen sich auf 1972. Abkürzungen wie in Tab. 8 (S. 80). Das eingezeichnete Energieniveau von 5,8 • 10^{12} J • Km^{-2} • $Jahr^{-1}$ wird als Obergrenze für die Dichte der verfügbaren aus der Sonne stammenden Primärenergie angesehen

Leistungsstandard der Nordamerikaner (ca. 10 KW), der Europäer (ca. 5 KW) und einen noch bescheideneren Standard von 2 KW in Erwägung, dann ergeben sich folgende Zahlen:

Energieverbrauch pro Person in KW ($1\ KW = 3{,}15 \cdot 10^{10}\ J \cdot Jahr^{-1}$)	Erdbevölkerung ($\cdot 10^9$)
10	2,5
5	5
2	12,5.

Diese Bevölkerungszahlen repräsentieren somit die für drei Niveaus der technischen Leistungsfähigkeit geltenden K-Werte der Erde. Wir erkennen z. B. , daß die jetzige Erdbevölkerung von etwa 6 Milliarden mit einem durch die Sonnenergie gedeckten Pro-Kopf-Energieverbrauch vereinbar wäre, wie er etwa dem gegenwärtigen Verbrauch an technischer Energie in Westeuropa entspricht (Tab. 8).

Freilich basiert diese Projektion auf einer Reihe von Annahmen, die sich als unrichtig oder undurchführbar erweisen mögen. Um nur zwei davon zu nennen: Die für die Energieproduktion zur Verfügung stehende Fläche wurde mit der gesamten Landmasse identifiziert. Das ist natürlich eine unrealistische Betrachtungsweise, denn die von den Menschen selbst besiedelten und die für die Nahrungsproduktion benötigten Flächen, sowie die unzugänglichsten Gebirgsgegenden, stehen für die Nutzung der Sonnenenergie wohl kaum zur Verfügung. Eine Berücksichtigung dieses Umstandes muß somit zu einer durchgehenden Verringerung der K-Werte, wahrscheinlich um mindestens die Hälfte, führen.

Andererseits könnte man argumentieren, daß es möglich sein müßte, Sonnenergie mit einem besseren Wirkungsgrad als 0,001 in arbeitsfähige Energie zu verwandeln. Eine Steigerung von 0, 1 % auf 1 % würde z. B. die K-Werte der Erdbevölkerung ebenfalls um einen Faktor von 10 ansteigen lassen.

Dieser Punkt ist so wichtig, daß er kurz diskutiert werden muß.

Kein energetischer Begriff hat häufiger zu Mißverständnissen Anlaß gegeben als der des »Wirkungsgrades«. Vom rein thermodynamischen Standpunkt gibt es keine Probleme: der Wirkungsgrad einer Maschine ist ihre Nutzleistung in Prozent der Eingangsleistung. Liefert eine Maschine z. B. pro Sekunde 100 Joule an mechanischer Energie (= 100 W) und mußten 200 W eingesetzt werden, um diese Leistung zu erzeugen, dann beträgt der Wirkungsgrad der Maschine 50 %. Das Problem kompliziert sich jedoch ganz entscheidend, wenn wir es mit einer Maschine zu tun haben, die nicht nur *eine* sondern *mehrere* Aufgaben zu erfüllen hat, und dann nochmals, wenn wir auch die Gestehungs- und Erhaltungskosten der Maschine in Betracht zu ziehen haben. Weitgehend unüberschaubar wird das Problem schließlich, wenn wir das, was die Maschine produziert, also ihre Nutzleistung, auch noch transportieren, weiterleiten und speichern müssen. Was ist dann der »Wirkungsgrad« des durch die Maschine definierten Systems? Müssen in die Berechnungen nicht auch alle Gestehungs-, Erhaltungs- und Folgekosten eingehen, die nun aber nicht mehr ausschließlich von *thermodynamischen*, sondern auch von strukturellen, wirtschaftlichen, opportunistischen und vielen anderen, kurz und gut: von *ökologischen* Prinzipien abhängen?

Bei einer systemorientierten Betrachtungsweise erscheint es also unumgänglich, zwischen *thermodynamischer* und *ökologischer* Effizienz zu unterscheiden.

Die Leistungen von Pflanzen als den primären Energiekonvertern der Erde liefern ein gutes Beispiel zur Illustration dieses Problems.

Die *quantenphysikalische* Effizienz der Photosynthese grüner Pflanzen, d. h. die photochemische Arbeit der Chloroplasten in Prozent der absorbierten Photonenenergie, beträgt rund 30 % (LARCHER 1980). Die *physiologische* Effizienz, d. h. die Effizienz, mit der Strahlungsenergie in die chemische Energie von Photosyntheseprodukten verwandelt wird, beträgt maximal 20 %, unter natürlichen Bedingungen jedoch meist nur 1 % und weniger. Der größte Teil der eingestrahlten und absorbierten Sonnenenergie dient der Aufrechterhaltung des Wasserflusses und Stofftransportes durch die Pflanzen (WIESER 1986). Die Produktion der organischen Verbindungen ist jedoch erst das *physiologische* Vorspiel für die eigentliche *ökologische* Rolle der Pflanzen. Die von ihnen produzierten Stoffe müssen ja gesammelt, verteilt, eventuell gespeichert, die Abfälle entsorgt, d. h. mineralisiert, werden. Bei jedem dieser Schritte wird arbeitsfähige Energie in nutzlose Wärme verwandelt, so daß von der ursprünglich eingesetzten Sonnenenergie nur ein kleiner Teil, 0,1 % und weniger, zur Verrichtung von systemerhaltender Arbeit übrig bleibt. Ist das nun der ökologische »Wirkungsgrad« der grünen Pflanzen?

Bei der direkten Verwandlung der Sonnenenergie in elektrische Energie durch den Menschen liegt die Sache nicht viel anders. Die thermodynamische Effizienz dieser Verwandlung in Solarzellen liegt – wie die der Photosynthese – bei rund 30 %, die gegenwärtig technisch mögliche eher bei 20 % (HEINLOTH 1987). Berücksichtigen wir jedoch den Energieaufwand für die Herstellung der Zellen, sowie für die Regelung, Spannungstransformierung und Energiespeicherung in der Solaranlage, dann sinkt die Effizienz nochmals und zwar drastisch. Nach HEINLOTH müssen gegenwärtig an die 70 KWh Primärenergie eingesetzt werden, um 1 W Spitzenleistung in Solarzellen zu erzeugen. Dies führt dazu, daß einer Sonneneinstrahlung von 100 $W \cdot m^{-2}$ ein Energie*gewinn* von nicht mehr als 1 KWh pro Jahr = 0,1 $W \cdot m^{-2}$ gegenübersteht, also ein»ökologischer« Wirkungsgrad von 0,1 %, wie er auch in der Analyse der Tragfähigkeit der Erde angenommen wurde. Bei dieser Rechnung sind allerdings die in Zukunft anfallenden Kosten des Transportes und der Speicherung der Energie noch gar nicht berücksichtigt worden, die sicherlich hoch genug sein werden, um die durchaus denkbaren Verbesserungen der *technischen* Effizienz von Solaranlagen wieder wettzumachen. Mit anderen Worten, eine ökologische Effizienz von 0,1 % für alle Formen der Verwandlung von Primärenergie in systemerhaltende Arbeit dürfte eine für die menschliche Gesellschaft realistische, vielleicht sogar zu optimistische, Annahme sein. Wenn dies so ist, wenn wir weiterhin annehmen, daß die Hälfte der Landoberfläche der Erde für die Gewinnung von Sonnenenergie eingesetzt werden kann, und wenn ein Lebensstandard wie der gegenwärtig in Westeuropa erreichte als das erstrebenswerte Ziel der Menschheit angesehen wird, dann liegt die Tragfähigkeit der Erde, ohne den Einsatz von fossiler und Kernenergie, bei $2{,}5 \cdot 10^9$ Menschen, etwa einem Drittel der für das Jahr 2000 prognostizierten Bevölkerung der Erde. Freilich steht nirgendwo geschrieben, daß der Lebensstandard des Westeuropäers im ausgehenden 20. Jahrhundert auch der Lebensstandard des künftigen Weltbürgers sein muß.

Literatur

BEGON, M., J. L. HARPER & C. R. TOWNSEND, 1986: Ecology. Blackwell Scientific Pub. Oxford.
BISCHOF, N., 1985: Das Rätsel Ödipus. Die biologischen Wurzeln des Urkonfliktes von Intimität und Autonomie. Piper, München.
BRAUDEL, F., 1979: Les structures du quotidien: le possible et l'impossible. Librairie Armand Colin, Paris.
BRAUDEL, F., 1987: Mediterrane Welt. In: Die Welt des Mittelmeeres. S. Fischer, Frankfurt a. M.
CLARK, C., & M. HASWELL, 1970: The economics of subsistence agriculture. MacMillan, London.
COTTRELL, F., 1955: Energy and society. Greenwood Press, Westport.
DAMUTH, J., 1987: Interspecific allometry of population density in mammals and other animals: the independence of body mass and population energy-use. Biol. J. Linn. Soc. **31**, 193–246.
EHRLICH, P. R., & A. H. EHRLICH, 1970: Population, resources, environment. Freeman, San Francisco.
FREMLIN, J. H., 1964: How many people can the world support? New Sci. **415**, 285–287.
HEINLOTH, K., 1987: Alle unsere Energiequellen. Physik i. u. Zeit 18. Jahrg. Nr. 2, 47–51.
HUTCHINSON, G. E., 1978: An introduction to population ecology. Yale Univ. Press, New Haven.
KOCH, A. L., 1971: The adaptive responses of *Escherichia coli* to a feast and famine existence. Adv. microbiol. Physiol. **6**, 147–217.
LARCHER, W., 1980: Ökologie der Pflanzen. E. Ulmer, Stuttgart.
LEE, R. B., 1969: !Kung bushman subsistence: an input-output analysis. In: Environment and cultural behavior: ecological studies in cultural anthropology (A. P. VAJDA, ed.), pp. 47–79. Natural History Press, Garden City, New York.
LLOYD, P. J., 1967: American, German and British antecedents to Pearl and Reed's logistic curve. Popul. Stud. **21**, 99–108.
MACARTHUR, R. H., & E. O. WILSON, 1967: The theory of island biogeography. Princeton Univ. Press, Princeton, N. J.
MALTHUS, T. R., 1806: An essay on the principle of population, as it affects the future improvement of society, with remarks on the speculations of Mr. GODWIN, M. CONDORCET, and other writers. 3rd ed. J. Johnson, London.
MAYNARD SMITH, J., 1982: Evolution and the theory of games. Cambridge Univ. Press, Cambridge.
MCNAB,B. K., 1986: The influence of food habits on the energetics of eutherian mammals. Ecol. Monogr. **56**, 1-19.
MYERS, J., & C. J. KREBS, 1974: Population cycles in rodents. Sci. Amer. , 38-46.
OWEN, D. F., 1976: Human inequality: an ecologist's point of view. Oikos **27**, 2-8.
PEARL, R., & L. J. REED, 1920: On the rate of growth of the population of the United States since 1790 and its mathematical representation. Proc. Nat. Acad. Sci. U. S. A. **6**, 275-288.
PIMENTEL, D., & M. PIMENTEL, 1979: Food, energy and society. E. Arnold, London.
REMMERT, H., 1984: Ökologie. Ein Lehrbuch. 3. Aufl. Springer Verlag, Heidelberg.
SERVICE, E. R., 1962: Primitive social organization. Random House, New York.
STANCESCU, I. D., 1985: Energy and nuclear power planning in developing countries. Int. Atomic Agency, Vienna,

VERHULST, P. F., 1838: Notice sur la loi que la population suit dans son accroissement. Corresp. Mathem. Phys. **10**, 113-121. [Für weitere Angaben s. Hutchinson, loc. cit.].
WHITTAKER, H., & G. E. Likens, 1975: The biosphere and man. In: Primary productivity of the biosphere. Ecol. Stud. **14**, 305-328. Springer Verlag, Heidelberg.
WIESER, W., 1986: Bioenergetik. G. Thieme, Stuttgart.

Quellenhinweis zum 3. Essay
Originalarbeit.

4. Essay: Die Evolution sozialer Strukturen und die soziale Struktur der Evolution

Ein Grundprinzip der Beziehungen zwischen Individuen findet im christlichen Gebot der Nächstenliebe seinen moralischen Ausdruck. Dieses Gebot beruht auf der Möglichkeit der persönlichen Zuwendung und setzt die Vertrautheit mit dem jeweils anderen voraus. Als Prinzip für das gedeihliche Zusammenleben von Menschen, die einander nicht kennen, ist das Gebot »liebet Euch!« zu abstrakt und daher untauglich.

Die Beziehungen zwischen den Angehörigen einer großen Gruppe, oder zwischen verschiedenen Gruppen, lassen sich nur mittels anderer Prinzipien regeln, deren wichtigstes vereinfachend als das *Prinzip des Eigenvorteils* bezeichnet sei: Innerhalb von Gruppen, die so groß sind, daß zwischen ihren Mitgliedern keine Vertrautheit entstehen kann, sollten Individuen ihr Zusammenleben so organisieren, daß jedem aus dieser Konstruktion ein Vorteil erwächst. Ließe sich der Eigenvorteil messen, dann wäre das Ziel einer derartigen Konstruktion die Maximierung des durchschnittlichen Vorteils sämtlicher Mitglieder der Gruppe.

Dieses Prinzip, das je nach der Philosophie des Betrachters für ein moralisches oder für ein soziales gehalten werden mag, ist von ADAM SMITH in das Bewußtsein der Neuzeit gehoben worden, indem er es als die Grundlage eines ökonomischen Systems formulierte.

Wir erkennen in der Gegenüberstellung dieser beiden Regeln für das Zusammenleben von Menschen jene Polarität des zwischenmenschlichen Beziehungsgefüges, die auch im Untertitel eines wunderbaren Buches von NORBERT BISCHOF (1985) anklingt: Die biologischen Wurzeln des *Urkonfliktes von Intimität und Autonomie*. Damit soll angedeutet werden, daß die soziale Struktur jeder menschlichen Gesellschaft geprägt wird einerseits durch die Notwendigkeit der Herstellung intimer Beziehungen zwischen *bestimmten* Individuen, andererseits durch den fortwährenden Kampf um den autonomen Wirkungsbereich jedes *einzelnen*.

Dieser Urkonflikt, gespiegelt in der Mannigfaltigkeit individueller Einzelinteressen, hat unendlich viele Lösungen, deren Summe – mitsamt den gescheiterten Lösungsversuchen – die menschliche Geschichte ausmacht. Die Struktur jeder Lösung wird durch die Tradition, nationale Besonderheiten und durch den Zufall der Historie bestimmt, aber die jeweils im Spannungsfeld zwischen Intimität und Autonomie gefundene Position übt einen derartigen Einfluß auf die herrschenden Denkschemata und Wertvorstellungen aus, daß sie auch die Art und Weise beeinflußt, mit der zu dieser Zeit die Natur und die ganze Welt interpretiert werden. Ich möchte diese Feststellung zum Ausgangspunkt einer Betrachtung darüber machen, inwieweit in den letzten hundert Jahren die Vorstellungen über den Aufbau der Natur von den Ansichten über den Aufbau der Gesellschaft mitbestimmt worden sind. Das Herstellen derartiger Beziehungen ist natürlich ein altes Spiel. So wurde schon vor langer Zeit behauptet, daß das geozentrische Weltbild ganz gut in das Denkschema einer Kirche paßte, die sich als den Mittelpunkt der Erde betrachtete; umgekehrt soll WILLIAM HARVEY den Blutkreislauf entdeckt haben, weil er nach dem Aequivalent der Bahnen der Planeten suchte, die seiner Meinung nach die Sonne wie die Ströme des Blutes das Herz umkreisen. Ich will bescheidener und konkreter sein:

DARWINS Theorie vom Überleben des Bestangepaßten wurde sehr bald nach ihrer Formulierung als ein Ausdruck der zu dieser Zeit in England herrschenden sozialen Philosophie des Frühkapitalismus angesehen, in der die Vorstellung vom Überleben des Tüchtigsten ja auch eine entscheidende Rolle spielte. DARWIN selbst hatte sich die Laissez-faire-Ökonomie von ADAM SMITH zum Vorbild seiner Theorie genommen, in der der Akzent auf dem Kampf als dem Geburtshelfer einer neuen Ordnung lag. Unter diesem Blickwinkel betrachtet, enthüllte sich auch die bisherige Geschichte der Menschheit als eine Abfolge von Kämpfen zwischen Individuen und Gruppen, die auf eine geheimnisvolle, nicht ganz durchschaubare Weise mit einem Prozeß der Vervollkommnung des Menschen selbst verknüpft zu sein schien. So machte die Entwicklung vom sogenannten »Wilden« zum sogenannten »Gentleman« auf DARWINS Zeitgenossen den Eindruck, als folge sie dem Prinzip der zunehmend besseren Anpassung von Lebewesen an eine in Besitz genommene Welt.

Wir haben »stets im Sinne zu behalten«, meinte DARWIN, »daß jedes organische Wesen zu irgendeiner Zeit seines Lebens oder zu einer gewissen Jahreszeit, in jeder Generation oder nach Pausen um's Dasein kämpfen muß und großer Vernichtung ausgesetzt ist. Wenn wir über diesen Kampf um's Dasein nachdenken, so mögen wir uns mit dem vollen Glauben trösten, daß der Krieg der Natur nicht ununterbrochen ist, daß der Tod im allgemeinen schnell kommt, und daß der Kräftige, der Gesunde und Glückliche überlebt und sich vermehrt.« (Zitiert nach der 6. Auflage der »Entstehung der Arten«, 1876, p. 99).

War daraus abzuleiten, daß die Erde irgendwann einmal nur von Kräftigen, Gesunden und Glücklichen bevölkert sein würde? Die Erfahrung schien dem jedenfalls zu widersprechen. Wenn es stimmt, daß zwischen der Theorie der biologischen Evolution, wie sie im Jahre 1859 formuliert wurde, und der Praxis des Frühkapitalismus eine gewisse Beziehung bestand, dann ist natürlich zu fragen, ob sich die so augenscheinlichen Veränderungen der Industriegesellschaft seit dem Erscheinen von DARWINS Hauptwerk auch in den Veränderungen der Evolutionstheorie niedergeschlagen haben. Daß es derartige Zusammenhänge tatsächlich gibt, ist für den Eingeweihten zum Beispiel daran erkennbar, daß die Frage, ob interspezifische Konkurrenz als eine der Triebkräfte der Evolution anzusehen ist, gerade im letzten Jahrzehnt zum Ausgangspunkt einer äußerst heftigen Kontroverse unter Genetikern und Populationsökologen geworden ist (so heftig, daß zum Beispiel in den Vereinigten Staaten die Anhänger einer bestimmten Schulmeinung eine Tagung veranstalteten, bei der sie sich die Teilnahme von Anhängern der konkurrierenden Schulmeinung ausdrücklich verbaten).

Um diese Entwicklung der Theorie richtig beurteilen zu können, müssen wir die Ansichten DARWINS und seiner Nachfolger über die natürliche Variabilität von Arten, über die Rolle von Konkurrenz, Selektion und Isolation beim Prozeß der Artbildung kurz charakterisieren.

Die Evolution der Artbildungstheorie

Im Mittelpunkt der klassischen Evolutionstheorie stand die Idee von der Art als einer homogenen Einheit, die durch das Wirken der Selektion in einem optimalen Zustand der Angepaßtheit an die Umwelt erhalten wird. Gelegentlich auftretende Merkmalsvariationen würden von der Selektion meist ausgemerzt werden (da sie das Anpassungsgleichgewicht stören), in seltenen Fällen jedoch Anlaß zur Entstehung einer neuen Gruppierung von Individuen geben, die mit der ursprünglichen konkurrieren und diese entweder verdrängen oder von ihr verdrängt würde.

Das Dilemma DARWINS bestand darin, daß es zu seiner Zeit keine Erklärung dafür gab, wie denn unter optimal angepaßten Vertretern einer Art Varianten überhaupt auftreten und wie sie sich gegen eine etablierte Ordnung durchsetzen können. Andererseits bestand kein Zweifel darüber, daß es innerhalb jeder Art derartige Varianten tatsächlich *gab*.

Eine Lösung des Dilemmas begann sich erst ein paar Jahrzehnte später abzuzeichnen und zwar auf Grund zweier fundamentaler Entdeckungen: zum einen der Entdeckung GREGOR MENDELS, daß Merkmale durch Anlagen repräsentiert werden, deren jeweilige Identität im Erbgang erhalten bleibt; zum anderen der Entdeckung eines genetischen Mechanismus, der die sprunghafte Änderung einer Merkmalsanlage herbeiführen kann: der *Mutation*. Aus dem ersten Prinzip kristallisierte sich allmählich die Erkenntnis heraus, daß in einem diploiden Organismus, in dem jedes Merkmal durch zwei homologe Anlagen (wir sagen heute: durch zwei homologe Gene oder zwei Allele an einem Genlocus) repräsentiert ist, *genetische Vielfalt auch bei schärfster Selektion erhalten bleiben kann*; das zweite Prinzip erlaubt die Vorstellung, daß neue genetische Varianten auch sprunghaft, diskontinuierlich und in völlig unvorhersehbarer Richtung auftreten können.

Ohne über diese Einsichten zu verfügen und fest davon überzeugt, daß sich jede Art in genetischer (obwohl er diesen Ausdruck nicht verwendete) Übereinstimmung mit ihrer Umwelt befindet, gab es für DARWIN nur eine einzige Möglichkeit, die Entstehung neuer Arten aus alten zu erklären: Die sogenannten »nützlichen Varietäten« unter den Abkömmlingen einer Spezies hatten sich gegen die optimal angepaßten Stammpopulationen in direkter und kompromißloser Auseinandersetzung durchzusetzen.

Der »Kampf um's Dasein« war somit die einzig denkbare Strategie, um auf der Basis des damaligen Wissens sowohl die *Existenz* einer durch Selektion etablierten Ordnung der Natur als auch die Möglichkeit einer *Evolution* dieser Ordnung plausibel zu machen. Die Vorstellung vom Konkurrenzkampf zwischen Varietäten und Arten als dem universellen Ordnungsprinzip der Evolution entsprang also in gewisser Hinsicht, wie wir gleich sehen werden, der Unvollkommenheit des genetischen Wissens der Zeit DARWINS. Dennoch überzeugte diese Vorstellung, denn sie schien dem zu entsprechen, was aus der – allerdings auch nur lückenhaften – Kenntnis der bisherigen Geschichte der Menschheit zu folgern war. Selbst für den großen Humanisten JACOB BURCKHARDT gab es in dieser Hinsicht keinen Zweifel: »Die Naturgeschichte zeigt uns« – schrieb er im Jahre 1868 – »einen angstvollen Kampf um's Dasein, und dieser nämliche Kampf erstreckt sich bis weit in Völkerleben und Geschichte hinein . . . Nur der Kampf macht alles bewußt; nur durch ihn, und zwar in allen Zeiten und Fragen der Weltgeschichte, erfährt der Mensch, was er eigentlich will und was er kann.«

Würde sich dieses Bild von der Schicksalshaftigkeit des Kampfes mit der Vervollkommnung des Wissens über die Triebkräfte der biologischen Evolution ebenfalls ändern?

Der nächste Schritt in der Entwicklung der Evolutionstheorie brachte in dieser Hinsicht jedoch erst die Andeutung einer Änderung.

Im letzten Jahrzehnt des 19. Jahrhunderts setzte sich unter dem Einfluß des Engländers WILLIAM BATESON (der den Begriff »Genetik« einführte) und des Holländers HUGO DE VRIES die Vorstellung von der sprunghaften, diskontinuierlichen Mutation als der wichtigsten Quelle der genetischen Variabilität durch. Nach dieser Auffassung würden die in einer Population auftretenden »nützlichen« Mutationen bereits den Keim zur Bildung neuer Arten, ja sogar neuer Gattungen, in sich tragen. Um diesen Anspruch zu erfüllen, mußten sich die neuen Varietäten jedoch, wie von DARWIN gefordert, im harten Kampf gegen die Stammesgenossen, die Vertreter der alten Ordnung, durchsetzen. Mutationen würden entweder wieder hinausselektiert oder sie würden die alte Art verdrängen, aber das Ergebnis wäre auf jeden Fall dasselbe: ein mit der Umwelt harmonisierender, optimal angepaßter genetischer Typus.

Allerdings ließ diese Strategie auch die Möglichkeit offen, daß der Konkurrenzkampf zwischen den beiden genetischen Varianten nicht zur *Vernichtung* der einen, sondern zur Arten*trennung* führen würde. Sollten sich nämlich die ökologischen Ansprüche der Mutation von jenen der Stammart deutlich genug unterscheiden, dann hätten die beiden genetischen Typen die Chance, unterschiedliche Lebensräume zu besiedeln und sich so gewissermaßen aus dem Wege zu gehen. Der Kampf wäre dann nicht um's »Dasein« sondern um den jeweils geeignetsten Lebensraum gegangen.

Die nächste Phase in der Entwicklung der Evolutionstheorie dauerte etwa ebenso lange wie die Entwicklung vom Darwinismus zum Mendelismus in Anspruch genommen hatte, rund vier Jahrzehnte. In dieser Zeit war die zentrale Schwierigkeit aller bisherigen genetischen Theorien der Artbildung so vordergründig geworden, daß nach Alternativen gesucht werden mußte. Die Schwierigkeit bestand darin, daß mit zunehmendem Wissen die Vorstellung, eine Mutation könne sich im Verband einer wohlintegrierten, wohlangepaßten Fortpflanzungsgemeinschaft zu einer eigenen Art entwickeln, immer unwahrscheinlicher wurde.

Entweder unterschied sich die Mutation von allen Stammesgenossen auf so drastische Weise, daß sie sich mit diesen nicht mehr kreuzen konnte, dann war sie höchstwahrscheinlich auch ein unangepaßtes Monstrum und zum Aussterben verurteilt: *oder* die genetischen Unterschiede zwischen Mutation und Stammpopulation waren nicht so groß, dann würden die neuen Anlagen im Genpool der Population aufgehen und das alte Gleichgewicht wäre schnell wiederhergestellt.

Alle Versuche und Berechnungen hatten gezeigt, daß der Genaustausch innerhalb einer aus kreuzungsfähigen Individuen zusammengesetzten Population so gut funktioniert, daß die Entstehung einer neuen Art aus der Mitte dieser Population heraus als höchst unwahrscheinlich anzusehen war.

Die Verkünder der Evolutionstheorie hatten bis dahin allzusehr auf das Glück einzelner *Individuen* gebaut und das Schicksal von *Populationen* vernachlässigt. Das Vertrauen auf das mutierte Individuum, das eine neue, siegreiche Art begründen würde, erwies sich jedoch mehr und mehr als ebenso trügerisch wie das Vertrauen auf die Ankunft des Messias.

Die »neue« Theorie, der »Neodarwinismus«, nahm in den 30er und 40er Jahren dieses Jahrhunderts Gestalt an und ist vor allem mit den Namen THEODOSIUS DOBZHANSKY (1937: »Genetics and the Origin of Species«) und ERNST MAYR (1942: »Systematics and the Origin of Species«) verknüpft. Das grundsätzlich Neue an dieser Theorie war die oben bereits angekündigte Erkenntnis, daß die Einheit der Evolution nicht das *Individuum* sondern die *Population* ist. Das heißt, es sind nicht Individuen, einzelne Mutanten, »hopeful monsters« (ein Begriff, den der originelle deutsche Genetiker RICHARD GOLDSCHMIDT geprägt hatte), die sich gegen die Vertreter einer alten Ordnung durchsetzen müssen, sondern der Entwicklungsprozeß spielt sich zwischen verschiedenen Populationen ab. Um dies zu ermöglichen, müssen die Populationen jedoch räumlich voneinander getrennt worden sein, ehe sie sich in verschiedene Richtungen zu entwickeln beginnen. Die räumliche Trennung, etwa indem eine große Population in kleinere Gruppen zerfällt und von diesen eine durch Abwanderung oder »Drift« einen neuen Lebensraum – eine Insel, ein Tal hinter dem Berg, einen neuen See – besiedelt, diese räumliche Trennung als Voraussetzung der Artbildung wurde zu einem Glaubenssatz des Neodarwinismus.

Nach der neuen Theorie steht am Anfang der Artbildung ein zufälliges Ereignis: die Abspaltung einer Gruppe von Individuen und deren Isolierung in einem neuen Milieu, in dem etwas andere Umweltbedingungen herrschen mögen als im alten. Unter dem Druck der Selektion setzt nun ein Entwicklungsprozeß ein, der die genetischen Konstitutionen der beiden Populationen – zwischen denen per definitionem kein Genaustausch mehr stattfindet – zunehmend weiter voneinander entfernt. Auf diese Weise entstehen schließlich zwei räumlich getrennte, aber eng verwandte Arten, die sich im Laufe der Jahrhunderte oder Jahrtausende wieder begegenen mögen, dann aber untereinander nicht mehr fortpflanzungsfähig wären. Sollten sie nach ihrer Trennung doch wieder in einen gemeinsamen Lebensraum einwandern, dann würden sie auf Grund ihrer differenzierten ökologischen Ansprüche wahrscheinlich nur mehr schwach miteinander konkurrieren: jede der beiden Arten könnte sich notfalls auf eine nur für sie reservierte »Nische« (so hatte der englische Ökologe CHARLES ELTON den spezifischen Aktionsraum einer Art genannt) zurückziehen.

In diesem Modell spielt interspezifische Konkurrenz zwar noch immer eine Rolle, manchmal vielleicht auch noch immer die Hauptrolle, aber sie erscheint deutlich gemildert durch das Prinzip der *ökologischen Differenzierung*. Entscheidend ist, daß den Vertretern der neuen Art nun nicht mehr vom Augenblick ihrer Geburt an ein Überlebenskampf gegen die Vertreter der alten etablierten Art zugemutet wird.

Trotz dieses neuen Konzeptes entsprach das Modell des Neo-Darwinismus in einem ganz wesentlichen Punkt völlig dem des klassischen Darwinismus. Beide Theorien gingen davon aus, daß sich alle Populationen im großen und ganzen im genetischen Gleichgewicht mit ihrer Umwelt befinden, d. h. , daß alle Merkmale auf Grund der segensreichen Wirkung der Selektion optimal an die herrschenden Lebensbedingungen angepaßt sind. Sollte es Phasen des Ungleichgewichtes und Anpassungsdefizits geben, wie etwa, wenn eine Gruppe von Individuen ein neues Biotop besiedelt, dann waren sie von nur vergleichsweise kurzer Dauer und ein neues Anpassungsgleichgewicht würde sich bald wieder einstellen.

An diesem Dogma entzündete sich die Kritik, die den nächsten Entwicklungsschub der Evolutionstheorie in die Wege leitete. Die Biologen des 19. und beginnenden 20. Jahrhunderts (wie im übrigen alle, die schon vor DARWIN über die Entstehung von Mannigfaltigkeit in der Natur nachgedacht hatten) waren vor allem fasziniert von den Beispielen der *Anpassung*, der Übereinstimmung zwischen den biologischen Strukturen und den Zwecken, denen diese Strukturen dienen. Wie wunderbar, daß schnell schwimmende Tiere, ob Fisch oder Säugetier, die hydrodynamisch günstigste Form besitzen; daß der Kontrast zwischen verschieden hellen Gegenständen unabhängig von der Lichtintensität ist, so daß die Unterscheidung dieser Gegenstände sowohl im grellen Sonnenlicht wie in der Dämmerung möglich ist; daß sich Schwalben auf ihren Winterzug vorzubereiten beginnen, ehe noch irgendetwas in der Luft auf das Ende des Sommers deutet. Ja selbst die bizarrsten Formen und Farbenspiele der Natur entpuppten sich als Anpassungen etwa im Dienste der Fortpflanzung oder der Verteidigung. Es nimmt also kaum Wunder, daß dem geübten Auge die Welt von ebenso perfekt an ihre Lebensumstände *angepaßten* wie auf ihre Lebensziele *ausgerichteten* Organismen bevölkert vorkam. Aber es ist gerade diese Perfektion der Anpassung, die – wie schon erwähnt – den Umbau einer Art in eine andere so schwer begreiflich macht. Der Prozeß der Artbildung mußte unter diesem Blickwinkel wie die Wanderung von einer Bergspitze auf eine andere erscheinen, wobei der Weg durch ein Tal hindurch führt, das von Raubtieren und Wegelagerern erfüllt ist. Ein Hindurchkommen war kaum vorstellbar.

Der Umschwung setzte in den 60er Jahren ein und ist untrennbar verknüpft mit der Einführung einer neuen analytischen Methode, der *Elektrophorese*, in die Populationsgenetik. Mit Hilfe dieser Methode können elektrisch geladene Moleküle, vor allem Proteine, voneinander getrennt werden, und eine konsequente Anwendung des Verfahrens auf die in Zellen und Körpersäften vorkommenden Proteine von Lebewesen enthüllte mit einem Schlag eine neue und scheinbar unerschöpfliche Quelle der Variabilität. Jedes Protein hat zwar eine spezifische Aufgabe im Organismus, aber es zeigte sich, daß jedes dieser Proteine in vielen Varianten vorkommen kann und daß sich diese Varianten in scheinbar regelloser Weise auf die Individuen einer Population oder auf die Populationen einer Art verteilen. Da aber jedes Protein durch ein Gen codiert wird, mußte dies bedeuten, daß die genetische Zusammensetzung einer Population – und erst recht die einer Art – bei weitem nicht so homogen ist, wie man sich das bisher vorgestellt hatte, woraus weiterhin folgt, daß die Selektion nicht mit der ihr bis dahin zugeschriebenen Schärfe die Variabilität einer Population sortiert, bis nur mehr der einzige, jeweils optimal angepaßte Genotypus übrig bleibt. Kurz und gut, die molekulare Analyse hatte das Dogma des Anpassungsgleichgewichtes ins Wanken gebracht, und den Anstoß zur Formulierung eines pluralistischeren Modells gegeben: eines Modells, das impliziert, *daß in Organismen Mannigfaltigkeit und Variabilität viel schneller entsteht, als durch Selektion vernichtet werden kann.* Gefördert wird das scheinbare Anpassungsdefizit dadurch, daß auch die Wirkung der Selektion durchaus nicht geradlinig und konsequent ist. Das lokale Klima mag in aufeinanderfolgenden Jahren sehr verschieden sein und hierdurch mögen unter Pflanzen und Tieren einmal diese, ein andermal jene Genotypen leicht bevorzugt werden; aber keiner der Genotypen vermag sich in der für ihn günstigen Zeit gegenüber allen anderen völlig durchzusetzen, mit dem Ergebnis, daß *sämtliche* genetische Varianten in der Population präsent bleiben. Dasselbe gilt für die wechselhaften und unvorhersagbaren Wirkungen von Parasiten, Räubern und Ressourcen, die sehr stark von der Dichte der betroffenen Population abhängen.

So lassen sich in den rezenten Populationen von Lebewesen einerseits die Spuren vergangener Selektionen nachweisen, andererseits akkumuliert in ihnen das genetische Material, das von zukünftigen Selektionen vielleicht sortiert werden wird, vielleicht aber auch unselektiert durch die Generationen hindurch transportiert und dabei immer wieder neu kombiniert werden mag. Zwei verwandte Arten erscheinen in dieser Betrachtungsweise nun nicht mehr wie zwei schroff voneinander getrennte Bergspitzen sondern eher wie zwei etwas unterschiedlich strukturierte Landschaften, die durch verschlungene Wege miteinander verbunden sind. Den Weg von der einen in die andere Landschaft zu finden, hängt unter diesen Umständen nicht von der Überwindung lauernder Gefahren ab, sondern vielmehr davon, ob an den vielen Abzweigungen stets die richtigen Entscheidungen getroffen werden.

Die Erzeugung und Erhaltung genetischer Mannigfaltigkeit

Die Verknüpfung des Mendelismus mit der molekulargenetischen Theorie hat eine Reihe von Mechanismen zutage gefördert, die in ihrer Gesamtheit für die Erzeugung und Erhaltung einer noch vor 30 Jahren unvermuteten genetischen Vielfalt natürlicher Populationen verantwortlich gemacht werden können. Die wichtigsten dieser Mechanismen sind folgende:

■ Durch das Zusammenkommen väterlicher und mütterlicher Gene bei der geschlechtlichen Fortpflanzung entstehen Kombinationen, die für die Aufrechterhaltung genetischer Vielfalt sorgen, da in vielen Fällen die genetisch ungleichartigen Individuen, die *Heterozygoten*, den Repräsentanten der »reinen Linien«, den *Homozygoten*, an Fortpflanzungsfähigkeit und Lebenstüchtigkeit überlegen sind.

■ Auch schädliche Varianten können sich in Populationen erhalten, wenn sie mit den Genen günstiger Phänotypen gekoppelt sind, und ein für das *Individuum* schädliches Allel kann in das Genom der Art integriert werden, wenn es der *Gruppe*, der das Individuum angehört, einen Vorteil bringt.

■ Viele Mutationen haben Nebeneffekte und auch diese können zu Ausgangspunkten weiterer, adaptiver und nichtadaptiver, Veränderungen in der Generationenfolge des betroffenen Lebewesens werden. In besonderem Maße ist dies dann der Fall, wenn das *Verhalten* von Tieren betroffen ist. So können Mutationen, die primär auf den Stoffwechsel wirken, sekundär auch das Verhalten des Organismus verändern und diese Verhaltensänderung mag für die Evolution des neuen Genotypus von wesentlich größerer Bedeutung sein, als der Primäreffekt der Mutation. Man denke nur an eine Mutation, die den Mangel eines essentiellen Körperbaustoffes zur Folge hat. Als Folge des Mangels wird die Mutante die Suche nach neuen Nahrungsquellen intensivieren und dies kann zu einer Erweiterung ihrer Nische mit ungeahnten Konsequenzen für die Entwicklung zukünftiger Generationen führen.

■ Eine Unzahl von Mutationen bleibt im Genpool der Population präsent, weil sie in ihren Auswirkungen weder schädlich noch vorteilhaft, also *neutral*, sind. Ihre Verteilung auf zukünftige Generationen hängt nicht von der Selektion sondern von Zufällen ab, doch können diese Zufälligkeiten das künftige Schicksal der Art bestimmen, wenn eine Veränderung der Lebensbedingungen einer der neutralen Mutationen einen plötzlichen Vorteil verschafft (KIMURA 1983).

Die Erkenntnis, daß die Selektion zwar ein wichtiger Faktor der Evolution ist, aber nicht ausreicht, um die genetische Zusammensetzung einer Population zu erklären, daß diese also nicht nur *von der Vergangenheit geprägt*, sondern auch *auf die Zukunft gerichtet ist* –, diese Erkenntnis hat auch zu einer Wandlung unserer Vorstellung von der Rolle der intra- und interspezifischen Konkurrenz bei der Strukturierung von Lebensgemeinschaften geführt.

Während die Auseinandersetzung einer genetisch homogenen, perfekt an ihre Umwelt angepaßten Art mit einem konkurrierenden

Genotypus stets den Charakter einer Alles-oder-Nichts-Entscheidung hatte: Entweder Er oder Ich, läßt die Vorstellung einer Auseinandersetzung zwischen genetisch vielfältigen und nicht perfekt angepaßten Genotypen eine sehr viel größere Zahl von Lösungsmöglichkeiten zu. So ist ja auch anzunehmen, daß genetische Mannigfaltigkeit stets auch den Keim der *ökologischen Differenziertheit* enthält. Besiedeln also zwei verwandte Arten (oder Gruppen oder Populationen) denselben Lebensraum, dann haben beide höchstwahrscheinlich eine Reihe von Möglichkeiten, sich nicht allzusehr ins Gehege zu kommen. Untersucht man etwa das Nahrungsspektrum einer Fischart in zwei Gewässern, von denen sie eines allein, das zweite gemeinsam mit einer eng verwandten Art besiedelt, dann stellt sich meistens heraus, daß sie im zweiten Fall sehr viel wählerischer ist als im ersten; sie beschränkt dann ihre Ansprüche auf jene Nahrungsobjekte, mit denen sie am besten zurechtkommt und dasselbe gilt für die zweite Art. Konkurrenz spielt bei der Aufteilung des Nahrungsangebotes also wohl eine Rolle, aber sie tut dies ganz entschieden vor dem Hintergrund der ökologischen Differenziertheit der beiden Arten, und diese ruht (obwohl hierfür der Beweis im einzelnen meist schwer zu liefern ist) in der Heterogenität, Mannigfaltigkeit und – pointiert formuliert – »Zufälligkeit« des jeweiligen Genotypus.

Diese Neuinterpretation der interspezifischen Konkurrenz und ihrer Bedeutung für die Entwicklung und Strukturierung von Lebensgemeinschaften spiegelt sich in der oft mit großem emotionalen Engagement geführten Auseinandersetzung zwischen zwei populationsökologischen Schulen: einer, die der Konkurrenz eine ganz entscheidende und einer zweiten, die ihr nur eine untergeordnete Rolle im Evolutionsspiel zumessen möchte (WIENS 1977, SIMBERLOFF 1982).

Die Evolutionstheorie hat also innerhalb eines Jahrhunderts selbst eine dramatische Evolution durchgemacht, getragen zunächst von den Entdeckungen der Genetik, dann von denen der Molekularbiologie. Es muß an dieser Stelle jedoch betont werden, daß sich alle Modifikationen der Theorie durchaus im Rahmen des klassischen Paradigmas bewegen. In den meisten Fällen sind die Modifikationen der ursprünglichen Theorie die Folgen von Entdeckungen, die es erlauben, jene Phänomene und Mechanismen, über die DARWIN nur zu spekulieren vermochte, klar zu definieren. Das gilt vor allem für die Ursachen der genetischen Variabilität. Daß wir es hier mit der normalen Evolution (im Sinne von KUHNS »normaler Wissenschaft«: siehe KUHN 1962) eines einheitlichen Konzeptes zu tun haben, läßt sich auf instruktive Weise durch ein zusammenfassendes Schema verdeutlichen (Abb. 17). In diesem Schema sind vier Stadien der Evolution der Evolutionstheorie unterschieden. Auf CHARLES DARWIN folgen Mutationstheoretiker, hier repräsentiert durch WILLIAM BATESON (1894), und auf diese die Neodarwinisten, für die ERNST MAYR mit seiner ersten großen Synthese aus dem Jahr 1942 steht. Das molekulargenetische Modell ist am scharfsinnigsten und überzeugendsten von R.C. LEWONTIN (1974) vorgestellt worden, der auch wesentlichen Anteil an der Einführung der Elektrophorese in die Populationsgenetik hatte.

Alle vier Modelle haben das gleiche Anliegen: die Abbildung und Erklärung jener Veränderungen, durch die Populationen von *einem*

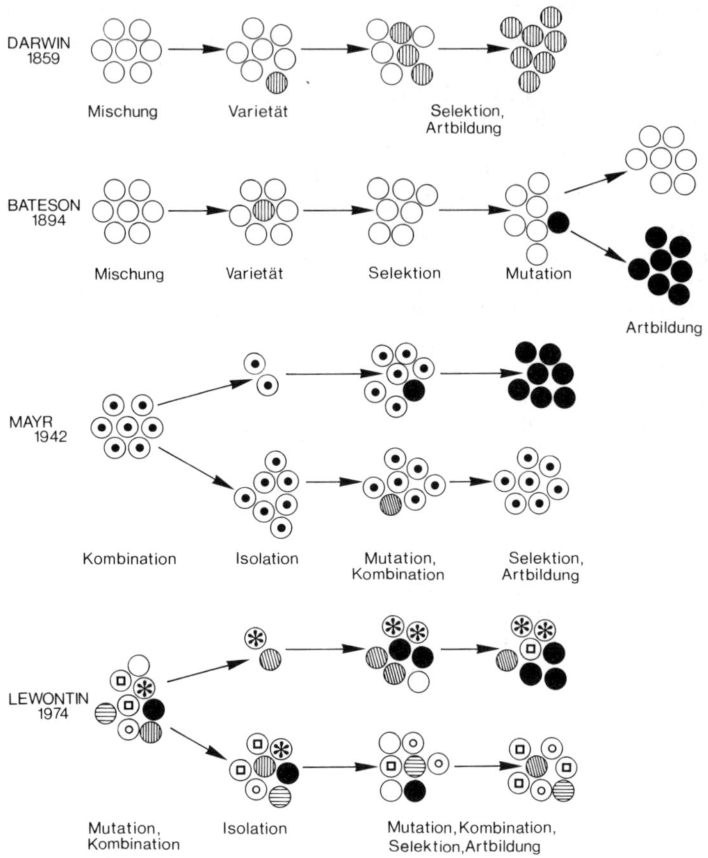

Abb. 17: Vier Phasen der Entwicklung der Artbildungstheorie:
1. Die klassische Anschauung, daß sich die genetische Zusammensetzung einer Population ändern kann, indem eine besser angepaßte Varietät die bis dahin herrschenden Repräsentanten der Art verdrängt und so zum neuen Repräsentanten wird.
2. Die von BATESON, DE VRIES und anderen Autoren formulierte Anschauung, daß es vor allem sprunghafte Veränderungen des genetischen Materials – Mutationen – sind, die zur Bildung neuer Arten führen.
3. Das Postulat des Neodarwinismus, daß Artbildung die Abspaltung und räumliche Isolation einer Subpopulation von der Stammpopulation voraussetzt. Auf Grund der differenzierenden Wirkung der Selektion setzen sich in den voneinander isolierten Populationen verschiedene genetische Varianten durch. Zwischen der klassischen darwinistischen und der neodarwinistischen Phase hat sich auch die Vorstellung von der Natur der Merkmalsanlagen gewandelt. Man weiß nun, daß im Befruchtungsprozeß die Anlagen von Ei und Samen neu kombiniert und nicht – wie DARWIN meinte – vermischt werden.
4. Die gegenwärtig herrschende Anschauung, daß sich Populationen prinzipiell aus verschiedenen Genotypen zusammensetzen und daß Artbildung die Herstellung unterschiedlicher genetischer Muster bedeutet, wobei der räumlichen Isolation von Subpopulationen und der differenzierenden Wirkung der Selektion entscheidende Bedeutung zukommt

metastabilen Zustand in einen *zweiten* metastabilen Zustand überführt werden. Auch sind sich alle Evolutionsbiologen darüber einig, daß es zwei Haupttriebfedern dieses Wandlungsprozesses gibt: das Entstehen vererbbarer Mannigfaltigkeit und das Sortieren dieser Mannigfaltigkeit durch den Filter der natürlichen Selektion. Unterschiedlich ist die Bewertung des Isolationsmechanismus, der schon von DARWIN in Erwägung gezogen worden war, dessen entscheidende Rolle bei der Artbildung jedoch erst im neodarwinistischen Modell explizit gemacht wurde. Unterschiedlich sind auch die Ansichten über den *Stellenwert* der beiden Haupttriebfedern der Evolution. DARWIN hielt die natürliche Selektion für den wesentlich wichtigeren und konstruktiveren Faktor, der aus dem amorphen Rohmaterial der erblichen Varietäten neue Arten zu formen imstande ist. BATESON und DE VRIES spielten demgegenüber die Bedeutung der Mutationen in den Vordergrund, von denen angenommen wurde, daß sie gelegentlich, gleichsam in einem schöpferischen Akt, die Bildung neuer, harmonischer Genotypen bewerkstelligen können. Vor der Wiederentdeckung der Mendelschen Gesetze im Jahre 1900 war es höchst unklar, auf welche Weise sich der spezifische Charakter einer Art erhält, aber im großen und ganzen sah man in der geschlechtlichen Fortpflanzung einen Vorgang, der zum Vermischen von Merkmalen, zum Einebnen von Abweichungen und damit zur Bewahrung einer »Norm«, des »Typus« der Art beiträgt.

In der Phase des Neodarwinismus schwang das Pendel wieder zurück und die Selektion wurde erneut zum entscheidenden Faktor, durch den das genetische Material räumlich voneinander getrennter Populationen mit den jeweils herrschenden Umweltbedingungen in Übereinstimmung gebracht wird. In der Zwischenzeit hatten die Mendelschen Gesetze jedoch deutlich gemacht, daß die geschlechtliche Fortpflanzung nicht zu einer *Vermischung von Merkmalen*, sondern zu einer *Kombination von Anlagen* führt, durch die ein Teil der genetischen Mannigfaltigkeit erhalten bleibt.

In der molekulargenetischen Phase der Biologie, in der wir uns jetzt befinden, wird den Mutationen erneut eine dominierende Rolle im Spiel der Evolution zugewiesen. Sie sind das Material, aus dem zukünftige Anpassungen entstehen und die die Muster ökologischer Differenzierungen bestimmen.

Auch die nächste Phase in der Geschichte der Evolutionstheorie zeichnet sich bereits ab: sie wird markiert durch die Idee, *daß dem Zufallscharakter der Mutationen Schranken auferlegt seien.* Das Schlagwort ist hier »developmental constraints«, was mit »Kanalisierung« übersetzt wurde (WAGNER 1985) und zum Ausdruck bringen soll, daß auf Grund konstruktiver, im Bauplan und im Entwicklungsprogramm der Art wurzelnder Beschränkungen viele *mögliche* Mutationen nicht *realisiert* werden können. Hierdurch würde die Evolution in vorbestimmte Bahnen gelenkt, eben »kanalisiert« werden und erbliche Mannigfaltigkeit entstünde gewissermaßen als Beiwerk um den harten Kern eines Bauplanes, dessen Modifizierbarkeit Grenzen gesetzt sind (RIEDL 1975). In dem Satz: »Die Evolution ist ein sich selbst kanalisierender Prozeß, so wie ein Fluß sich sein eigenes Bett gräbt« (WAGNER 1985, S. 107) kündigt sich ein Ordnungsprinzip an, das der durch Selektion herbeigeführten Ordnung logisch gleichwertig ist. Man könnte sogar von einer »inneren« und einer »äußeren« Selektion sprechen, wobei jene am *Genotypus*, diese am *Phänotypus* ansetzt. Dieser Gedanke einer im Bauplan der Lebewesen wurzelnden Ordnung der Evolution hätte weder GOETHE noch die Morhologen des 19. und 20. Jahrhunderts überrascht, aber nun wird er zur Herausforderung an die Molekularbiologie, die für die Kanalisierung genetischer Veränderungen verantwortlichen Mechanismen zu finden.

Evolutionstheorie und Gesellschaftstheorie

Bei dem Versuch, Parallelen zwischen biologischen und kulturellen Vorgängen zu finden, begibt man sich bekanntermaßen auf dünnes Eis.

Die Schwierigkeit liegt darin, daß unsere Sprache kein sehr geeignetes Instrument ist, um die Logik komplexer Beziehungen darzustellen. Im Menschen durchdringen sich die Ebenen der biologischen und der kulturellen Wirklichkeit und bilden ein komplexes Gefüge, das sich selber produziert, aber kaum zu entwirren ist. Das Kulturelle wurzelt zwar im Biologischen, hat jedoch seine eigenen Formen und Inhalte entwickelt. Versuchen wir, über die beiden Ebenen vergleichend zu reden, dann erweist sich unsere Sprache als zu eindimensional, also zu ungenau, um sowohl das Allgemeine vom Besonderen zu trennen, als auch das Vielschichtige abzubilden. An der Eindimensionalität der Sprache mag es auch liegen, daß in die Formulierung von Theorien über die Natur so oft auch gesellschaftliche Kategorien jener Epoche einfließen, in der die Theorien entstanden sind.

Vergleichen wir etwa die Entwicklung der Evolutionstheorie, wie sie auf den letzten Seiten geschildert wurde, mit der Entwicklung der westlichen Gesellschaft im gleichen Zeitraum, dann entdecken wir einige merkwürdige Spiegeleffekte.

Bedenken wir zum Beispiel die Wandlung des *Fortschrittsgedankens:* die zweite Hälfte des 19. Jahrhunderts war erfüllt vom Geist des Fortschritts, wobei dieser Begriff nicht nur ein *Voran-* sondern auch ein *Aufwärts*schreiten implizierte. Mit der Wirtschaft würde es aufwärtsgehen, mit der Wissenschaft und sogar mit der Menschlichkeit. Daß sich die zivilisierte Welt auf dem Wege zu steigendem Wohlstand und zu sittlicher Vervollkommnung befinde, war eine unter den Intellektuellen der westlichen Welt weit verbreitete Idee, die etwa in Deutschland in ERNST HAECKEL einen Verkünder mit religiösem Pathos gefunden hatte.

Zwischen diesem kulturellen Konzept und der Grundannahme des Darwinismus, daß erfolgreiche Arten stets durch noch erfolgreichere, gut angepaßte Arten durch noch besser angepaßte ersetzt würden, bestand weitgehende Übereinstimmung.

Reflektieren wir über das Ausmaß dieser Übereinstimmung, dann ist zu bedenken, daß DARWIN zu seiner Theorie auf Grund eines sehr konkreten und intensiven Studiums der Tier- und Pflanzenwelt (vor allem auf seiner berühmten Fahrt um die Erde mit der »Beagle«) gelangt war.

Hätte man ihn daran erinnert, daß das Fundament seiner Theorie, die Idee vom Überleben des Tauglichsten unter dem Einfluß der Selektion, auch das Fundament der ökonomischen Theorie von ADAM SMITH ist, dann hätte er sicherlich erwidert, daß ihn dies nicht weiter verwundere, da er eben einem universellen Gesetz auf die Spur gekommen sei, das auch das Tun des Menschen einbeschlösse.

Aber in der zweiten Hälfte des 20. Jahrhunderts hat sich die Idee vom Fortschritt gewandelt. Man könnte fast sagen, daß die vertikale Komponente in Verlust geraten ist. Wenn überhaupt, ist man nun eher geneigt, in der Abfolge kultureller und sozialer Epochen, sowie in den Veränderungen der gesellschaftlichen Werte und Strukturen, eine Art von Differenzierungsprozeß zu sehen: einen Prozeß der Anpassung der Völker an Veränderungen, die sie selbst in Gang gesetzt haben und immer wieder neu in Gang setzen (wobei die Veränderungen so schnell aufeinanderfolgen, daß ein Anpassungsgleichgewicht nicht erreicht werden kann).

Im Verlaufe eines derartigen Prozesses lassen sich wohl meßbare und gerichtete Änderungen bestimmter Größen feststellen: Das Bruttonationalprodukt nimmt zu, die Sprengkraft der Vernichtungsmittel nimmt zu; die Kindersterblichkeit nimmt ab, die Weltbevölkerung zu; Flugzeiten und Arbeitszeiten verkürzen sich; Athleten laufen schneller und springen weiter, usw., aber ohne einen klaren Begriff vom Ziel, dem sich die Menschheit mit all ihren Leistungen schrittweise annähern soll, kann vom echten »Fortschritt« nur auf einem sehr begrenzten, auf eine bestimmte Zeit und auf einen bestimmten Prozeß fixierten Sinne gesprochen werden.

Aber gleicht dieses Bild von der Entwicklung der Gesellschaft nicht auch wieder dem Bild, das die neue Evolutionstheorie ganz allgemein von der Entwicklung des Lebens auf der Erde entwirft? Auch in diesem Fall ist die Vorstellung vom linearen Prozeß der Vervollkommnung und immer besseren Anpassung durch ein Bild ersetzt worden, in dem wohl Platz für die zunehmende Leistungsfähigkeit spezifischer *Funktionen* ist, die Entfaltung des Lebens als ganzes aber als ein durch Zufall und Notwendigkeit bestimmter, sich selbst katalytisch und autokatalytisch beeinflussender globaler Vorgang der *Differenzierung* gesehen wird. So gibt es wohl paläontologische Evidenz dafür, daß die Baupläne schnell schwimmender Wassertiere in geologischen Zeiträumen perfektioniert wurden, aber neben den stromlinienförmigen Haien, Thunfischen und Delphinen haben sich auch gemächliche Kofferfische, skurrile Seepferdchen und plakatfarbige Korallenfische entwickelt.

Ich habe weiter oben den wichtigsten Entwicklungsschritt der Evolutionstheorie im 20. Jahrhundert mit der Erkenntnis verknüpft, daß die Einheit der Evolution nicht das *Individuum* sondern die *Population* ist. Wir können diesen Gedanken nun weiterführen, indem wir formulieren, daß der eigentliche Gegenstand der Evolutionstheorie nicht die Veränderung von *Arten* sondern die Veränderung von *Ökosystemen* ist. Es läßt sich kein Artbildungsprozeß denken, der nicht an die Differenzierung ökologischer Systeme geknüpft wäre. Eine Population, die eine unbesiedelte Insel in Besitz nimmt, wird einen ganz anderen Evolutionsprozeß in Gang setzen, als eine, die in ein bereits strukturiertes Ökosystem einwandert. So erfahren wir etwa die Besiedlung eines marinen Lebensraumes mit kriechenden, bohrenden, grabenden Würmern und Krebsen, mit Sedimentfressern und Filtrierern, mit einzelligen Algen und algenverzehrendem Zooplankton, mit herbivoren und carnivoren Fischen, mit weidenden Generalisten und jagenden Spezialisten, wir erfahren diese Aufteilung des Lebensraumes als die Entfaltung von Wechselwirkungen zwischen Organismen sowie zwischen den Organismen und dem Milieu; in der Analyse dieses dynamischen Systems von Abhängigkeiten finden wir das eigentliche Anliegen der Evolutionstheorie.

Auch die ökonomische Kultur der westlichen Welt hat in den vergangenen 200 Jahren einen ähnlichen Entwicklungsprozeß, wenn auch in höchst rudimentärer Form, durchgemacht.

Die Entdeckung des *Marktes* als einem Regulativ hat in zunehmendem Maß deutlich gemacht, daß der Erfolg des Individuums irrelevant und vergänglich ist, wenn er nicht auf die Bedürfnisse des Gesamtsystems, also der jeweiligen Gesellschaft mit ihren Ressourcen, abgestimmt ist und von diesen teilweise kontrolliert wird (eine Erkenntnis, die in den vorindustriellen Gesellschaften jederzeit lebendig war).

So haben beide, Evolutionstheorie und ökonomische Theorie, den Schritt vom *linearen* zum *systemorientierten* Denken, vom Konzept des *Fortschritts* zu dem der *Differenzierung* fast gleichzeitig getan, obwohl sie ihre Erfahrungen, sollte man meinen, auf ganz verschiedene Weise gewinnen. Ein fast skurriles Beispiel für die Wechselwirkungen zwischen naturwissenschaftlicher und kultureller Weltbetrachtung liefert uns OSWALD SPENGLER. Um seine zutiefst antievolutionistische morphologische Theorie der Weltgeschichte zu erhärten, will er auch in der Natur nur das entwicklungslose, akausale Werden und Vergehen der Klassen und Gattungen von Lebewesen sehen – und zitiert als Zeugen seiner Theorie ausgerechnet HUGO DE VRIES, einen der Wiederentdecker der Mendelschen Erbgesetze, von dessen Mutationslehre er sagt, sie liefere den ersten Beweis dafür, »daß die Grundformen der Pflanzen- und Tierwelt sich nicht entwickeln, sondern plötzlich da sind.« (SPENGLER 1923, S. 591). So findet der Philosoph in der Natur nur das wieder, was er in sie hineingetragen hat.

Mit dem Fortschrittsgedanken hat sich auch der Stellenwert der *Konkurrenz* geändert. Sub specie aeternitatis könnte man sagen, daß sich in einem sozialen System, in dem das Überleben zwar gesichert ist, ein allgemeinverbindlicher Begriff vom Fortschritt aber fehlt, Konkurrenz gar nicht lohnt. Wofür und warum sollten die Individuen konkurrieren?

Daß keine der heutigen menschlichen Sozietäten diesem Zustand entspricht, dürfte klar sein; überall werden Reichtum, Macht, gesellschaftliche Anerkennung als Wunschträume und das Voranschreiten auf dem Weg zu jedem dieser Träume als Fortschritt empfunden. Im gleichen Maße gibt es dann natürlich auch *Konkurrenz* um die angestrebten Ziele und um die Wegerechte zu diesen Zielen.

Und dennoch: Mit der Zunahme der Wechselwirkungen und gegenseitigen Abhängigkeiten in einem System nimmt auch das Interesse an Konflikt*beherrschung* anstelle von Konflikt*austragung* zu. Es gibt zahllose Hinweise auf einen derartigen Strategienwechsel in den hochentwickelten industrialisierten Gesellschaften: Allgemeine Schulpflicht, Sozialversicherung, Umschulungskurse, paritätische

Kommissionen, Kartellbildungen, Verstaatlichungen, usw. haben den Schutz des Einzelnen oder einer Gruppe sowie die Abgrenzung von Interessensphären zum Ziel. So wie ja ganz allgemein die parlamentarische Demokratie im Vergleich zu totalitären Regimes die Bewältigung von Konflikten durch Diskussion und den Interessensabgleich durch Konsens anstrebt.

Die wirtschaftliche Entwicklung vom Frühkapitalismus über KARL MARX zu Sozialismus und zur sozialen Marktwirtschaft zeichnet eine Entwicklung vom Individualismus und vom Konzept des schrankenlosen Konkurrenzkampfes zum Konzept der Absicherung und Einbindung des Individuums in ein soziales System. Dies führt zu einer Milderung der Folgen des internen Konkurrenzkampfes, auch wenn dieser *zwischen* verschiedenen Systemen weiterhin mit unverminderter Schärfe ausgefochten wird.

Um es auf eine Pointe zu bringen, könnte man sagen, daß in dem Maße, in dem die industrielle Gesellschaft der westlichen Welt die zunehmende Verflechtung und Vernetzung individueller, gruppenspezifischer und nationaler Interessen *erlebt*, die Evolutionstheorie diese Verflechtungen und Vernetzungen in den natürlichen Ökosystemen der Erde *entdeckt* hat.

Ist die Natur also nichts anderes als ein Spiegel, in dem sich die Zeiten spiegeln? Die Fragen, die wir an die Natur richten, enthalten bereits ganz bestimmte Erwartungen - und indem uns die Natur auf unsere Fragen Antwort gibt, erfüllt sie bereitwilligst alle unsere Erwartungen.

Literatur

BATESON, W., 1894: Materials for the study of variation. Macmillan, New York.

BISCHOF, N., 1985: Das Rätsel Ödipus. Die biologischenWurzeln des Urkonfliktes von Intimität und Autonomie. Piper, München.

BURCKHARDT, J., 1868: Über Glück und Unglück in der Weltgeschichte. Zitiert aus: Deutsche Essays (L. ROHNER, Hrsg.), Band 3, S. 168. Deutscher Taschenbuch Verlag, München.

DARWIN, C., 1859: On the origin of species by means of natural selection, or the preservation of favoured races in the struggle for life. John Murray, London.

DARWIN, C., 1876: Über die Entstehung der Arten durch natürliche Zuchtwahl oder die Erhaltung der begünstigten Rassen im Kampfe um's Dasein. Nach der sechsten englischen Augabe herausgegeben von J. V. CARUS. Schweizerbart'sche Verlagsbuchhandlung, Stuttgart.

DOBZHANSKY, T., 1937: Genetics and the origin of species. Columbia Univ. Press, New York.

ELTON, C., 1927: Animal ecology. Sidgewick & Jackson, London.

GOLDSCHMIDT, R., 1940: The material basis of evolution. Yale Univ. Press, New Haven.

KIMURA, M., 1983: The neutral theory of molecular evolution. Cambridge Univ. Press, Cambridge.

KUHN, T., 1962: The structure of scientific revolutions. Univ. of Chicago Press, Chicago. Deutsch: Die Struktur wissenschaftlicher Revolutionen. Suhrkamp Taschenbuch Wissenschaft Nr. 25 (1973).

LEWONTIN, R. C., 1974: The genetic basis of evolutionary change. Columbia Univ. Press, New York.

MAYR, E., 1942: Systematics and the origin of species. Columbia Univ. Press, New York.
MENDEL, G., 1866: Versuche über Pflanzen-Hybride. Verh. naturf. Ver. Brünn, 4. Bd. 67–111.
RIEDL, R., 1975. Die Ordnung des Lebendigen. Systembedingungen der Evolution. Paul Parey, Hamburg und Berlin.
SIMBERLOFF, D., 1982: The status of competition theory in ecology. Ann. Zool. Fenn. **19**, 241–253.
SMITH, A., 1776: An inquiry into the nature and causes of the wealth of nations.
SPENGLER, O., 1923: Der Untergang des Abendlandes. Umrisse einer Morphologie der Weltgeschichte. C. H. Beck, München. Zitiert nach der Sonderausgabe in einem Band, München 1979.
WAGNER, G., 1985: Über die populationsgenetischen Grundlagen einer Systemtheorie der Evolution. In: Evolution, Ordnung und Erkenntnis(J. A. OTT, G. P. WAGNER & F. M. WUKETITS, Hrsg.). Paul Parey, Berlin und Hamburg.
WIENS, J. A., 1977: On competition and variable environments. Am. Sci. **65**, 590–597.

Quellenhinweis zum 4. Essay
Veränderte Fassung aus: Merkur, 41 Jg. , Heft 7, 1987

5. Essay: Der Tod des Elefanten oder Eine Lanze für die Kunst

Unlängst erfuhr ich von folgendem Vorfall: Eine Gruppe konsequenter Tierschützer in England hatte die in Käfigen eingesperrten Tiere eines durchziehenden Zirkus befreit: Pferde, Hunde, Kamele und sogar einen Elefanten, der in eine unerkannte Freiheit entlassen verwirrt die ihm fremde Natur betrachtete und sehr bald an Durchfall starb.

Ich male mir nun aus, wie sich der Elefant kurz vor seinem Tod noch einmal jenes triumphalen Momentes erinnert haben mag, als er, auf einem Podest stehend und vom Applaus einer Menschenmenge umbrandet, mit einem Bein eine Stange balancierte, auf der sich ein lächelndes Mädchen in Schwebe hielt. Das war ein Höhepunkt seines Lebens. Die vollkommene Übereinstimmung zwischen seinen schlummernden Anlagen und einem Milieu, in das ihn ein gütiges Schicksal hineingeboren hatte; oder hatte er sich dieses Milieu selbst erschaffen? Er war sich da nicht so sicher. Stets waren Menschen seinen Anregungen gefolgt; indem er ihnen einige Kunststücke vorführte, hatte er sie dazu gebracht, seine Zehen mit weichen Bürsten zu schrubben und ihn täglich mit Karotten und dem schmackhaftesten Obst zu füttern. Sie hatten allerdings nur langsam begriffen. Oft mußte er ihnen ein besonderes Kunststück mehrmals vorführen, bis sie es verstanden hatten und darauf reagierten; dann allerdings mit besonderer Bereitwilligkeit. Er hatte damals, reflektierte er kurz vor seinem Tode, in einer wunderbaren Harmonie von Kunst und Natur gelebt, während ihn jetzt das Chaos verschlang. Seine Kinder hätten es sicherlich leichter gehabt. Verwöhnt durch die Leistungen des Vaters hätten sich die Menschen von Anfang an um sie bemüht, hätten sie gepflegt, aufs beste ernährt und ihnen Gelegenheit zur Entwicklung jener künstlerischen Anlagen geboten, die zum Ausdruck zu bringen, der Lebensinhalt jedes freien Elefanten ist.

Gab es, so frage ich mich, irgendwo im kollektiven Artgedächtnis des nun an einer ihm fremden Freiheit sterbenden Elefanten noch die Spur einer Erinnerung an Wälder und Ebenen; an den Baumstamm, der über einen Wassergraben gefallen war; an saftige Zweige, die zu hoch oben wuchsen, als daß sie ohne Anstrengung hätten erreicht werden können? In welchem Ausmaß sind Lebewesen imstande, die Umwelt, in die sie hineingeboren werden, zu verändern und damit ihrer eigenen Entwicklung neue Impulse und eine neue Richtung zu geben? Diese Frage stellt sich nicht nur im Hinblick auf die Lebensläufe von Individuen,sondern ebenso im Hinblick auf den Verlauf der stammesgeschichtlichen Evolution. Können wir es uns zum Beispiel erlauben, jene in den letzten Jahren gemachte Entdeckung, daß die Geschwindigkeit der biologischen Evolution mit der Höherentwicklung der Tiere auf dramatische Weise zugenommen hat, *nicht* zur Kenntnis zu nehmen? Während sich etwa (womit ich den Faden aufnehme, der im ersten Essay liegen geblieben war) die uralte Gruppe der Frösche so langsam verändert hat, daß 90 Millionen Jahre alte Fossilien und die heute lebenden Vertreter in ein und derselben *Gattung* vereint werden können, hat im selben Zeitraum die Gruppe der Säugetiere eine explosive Entfaltung in 16 verschiedene *Ordnungen* durchgemacht; haben sich aus kleinen reptilienähnlichen Vorfahren so unterschiedliche Lebensformen wie Fledermäuse, Elefanten, Wale und der Mensch entwickelt. Ebenso lassen sich zwischen den heute lebenden Haifischen und ihren fossilen Vorfahren aus dem Devon kaum Unterschiede erkennen, während zwischen den heute lebenden Vögeln und Säugetieren und ihren nächsten Verwandten aus derselben Periode, den Lungenfischen, morphologische und physiologische Welten liegen. Die Bedeutsamkeit dieses Unterschiedes tritt erst dann klar hervor, wenn wir uns daran erinnern, daß die Elementarprozesse der biologischen Evolution: die Punktmutationen der Gene, bei allen Lebewesen, also auch bei Haifischen, Fröschen und Säugetieren, etwa im gleichen Takt aufeinanderfolgen. Über einem gleichförmig schlagenden *Basso continuo* bauen sich somit ganz unterschiedliche harmonische Konstruktionen auf, je nachdem, welchen Abschnitt des tierischen Stammbaumes wir ins Auge fassen

Genau genommen, sind die Wechselwirkungen zwischen der molekularen und der biologischen Entwicklung sogar noch differenzierter. Es nimmt nämlich die Idee Gestalt an, daß der Gang der molekularen Uhr im Verlauf der Stammesgeschichte doch nicht ganz so konstant geblieben ist, wie das noch vor kurzem den Anschein hatte. Über weite Strecken von Stammeslinien mögen Mutationen innerhalb eines definierten DNA-Segmentes mit mehr oder minder großer Regelmäßigkeit aufeinanderfolgen, wobei die Mutationsfrequenz nicht so sehr von der Lebensdauer der Individuen bestimmt wird, als vielmehr dem Ablauf der astronomischen Zeit folgt. Es kommt jedoch vor, daß ab einem gewissen Stadium der Stammesgeschichte die molekulare Uhr langsamer zu schlagen beginnt. Am deutlichsten ist dieses Phänomen bei Vögeln und Säugetieren nachzuweisen, also gerade bei jenen Tiergruppen, die sich durch eine dramatische Beschleunigung der aus den Veränderungen morphologischer Merkmale erschlossenen *organismischen* Evolution auszeichnen

Um die zeitlichen Veränderungen von Lebensprozessen auf möglichst ökonomische Weise beschreiben zu können, haben wir uns somit zumindest dreier Projektionen zu bedienen: einer *astronomischen*, einer *molekularen* und einer *organismischen* – der eigentlich *biologischen* – Zeitskala.

Betrachten wir die Entwicklung der biologischen Mannigfaltigkeit auf dieser Erde nicht als das Nebenprodukt eines fundamentalen, durch die Zufallsverteilung von Mutationen geprägten, molekularen Prozesses, sondern als das Ergebnis der Auseinandersetzung von Organismen mit ihrer jeweiligen Umwelt, dann wird die Intensität und Differenziertheit dieser Auseinandersetzung zum bestimmenden Merkmal des Evolutionsgeschehens. Dies ist der Grund, warum die molekulare Zeitskala nicht genügt, um die Dynamik der Evolution darzustellen. So läßt sich etwa, wie der amerikanische Biologe ALLAN C. WILSON gezeigt hat[1], die Geschwindigkeit der Entfaltung des Wirbeltierstammes in den letzten 400 Millionen Jahren viel eher mit den Veränderungen der Gehirngröße als mit der Häufigkeit von Mutationen in Beziehung setzen. Trägt man nämlich das relative Gehirngewicht (das absolute Gehirngewicht dividiert durch die Zweidrittelpotenz des Körpergewichtes) gegen die astronomische Zeit auf, dann erkennt man, daß sich innerhalb verschiedener Stammeslinien Arten um so schneller verändert, Tiergruppen um so schneller entwickelt haben, je größer ihr relatives Gehirngewicht war. Die zeitliche Struktur der *organismischen* Evolution steht hier im direkten Gegensatz zur zeitlichen Struktur der *molekularen* Evolution, deren Geschwindigkeit im gleichen Zeitraum konstant geblieben ist, in einigen Fällen sogar abgenommen hat.

Um diesen unerwarteten, aus den Erkenntnissen der Molekularbiologie nicht vorhersagbaren, Befund zu erklären, muß davon ausgegangen werden, daß die Größe des Gehirnes ein Indikator für die Komplexität und Variabilität des Verhaltens der jeweiligen Tierart ist. Nun wird der Lebensraum einer Art nicht nur durch äußere Umweltfaktoren, sondern auch durch das Verhalten der Tiere selbst bestimmt. Je komplexer und variabler dieses Verhalten, auf desto vielfältigere Weise vermag ein Tier seinen Lebensraum zu gestalten und zu verändern. So hat etwa die mit zunehmender Verschaltungskomplexität des Gehirnes zunehmende Lernfähigkeit von Säugetieren und Vögeln dazu geführt, daß in Zeiten des Mangels effizientere Methoden des Nahrungserwerbes ausprobiert und innerhalb einer Population weitergegeben werden. Für die nächste Generation wird dieses erweiterte Spektrum des Nahrungserwerbes zu einem Teil der Umwelt, in die sie hinein geboren wird und an die sie sich anzupassen hat. Da aber von allen Umweltfaktoren und deren Veränderungen ein *Selektionsdruck* ausgeübt wird, müssen auch durch Verhaltensweisen herbeigeführte Veränderungen der Umwelt die Schicksale künftiger Generationen beeinflussen.

Eines der am besten dokumentierten Beispiele für derartige Wechselwirkungen betrifft die Veränderung der genetischen Konstitution menschlicher Völker unter dem Einfluß von Landwirtschaft und Viehzucht. Die erste Nahrung aller Säugetierjungen ist die Muttermilch, die als wichtigstes Substrat des Energiestoffwechsels den Milchzucker liefert, ein aus zwei einfachen Zuckermolekülen zusammengesetztes Disaccharid, das im Darm des Säuglings durch ein spezifisches Enzym, die *Laktase*, in seine beiden Bestandteile zerlegt wird. Nur in dieser Form kann der Milchzucker vom Säugling verwertet werden. Die Fähigkeit zur Synthese des Enzyms geht dem Säugetierjungen nach der Entwöhnung jedoch verloren, denn Milch wird im späteren Leben niemals mehr eine Rolle als Nahrung spielen. Indem der Organismus die Produktion eines unnötigen Proteins einstellt, spart er wichtige Rohstoffe. Der Beginn der landwirtschaftlichen Kultur vor 10000 bis 8000 Jahren hat den Stellenwert dieser ontogenetischen Strategie jedoch radikal verändert. In all jenen Gesellschaften in denen die Haltung von Rindern, Schafen oder Ziegen

[1] Einige der in diesem Zusammenhang wichtigen Beziehungen zwischen molekularer und organismischer Evolution sind von ALLAN C. WILSON im »Spektrum der Wissenschaft«, Dez. 1985, dargestellt worden.

eine Rolle zu spielen begann, wurde Milch zu einer potentiell wichtigen Nahrung auch für Erwachsene, die sie allerdings zunächst nicht verwerten konnten, da ihnen das Laktose-spaltende Enzym fehlte. Innerhalb sehr kurzer Zeit wurde dieser Mangel jedoch behoben, denn heute besitzen die Erwachsenen aller Völker, bei denen traditionellerweise Milch getrunken wird, das Enzym Laktase, während es den Völkern ohne Viehwirtschaft - wie z. B. den Bewohnern jener Gebiete Zentralafrikas, in denen die grassierende Schlafkrankheit Viehhaltung unmöglich macht - weiterhin fehlt. Nach heutiger Auffassung geht diese genetische Veränderung auf eine Mutation des regulatorischen Gens zurück, das die Aktivität des Laktase-Gens kontrolliert und dieses in anderen Säugetieren nach der Entwöhnung der Jungen von der Mutter abschaltet. Da sich diese Mutation in menschlichen Populationen millionen mal schneller ausgebreitet hat, als für neuauftretende Mutationen typisch ist, müssen wir wohl annehmen, daß sie als eine seltene genetische Variante in menschlichen Populationen bereits vorhanden war und sich in Reaktion auf die Umwälzungen in der Umwelt dieser Populationen sehr schnell auszubreiten vermochte. Das heißt aber nichts anderes, als daß sich die genetische Konstitution einer Population unter dem direkten Einfluß einer Umweltveränderung gewandelt hat, die ihrerseits die Konsequenz von Handlungen und Maßnahmen jener Lebewesen war, mit denen sich die Umwelt von Anfang an entwickelt hat.

Noch deutlicher werden uns diese Zusammenhänge, wenn wir an die Folgen der Brutpflege denken, unter deren Schutz auch solche Varianten der Art gedeihen und zur Geschlechtsreife heranwachsen können, die ohne den intensiven Sozialkontakt nicht überleben würden. In dem Maße, in dem dies möglich wird, erhöht sich das genetische Potential der Art.

Es muß somit zwischen zwei Formen des Selektionsdruckes unterschieden werden: einer, die von der unbelebten Umwelt ausgeht und einer zweiten, die im Verhalten der Tiere selbst wurzelt. Jene mag als *ökologischer* Selektionsdruck bezeichnet werden, wie er sich in Klimaänderungen, Erosionsprozessen und Kontinentalverschiebungen manifestiert; dieser als *sozialer* Selektionsdruck, der uns als die Auseinandersetzung des sozialen Verhaltens mit der genetischen Tradition der Art erscheint. In dieser zyklischen, nicht auf das *Individuum* sondern auf die *Population*, als der eigentlichen Einheit der Evolution, bezogenen Form erhält die Hypothese LAMARCKs von der Vererbung erworbener Eigenschaften einen neuen - und wahrscheinlich ihren *eigentlichen* - Sinn.

Die Auseinandersetzung des Menschen mit seiner Umwelt - die sich nun, nachdem alle weiße Flecken getilgt, alle Barrieren überwunden, alle Berge bestiegen sind, als die Welt selbst entpuppt, diese Auseinandersetzung ist somit nichts anderes als die konsequente Fortsetzung einer Entwicklung, die sich seit ein paar hundert Millionen Jahren auf dieser Erde vollzieht. Der jüngste Vertreter der Primaten vermag jedoch mit Hilfe einer neuen Form der Kommunikation in so ungeahntem Maße in den Lauf der Welt einzugreifen, daß deren Veränderungen das genetische Anpassungspotential dessen, der die Veränderungen in Gang gesetzt hat, bei weitem übersteigen. Der so überraschte Mensch läßt die Natur hinter sich und vertraut, wie Papageno, der *Kunst* als der gestaltenden Kraft seiner Zukunft.

Ab nun hängt seine Entwicklung von den Bildern ab, die er sich von dieser Welt macht, und der Selektionsdruck, dem er sich unterwirft, indem – und weil – er ihn selber erzeugt, ist nicht bloß ein *sozialer* sondern auch ein *kultureller*.

Oft wird übersehen, daß das kunstvollste Bild jenes ist, das mit den Mitteln der Vernunft zustande kommt, und daß die Bedeutung des Bildes um so größer ist, je größer der Einsatz bei seiner Herstellung war. Welch unglaubliches Wagnis, zum Beispiel, zu sagen, die Welt ließe sich rational erfassen und könne Schritt um Schritt durch Modelle, die in der analytischen Fähigkeit der Vernunft wurzeln, dargestellt werden!

Es erscheint mir hier wichtig zu betonen, daß die geistigen Leistungen des Menschen: Religion, Kunst, Wissenschaft, insgesamt als Versuche zur Gestaltung seiner Lebensbedingungen angesehen werden müssen und daß es diese Arbeit an der eigenen Umwelt ist, die Künstler und Wissenschaftler vereint. Beiden ist gemeinsam, daß sie Bilder von der Wirklichkeit entwerfen; Bilder, die unsere Existenz wie Spiegel umstellen und den einfachen Raum unserer Vorfahren in ein Labyrinth verwandelt haben, durch das wir uns hindurchtasten. Einmal ist es die *subjektive*, einmal die *objektive* Wirklichkeit, die da abgebildet und zurückgespiegelt wird, aber diesen Unterschied sollte man nicht überbewerten: lebte LEONARDO DA VINCI heute, dann wäre er höchstwahrscheinlich Physiker oder Biochemiker geworden.

Von welcher Art wäre die Ausstrahlung dieses modernen LEONARDO in unserer Zeit gewesen?

Vielleicht hätte er eine kybernetische Maschine entworfen, die das Verhalten von Organismen besser als irgendein anderes Modell erklärt. Oder er hätte über die Steuerung von Lebensprozessen nachgedacht und als erster Gene mit den Kontrollpunkten eines sich selbst organisierenden Systems verglichen. Gene veranlassen die Synthesen spezifischer Proteine, die für den Ablauf spezifischer Reaktionen verantwortlich sind, und der handelnde Organismus ist das Resultat einer unübersehbaren Fülle miteinander vernetzter molekularer Reaktionen. Soeben war das Gen noch eine abstrakte Konstruktion, aus Kreuzungsversuchen wie jenen des Pater GREGOR MENDEL erschließbar, aber nun, zur Zeit des neuen LEONARDO, ist es zu einer definierten chemischen Realität geworden, deren Leistungen im Reagenzglas beobachtet werden können. Vielleicht hätte LEONARDO sogar mit der Idee gespielt, die Rolle des Gens mit der eines Steuermannes oder einer zentralen Institution in einem autoritären Staat zu vergleichen, um daraus ein Modell vom Organismus als einem straff und zentristisch gelenkten System abzuleiten, das sich der Enzyme wie der totalitäre Staat der exekutierenden Organe bedient[2]. Umgekehrt hätte ein zu dieser Zeit in irgendeinem Land herrschender Staatsmann das Modell des berühmten und einfluß-

[2] Die unterschiedlichen Auffassungen von der Rolle der Gene bei der Steuerung von Lebensprozessen werden seit langer Zeit diskutiert. Das von mir verwendete Bild vom Genom als einem totalitären Staat, beziehungsweise als einer perfekten Bürokratie, findet sich, möglicherweise zum ersten Mal, bei D. L. NANNEY (1957): The Role of the Cytoplasm in Heredity. In: The Chemical Basis of Heridity, edited by W. D. MCELROY and H. B. GLASS. Baltimore, The Johns Hopkins Press, p. 136. Siehe hierzu auch: W. T. KELLER (1983), Perspectives in Biology and Medicine **26** (4), p.518.

reichen Professors LEONARDO zur Rechtfertigung seiner diktatorischen Maßnahmen heranziehen können: Die Zielstrebigkeit und Kompromißlosigkeit, mit der er, der Diktator, seine Ideen zu verwirklichen – oder noch besser: den ihm von Gott gegebenen Auftrag zu erfüllen – habe, entspräche durchaus der Art und Weise, wie Organismen funktionieren und sich am Leben erhalten; das hätte in etwa die Maxime des Staatsmannes sein können, nachdem er eines der Bücher LEONARDOs gelesen hatte. Das Bild von der Funktionsweise der Gene wäre so zu einem Teil der Umwelt und der Lebensbedingungen von Menschen geworden, die noch nie etwas von Desoxyribonukleinsäure gehört hatten.

Aber die Wissenschaft bleibt nicht stehen. Auf Grund einer Fülle neuer Einsichten wird es plötzlich notwendig, die Vorstellungen von der Rolle der Gene im Zusammenspiel der Lebensprozesse zu revidieren. Immer deutlicher treten die gegenseitigen Abhängigkeiten molekularer Prozesse in Zellen hervor, so daß schließlich das Gen nur mehr als *eines* unter vielen steuernden Elementen erkannt wird, die sich selbst erhaltende Dynamik eines lebenden Organismus als das Ergebnis eines Kommunikationsprozesses zwischen Zellen und nicht als die Manifestation einer zentralen Botschaft. Dementsprechend liegt es nunmehr nahe, den Organismus nicht mit einem autoritären Staat, sondern mit einer Demokratie oder einer gut funktionierenden Bürokratie zu vergleichen, in der jede Entscheidung durch das Abfragen vieler Instanzen zustande kommt. LEONARDO hätte zweifellos auch diesen Vergleich nicht gescheut und damit seine Zuhörer erneut verblüfft. »Wie hängt das alles zusammen?« mag sich der eine oder andere gefragt haben. Passen sich die Weltbilder der Wissenschaft den gerade herrschenden Lebensformen der Gesellschaft an, beeinflussen sich die gelebten und die gedachten Vorstellungen von der Welt gegenseitig oder entspringen beide gemeinsam einem Strom, der die Geschichte durchzieht und die Stationen der Menschheitsentwicklung aneinanderreiht?

Wie immer dies sein mag: worauf es in diesem Zusammenhang ankommt, das ist die Einsicht, daß die Bilder, die aus den jeweils zur Verfügung stehenden Fakten einer Wissenschaft destilliert werden, den Raum gestalten und umstellen, in dem sich die Menschen bewegen. Wir alle leben im Schatten der Bilder, die wir mit Hilfe unserer Vernunft zustande bringen und die wir wie Tafeln der Beschwörung gegen die Leere des Universums aufrichten. Zerstörten wir diese Bilder, etwa im Auftrag einer mißverstandenen Gottheit, die uns den schnellen Weg in die Freiheit zu zeigen scheint, dann schützte uns nichts mehr vor dem Chaos; dem Chaos, das auch den Elefanten, mit dem unsere Geschichte begann, verschlang.

6. Essay: Spiegelungen und Spiegelfechtereien

Wenn die Vernunft versucht, sich selbst zu erklären: in welcher Sprache spricht sie dann?

Die Beeinflussung der Philosophie durch die Naturwissenschaften ist, vor allem in der Neuzeit, von den Entdeckungen der Physik ausgegangen: Der atomare Aufbau der Materie, der Indeterminismus der Quantenmechanik, die Relativitätstheorie, HEISENBERGs Unschärfeprinzip, haben die Philosophen gezwungen, einige ihrer Hauptthemen, etwa das der Wirklichkeit, der Beobachtbarkeit und Vorhersagbarkeit, sowie die Begriffe Raum, Zeit und Kausalität, neu zu überdenken.

Demgegenüber scheint der Einfluß der Biologie auf die Entwicklung der Philosophie erstaunlich gering gewesen zu sein. Sicher hat DARWINs Evolutionstheorie das Boot der Philosophie etwas zum Schaukeln gebracht, ohne jedoch in der Ausrüstung oder in der Richtung des Fahrzeugs merkliche Veränderungen bewirkt zu haben. Der Grund hierfür liegt wohl darin, daß die Gegenstände der Biologie zur Klasse der alltäglichen Erfahrungen gehören, von denen seit altersher auch der philosophische Diskurs seinen Ausgang nimmt. Dort, wo die Biologie – im modischen Gewand der Biochemie und Molekularbiologie – die Grenzen des Sichtbaren überschreitet, bedient sie sich derselben Begriffe, mit denen vor ihr die Physik das rationale Weltbild erweitert hat. Es sei hier nur an den Begriff des Indeterminismus erinnert, der die Gesetze der Quantenphysik mit denen der Mutationstheorie – und damit auch der Evolutionstheorie – verknüpft.

Zwischen Biologie und Philosophie scheint es eine einzige Grenze zu geben, entlang der sich Kontrahenten eine Art von Stellungskrieg mit gelegentlich aufflammenden Scharmützeln liefern: die Evolutionstheorie, insofern sie menschliches Verhalten und die menschliche Vernunft aus biologischen Vorstufen ableiten möchte. Die Scharmützel sind jedoch ohne Konsequenz geblieben, d. h. sie haben weder das eine noch das andere Hinterland des Grenzgebietes merklich verändert, ja, die meisten von ihnen entpuppten sich als reine Spiegelfechterei, bei der mit inkommensurablen Waffen gefochten wurde und die Gefahr einer Verletzung von vornherein nicht gegeben war.

Wie so oft in der Geschichte haben gerade jene Kämpfe, bei denen es im Grunde um nichts ging, die größten Emotionen freigesetzt. Ich möchte die Struktur dieser Spiegelfechterei an einem Beispiel, der Auseinandersetzung um die sogenannte »evolutionäre Erkenntnistheorie«, aufzeigen. Aus der Art dieser Auseinandersetzung lassen sich aber auch einige allgemeinere Schlüsse über den Stellenwert der Naturwissenschaften im geistigen Klima unserer Zeit ziehen.

Wie man weiß, hegte bereits DARWIN keinen Zweifel darüber, daß sich nicht nur die anatomischen Merkmale sondern auch die geistigen Fähigkeiten des Menschen aus stammesgeschichtlichen Wurzeln ableiten lassen müßten, obwohl – wie er ausdrücklich betonte – die Verschiedenheiten in den geistigen Kräften zwischen den höchsten Affen und den niedrigsten Wilden ungeheuerlich groß seien (DARWIN 1883, S. 62).

In diesem Lichte betrachtet, ist der von R. RIEDL und anderen Biologen unserer Tage erhobene Anspruch, man müsse die »stammesgeschichtlichen Grundlagen der Vernunft« aufdecken und es sei legitim, von einer »Biologie der Erkenntnis« zu sprechen (RIEDL 1980), weder neu noch überraschend.

Daß Philosophen auf diesen Anspruch trotz seiner jahrhundertalten Tradition so empfindlich reagiert haben, führe ich auf die erstmals von KONRAD LORENZ (1941) gewählte Formulierung zurück, die KANTschen *Apriori* müßten im Lichte der modernen Biologie als stammesgeschichtliche *Aposteriori* betrachtet werden. In den Worten eines der Apologeten dieser Betrachtungsweise, allerdings 40 Jahre später: »Vom Standpunkt des Einzelnen, des Individuums, aus ist ein synthetisches Urteil über die Welt, das wir unabhängig von der Erfahrung kennen, ein synthetisches Urteil a priori im strengen Sinn. Vom Standpunkt der Evolution aus ist dasselbe Urteil ein Urteil a posteriori; es beruht ebenfalls auf Erfahrung, nämlich auf der Erfahrung unserer Vorfahren, die in unserer genetischen Information erhalten und gespeichert ist; in der spezifischen Nucleotidsequenz der genetischen DNA, die wir von unseren Eltern geerbt haben« (MOHR 1981).

Diese Verknüpfung der genetischen DNA mit einem epistemologischen Begriff mußte den Philosophen als eine eklatante Grenzüberschreitung erscheinen, gewissermaßen als eine direkte Attacke auf eine heilige sprachliche Festung, der mit allen zur Verfügung stehenden Waffen zu begegnen war.

Als eine der wichtigsten Waffen in der philosophischen Gegenoffensive wird der Nachweis angesehen, daß sich die Biologie mit ihren Argumenten in einem logischen Zirkel gefangen habe, aus dem sie nicht herauskönne und der den Angriff auf das KANTsche Imperium zum Scheitern verurteile.

Unmißverständlich hat sich hierzu etwa H. M. BAUMGARTNER geäußert: Die Herleitung der Vernunft aus stammesgeschichtlichen Wurzeln erfordere – so BAUMGARTNER (1984) – daß sich Vernunft aus Nicht-Vernunft erkläre: »ein Erklärungsversuch, der sowohl die Existenz wie die Prinzipien der Vernunft voraussetzt; also nicht gelingen kann.«

Und weiter: »Jede vorgeblich wissenschaftliche und auch geschichtsphilosophische Theorie über das Entstehen der Vernunft behauptet etwas Unmögliches: Ihre münchhausenhafte Selbsterklärung.«

Der Vorwurf der Zirkularität wiegt immer schwer. Er erzeugt im Diskussionspartner ein panisches Gefühl, als wäre er beim Falschspielen ertappt worden. Es wird ihm – so meint er – vorgeworfen, bereits in den Prämissen jene Conclusio versteckt zu haben, die er dann triumphierend als Entdeckung präsentiert.

Dementsprechend wurde der Nachweis der Zirkularität auch von vielen Kritikern der biologischen Erkenntnistheorie als ein entscheidender Schlag angesehen, von dem sich diese Lehre nicht werde erholen können. Nach K. P. LIESSMANN etwa (LIESSMANN 1986) hat BAUMGARTNER die »innere Unmöglichkeit einer evolutionären Erklärung der menschlichen Vernunft« ein für alle Male bewiesen. Aber um welchen Zirkelschluß geht es denn eigentlich?

Definiert man, so meinen die Kritiker, Vernunft und Erkenntnisvermögen als reine *Funktionen des Gehirnes*, dann sei der Schluß auf die Evolution dieser menschlichen Fähigkeiten aus stammesgeschichtlichen Vorstufen unvermeidlich, denn daß sich das menschliche *Gehirn* aus solchen Vorstufen entwickelt habe – das bezweifelten heutzutage nicht einmal die größten Skeptiker. Der Erkenntniswert dieses Schlusses sei jedoch gleich Null, da sich in ihm nichts Anderes als jene Definition der Vernunft manifestiere, die zuvor mit der Prämisse hineingeschmuggelt worden war. Eine reine »petitio principii«, ein Zirkelschluß.

Was die Kritiker jedoch verschweigen, ist, daß dasselbe Argument natürlich auch für den umgekehrten Fall gelten muß: Vernunft und Erkenntnis können so definiert werden, daß nur die *Unmöglichkeit* ihrer Herleitung aus stammesgeschichtlichen Vorstufen gedacht werden kann. Das ist der Fall, wenn menschliche Erkenntnis als Manifestation der *Ich*-Erkenntnis und des *Ich*-Erlebens der denkenden Person definiert wird, denn die Singularität dieses Erlebens kann nicht aus stammesgeschichtlichen Vorstufen hergeleitet werden.

Auch hier also eine petitio principii, ein Zirkelschluß, in dessen Verlauf – wie die Kritiker den Proponenten der evolutionären Erkenntnistheorie vorwerfen – »stillschweigend die Realphänomene mit den Nominaldefinitionen identifiziert« werden (LÖW 1983a, S. 163).

Auf diesem intellektuell anspruchslosen Niveau der Sprachspiele konnte die Auseinandersetzung zwischen den Evolutionstheoretikern und ihren Kritikern somit keinerlei Stellungsänderungen bewirken. Die beiden Kontrahenten redeten aneinander vorbei. Aber hinter der Formulierung von der Unmöglichkeit der Selbsterklärung der Vernunft wird noch ein weiteres logisches Prinzip sichtbar: ein Prinzip, das in mancherlei Verkleidung auftritt, aber vor allem unter dem Namen »GÖDELscher Satz« bekannt gworden ist. In der Arbeit »Über formal unentscheidbare Sätze der Principia Mathematica und verwandter Systeme« stellte GÖDEL (1931) eine Behauptung auf, die damals die Mathematik im allgemeinen, die Zahlentheorie im besonderen, erschütterte. Nach HOFSTADTER (1985) läßt sich diese Behauptung in folgende einfache Worte kleiden: »Alle widerspruchsfreien axiomatischen Formulierungen der Zahlentheorie enthalten unentscheidbare Aussagen«.

Gewissermaßen ein Spiegelbild dieser Aussage ist, daß mit den Mitteln eines geschlossenen logischen Systems eine vollständige Axiomatisierung eben dieses Systems nicht möglich ist: es wird stets ein Rest bleiben, für dessen widerspruchsfreie Bestimmung Definitionen benötigt werden, die außerhalb des betrachteten logischen Systems liegen, also in einer »Meta-Sprache« formuliert sein müssen. Da aber, so meinen die Kritiker, menschliche Vernunft ein geschlossenes System von Sätzen ist (alles, was die Vernunft *sagt*, wird per definitionem zu einem Teil dieses Systems, was sie *nicht* sagt, hat keinen Anteil an den Prozessen, um die es hier geht) kann sich Vernunft nicht selbst explizit und widerspruchsfrei erklären: das heißt aber auch, daß sie mit den ihr zur Verfügung stehenden Mitteln ihre eigene *Herkunft* nicht widerspruchsfrei erklären kann. Darauf bezieht sich der oben zitierte Satz: »Jede ... wissenschaftliche ... Theorie über das Entstehen der Vernunft behauptet etwas Unmögliches: ihre münchhausenhafte Selbsterklärung.

(In Parenthese sei angemerkt, daß diese Art der Argumentation manchmal auch verwendet wird, um die Unmöglichkeit der Konstruktion eines der menschlichen Vernunft äquivalenten Computers oder Roboters zu beweisen: eine derartige Konstruktion erfordere die vollständige Beschreibung der logischen Struktur der menschlichen Vernunft und diese ließe sich mit den Mitteln eben dieser Vernunft nicht leisten.)

Nun hat GÖDELs Satz zwar unter Zahlentheoretikern und Logikern zu weitläufigen Auseinandersetzungen Anlaß gegeben, aber alle Fachleute sind sich darüber einig, daß die von ihm implizierten Probleme nur innerhalb sehr spezifischer und eingeschränkter logischer Systeme auftreten und nur in deren Rahmen auf plausible Weise diskutiert werden können. Eine Übertragung der Aussagen und Folgerungen des GÖDELschen Satzes etwa auf das Nervensystem, auf die Erkenntnistheorie oder auf die Computertechnik ist ganz und gar unstatthaft, da diesen Systemen eine jeweils völlig andere logische Struktur zukomme.

So ist auch die Behauptung »Vernunft kann sich nicht selbst erklären« keine Aussage innerhalb eines definierten logischen Systems, die sich auf ein Gefüge aufeinander aufbauender Sätze und Beweise stützt, sondern sie ist nicht mehr als eine Sprachfigur. Sie hat den existentiellen Wert einer Fahne, um die sich Gleichgesinnte scharen mögen, aber als Waffe gegen die Biologie ist sie gänzlich untauglich.

In diesem Zusammenhang ist eine Bemerkung des Genetikers und Nobelpreisträgers JOSHUA LEDERBERG von Bedeutung, die dieser in einer Diskussion über die Leistungsfähigkeit zukünftiger Computer machte (LEDERBERG 1966). Auch bei dieser Diskussion war der GÖDELsche Satz herangezogen worden, um die Unmöglichkeit der Abbildung des menschlichen Gehirnes durch einen Computer zu begründen. In seinem Diskussionsbeitrag konzedierte LEDERBERG durchaus, daß eine *vollständige* Abbildung des Gehirnes nicht möglich sei, meinte aber, daß es darum eigentlich nicht ginge. Ein Mensch könnte ja einem Computer mit unendlicher Lernfähigkeit und Speicherkapazität den Befehl erteilen: »Kopier mich!« Mit logischen Argumenten läßt sich nicht widerlegen, daß der Computer bei seinem Versuch, diesem Befehl nachzukommen, eine *beinahe* vollständige Beschreibung der Struktur des menschlichen Gehirnes zustande bringen könnte; jedenfalls hinreichend vollständig, um einen beliebig kritischen Beobachter zu täuschen. Mit anderen Worten: selbst wenn sich die Vernunft aus eigener Kraft nicht logisch widerspruchsfrei erklären kann, so mag sie es doch so weitgehend können, daß das Ergebnis des Abbildungsprozesses alle jene erschreckt, die sich mit der Behauptung von der prinzipiellen Unerklärbarkeit der Vernunft in Sicherheit gewiegt hatten.

Die Vorstellung vom Computer, der seinen Konstrukteur kopiert, ist vielleicht ein unverbindliches Gedankenexperiment, aber es charakterisiert einen der vielen schwachen Punkte in der Auseinandersetzung zwischen Naturwissenschaftlern und Philosophen. Es weist nämlich darauf hin, daß reale Phänomene in die feingesponnenen Netze von Nominaldefinitionen einbrechen und deren Umkonstruktion erzwingen können. Im Falle unseres Gedankenexperiments ist es der Befehl »Kopier mich!«, der eine Kette unvorhersehbarer Prozesse in Gang setzt, an dessen Ende die Definition der Leistungsfähigkeit des Computer-Wesens anders aussehen wird als zu Beginn.

Haben uns nicht in gleichem Maße die Entdeckungen der Quantenphysik gezwungen, die Definition des Kausalbegriffes zu modifizieren?

Warum soll also die Entdeckung der genetischen Veränderbarkeit aller biologischen Strukturen nicht auch dazu führen, die Definition des *Seins*begriffes zu modifizieren – und zwar in dem Sinne, daß er die Veränderung, das *Werden*, bereits enthält? (Wie ja auch der Begriff der genetischen Veränderung den Aspekt der potentiell unsterblichen, also unwandelbar-ewigen, Keimbahn enthält.)

Die bisher aufgezeigten Waffen, die von Philosophen für die Verteidigung der KANTschen Festung eingesetzt wurden: der Vorwurf der Zirkularität und die Behauptung, ein logisches System ließe sich mit den Begriffen eben dieses Systems nicht widerspruchsfrei bestimmen, entpuppen sich in diesem Zusammenhang also als reine Fechtereien im Spiegelsaal der Sprache, als untaugliche Mittel, um die naturwissenschaftlich begründeten Ansprüche der Biologen zu unterminieren. Umgekehrt begeben sich Biologen auf spiegelndes Eis, wenn sie mit ihren Ansprüchen in jene Bereich der Sprache eindringen, die von Philosophen abgesteckt und gewissermaßen in Besitz genommen worden sind. So ist die Frage nach den »stammesgeschichtlichen Grundlagen der Vernunft« ein legitimes naturwissenschaftliches Unterfangen, insofern hier nach jenen in die Stammesgeschichte zurückreichenden »Dispositionen« und »dispositionellen Mechanismen« gefragt wird, die den Erkenntnisleistungen des jetzigen Menschen zugrunde liegen. Wird jedoch von einer »evolutionären Erkenntnis*theorie*« gesprochen, dann müssen es sich die Biologen gefallen lassen, mit allgemeinen wissenschaftstheoretischen Fragen konfrontiert zu werden, zu denen ihnen selten adäquate Antworten einfallen.

Was soll – so fragt STEGMÜLLER (1984) – die Verwendung des Begriffes »Theorie« in diesem Zusammenhang? Die Erkenntnistheorie ist eine explikativ-normative Theorie, die sich mit den *Phänomenen* der Erkenntnis beschäftigt. Die Evolutionstheorie dagegen ist eine explanatorische Theorie, die höchstens etwas über die Vorbedingungen für das *Zustandekommen* von Erkenntnis auszusagen vermag. Der Versuch, mit den Begriffen der Evolutionstheorie etwa die Strukturen logischer Aussagen interpretieren (oder gar auf stammesgeschichtliche Vorstufen zurückführen) zu wollen, kann nur zu Mißverständnissen führen.

Dasselbe mag für jene Behauptung der Evolutionsbiologen gelten, an der sich der hier skizzierte Sprachenstreit entzündet hat, daß Anschauungen *a priori* vom Standpunkt der Stammesgeschichte als Anschauungen *a posteriori* zu betrachten seien. Philosophen versichern uns jedenfalls (LÖW 1983b, S. 338; STEGMÜLLER 1984, S. 30), daß der Begriff des »a priori« bei KANT ein epistemologischer Begriff ist, der sich – wie die gesamte Erkenntnistheorie – auf die Phänomene und nicht auf die biologischen Bedingungen der Erkenntnis bezieht.

Anschauungen *a priori* sind jene Anschauungen, »die es uns ermöglichen, gewisse Arten von Sätzen zu legitimieren (d. h. als *wahr* zu erkennen), *ohne auf sinnliche Erfahrungen zurückgreifen zu müssen.*« Nichts wäre irreführender – meint STEGMÜLLER – als dieses Apriori gewissermaßen »Cartesianisch umzudeuten« und mit »angeboren« gleichzusetzen, eine Gleichsetzung, gegen die sich KANT angeblich energisch zur Wehr gesetzt haben soll. Diese Umdeutung sei auch »schlimmer als jede noch so altmodische Interpretation KANTs« und die auf ihr beruhende Kantinterpretation im Sinne der Evolutionsbiologie »schlechter als nutzlos« (STEGMÜLLER 1984, S. 32).

Halten wir hier einen Augenblick inne und fragen wir uns, welchen Erfolg Philosophen sich im günstigsten Fall aus dieser Gegenoffensive gegen den Angriff der Evolutionsbiologen auf die Festung der Erkenntnistheorie versprechen können.

Der am unmittelbarsten einsichtige Erfolg bestünde darin, daß den Biologen ein Mißbrauch philosophischer Begriffe nachgewiesen werden kann; daß die Begriffe »Theorie« und »Apriori« unrichtig verwendet werden und daß dies zu einer fehlerhaften Interpretation der Philosophie KANTs geführt hat.

Aber was wären die Konsequenzen einer derartigen Erfolges? Die Grenzen zwischen Philosophie und Biologie erschienen dann zwar wiederhergestellt und schärfer gezogen, aber die Position der Biologie selbst wäre in keiner Weise erschüttert. Sie könnte sich auf ihre Stellungen zurückziehen, ohne auch nur einen Millimeter ihres angestammten Territoriums aufgeben zu müssen. Alle von ihr geäußerten Vermutungen über die möglichen stammesgeschichtlichen Wurzeln der menschlichen Vernunft blieben inhaltlich völlig intakt, auch wenn man sich auf keine Theoriediskussion einließe und auf die Entlarvung des Apriori als ein verkleidetes Aposteriori verzichtete. Es genügte ja völlig darzulegen, auf welche Weise man sich die Entstehung der unserem Denken zugrundeliegenden Strukturen und Mechanismen vorzustellen hat, um jene enorme Spannung sichtbar zu machen, die in der Offenbarung des *Werdens* im *Sein* liegt. Im Sichtbarmachen dieser Spannung liegt aber die entscheidende Aufgabe der Biologie.

Es steht sogar noch schlimmer um die Philosophie: Die mit feinen und weniger feinen Klingen vorgetragenen dialektischen Attacken haben zwar gezeigt, daß die Festung der Erkenntnistheorie noch intakt ist, sie haben andererseits diese Festung von jedem Nachschub abgeschnitten. Was hilft denn der Nachweis, daß Biologen den KANTschen Begriff des Apriori nicht verstehen und ihn unrichtig gebrauchen, wenn man sich gleichzeitig mit diesem Nachweis auch aller Möglichkeiten begibt, die einzige in diesem Zusammenhang noch wichtige Frage, die Frage, *wie denn die Anschauungen a priori überhaupt in den Kopf des Menschen gekommen sein mögen*, auch nur zu stellen?

Man hat sich säuberlich nach allen Richtungen hin abgesichert und abgeschottet, man erfindet immer neue Argumente für die Unantastbarkeit, Nichtreduzierbarkeit des Seins, ohne zu sehen, daß man sich auf diese Weise in einen geistigen Raum hineinmanövriert, in dem sich nichts mehr bewegt. Hätte KANT über die Möglichkeiten der Weitergabe von genetischer Information das gewußt, was wir heute wissen, dann hätte er sich höchstwahrscheinlich gegen die Gleichsetzung von »apriori« und »angeboren« nicht so entschieden zur Wehr gesetzt, wie dies STEGMÜLLER behauptet. Ja, es gibt sogar handfeste Gründe, die für eine derartige Annahme sprechen. So hat DYK (1986) kürzlich darauf hingewiesen, daß KANT die Grundsätze möglicher Erfahrung, »die aller empirischen Kenntnis vorhergehen und diese erst möglich machen«, durchaus als ein *physiologisches*, d. h. ein *»Natursystem«* anzusehen bereit war (KANT IV, Prol. Anhang S. 373).

In einer polemischen Schrift aus dem Jahr 1790 (KANT VIII, S. 221) findet sich sogar der Hinweis auf die Möglichkeit einer »ursprünglichen Erwerbung« dieses Natursystems, worunter wir uns ohne allzu große Schwierigkeit die Hypothese einer phylogenetischen Wurzel (hätte es diesen paradigmatischen Begriff zur Zeit KANTs schon gegeben) der synthetischen Urteile a priori vorstellen können.

Der Versuch der Philosophen, ihr Reich gegen die Ansprüche von Biologen so klar abzugrenzen, läßt sich wohl nur verstehen, wenn wir in dieser Auseinandersetzung einen Kampf um die Wahrheit sehen, getragen von der Überzeugung, daß es nur *eine* Wahrheit gibt. Tatsächlich wird der Naturwissenschaft oft vorgeworfen, sie maße sich an, den »wahren Aufbau der Welt« erkennen zu können und betrachte alle Bemühungen, auch andere Arten von Wahrheiten zu definieren, als bloße Ablenkungsmanöver.

Dies dürfte die vorherrschende Einschätzung der naturwissenschaftlichen Methode durch das nicht-wissenschaftliche Publikum sein, aber auch Philosophen erheben manchmal denselben Vorwurf: »Die Wissenschaft« – so meint etwa STEGMÜLLER (1984, S. 24) – »schreitet ja fort und dieser Fortschritt soll danach in einer immer besseren Annäherung an den wahren Aufbau der Welt, in einer ständig sich verbessernden Erforschung der Innenarchitektur des Universums bestehen.« Am Ende dieses Weges würde dann – so impliziert der Philosoph – das Wissen um die volle Wahrheit stehen; ein Wissen, das auf andere Art nicht zu gewinnen wäre.

Aber diese Interpretation ist wie ein Spiegel, der nur einen Teil des Gegenstandes, den er spiegelt, sichtbar macht; so wie die naturwissenschaftliche Methode selbst ein Spiegel ist, in dem sich die Natur spiegelt. Oder anders ausgedrückt: Was die Naturwissenschaften zu leisten vermögen, das ist die *modellhafte Abbildung der Wirklichkeit.*

Stimmt ein Modell mit den Befunden und Erfahrungen der Zeit nicht mehr überein, dann muß es durch ein neues ersetzt werden, das seinerseits wieder durch ein verbessertes Modell der Wirklichkeit ersetzt werden wird. THOMAS KUHN (1962) hat uns zwar vor Augen geführt, welch komplizierter entwicklungsgeschichtlicher Prozeß der Ersatz eines Modells durch ein anderes – der »Paradigmenwechsel« – sein mag, aber der Wechsel wird auf jeden Fall, früher oder später, stattfinden. Wir dürfen bloß nicht vergessen, daß jedes Bild, das der Spiegel zurückwirft, stets und notgedrungenermaßen, nur ein Teilbild der Wirklichkeit sein kann. Sollte es zum Beispiel gelingen, die stammesgeschichtlichen Wurzeln der Vernunft aufzuspüren, die Kategorie der Kausalität etwa als einen Mechanismus zu entlarven, mit dessen Hilfe unsere Vorfahren eine zwar hypothetische aber dennoch lebensentscheidende Verbindung zwischen einer *Wirkung* und einem *bewirkenden Agens* herzustellen vermochten, dann wäre damit das Phänomen der Vernunft noch lange nicht *erklärt*. Wir vermöchten im Reich der Vernunft weiterhin lange Wanderungen zu unternehmen, ohne jemals dem Problem ihrer Entstehung zu begegnen.

Nichts hat das Gespräch zwischen Philosophen und Wissenschaftlern, zwischen Wissenschaftlern und Nicht-Wissenschaftlern, so sehr belastet, wie die naive Angst (die heutzutage an die Stelle des ehemals naiven Glaubens getreten ist), jede wissenschaftliche Aussage wäre eine endgültige Aussage über den wahren Aufbau der Natur und bedrohe damit andere Aussagen über dieselbe Natur.

Nehmen wir die Naturwissenschaften vielleicht zu ernst? Ihre Wirkungen haben wohl Gewicht, ja sie haben die Welt verändert, aber im geistigen Universum des Menschen bewegen sich wissenschaftliche Gedanken doch nur auf einer genau festgelegten Ebene; oberhalb und unterhalb anderer Ebenen, auf denen die Maximen der Überprüfbarkeit und Reproduzierbarkeit nur wenig gelten.

Das respektlose Bonmot eines amerikanischen Biochemikers beschreibt den Stellenwert der wissenschaftlichen »Wahrheit« genauer als die tiefschürfendste Analyse eines deutschen Philosophen: »Scientific truth is not a citadel of certainty to be defended against error; it is a shady spot where one eats lunch before tramping on.« (HAROLD 1986).

Literatur

BAUMGARTNER, H. M., 1984: Die innere Unmöglichkeit einer evolutionären Erklärung der menschlichen Vernunft. In: Evolutionstheorie und menschliches Selbstverständnis (R. SPAEMANN, P. KOSLOWSKI, R. LÖW, Hrsg.), Civitas Resultate, Band 6, 55–71. Verlag Chemie, Weinheim.

DARWIN, C., 1883: Die Abstammung des Menschen und die geschlechtliche Zuchtwahl. Vierte Auflage. E. Schweizerbart'sche Verlagshandlung, Stuttgart.

DYK, A., 1986: Kant und die Biologie der Erkenntnis. Conceptus Jg. **20**, Heft 50, Salzburg.

GÖDEL, K., 1931: Über formal unentscheidbare Sätze der Principia Mathematica und verwandter Systeme, I. Monatshefte für Mathematik und Physik **38**, 173–198.

LEDERBERG, J., 1966: Diskussionsbemerkung in: Das umstrittene Experiment (R. JUNGK, H. J. MUNDT, Hrsg.), S. 208. Deutscher Bücherbund, Stuttgart, Hamburg.

HAROLD, F. M., 1985: The Vital Force. Freeman & Comp.

HOFSTADTER, D. R., 1985: Gödel, Escher, Bach. Klett-Cotta, Stuttgart.

KANT, I. Zitiert nach: Kants gesammelte Schriften, hrsg. von der Preussischen Akademie der Wissenschaften, Bd. I–IX (1904).

KUHN, T. S., 1962: The Structure of Scientific Revolutions. Univ. of Chicago Press, Chicago. (Deutsch: Die Struktur wissenschaftlicher Revolutionen. Suhrkamp Taschenbuch Wissenschaft 25).

LIESSMANN, K. P., 1986: Elemente philosophischer Kritik an der evolutionären Erkenntnistheorie. Mitt. Inst. Wissenschaft und Kunst Nr. 2, 41. Jg., 39–42, Wien.
LORENZ, K., 1941: Kants Lehre vom Apriorischen im Lichte gegenwärtiger Biologie. Blätter f. Deutsche Philosophie **15**, 94–125.
LÖW, R., 1983a: Kann das Gehirn sich selbst erkennen? In: Evolution - kritisch gesehen. (A. LOCKER, Hrsg.), S. 157–171. A. Pustet, Salzburg.
LÖW, R., 1983b: Evolution und Erkenntnis - Tragweite und Grenzen der evolutionären Erkenntnistheorie in philosophischer Absicht. In: Die Evolution des Denkens (K. LORENZ, F. M. WUKETITS, Hrsg.), 331- 360. Piper Verlag, München.
MOHR, H., 1981: Biologische Erkenntnis. Teubner Studienbücher d. Biologie. Teubner, Stuttgart.
RIEDL, R., 1980: Biologie der Erkenntnis. Paul Parey, Berlin, Hamburg.
STEGMÜLLER, W., 1984: Evolutionäre Erkenntnistheorie, Realismus und Wissenschaftstheorie. In: Evolutionstheorie und menschliches Selbstverständnis (R. SPAEMANN, P. KOSLOWSKI, R. LÖW, Hrsg.), Civitas Resultate, Band 6, 5- 34. Verlag Chemie, Weinheim.

Quellenhinweis zum 6. Essay
Veränderte Fassung aus Merkur, 41. Jahrg., Heft 11, 1987

7. Essay: Die zufälligen Gleichgewichte der Natur

In seinem Buch über die Entstehung der Arten durch natürliche Zuchtwahl (1859) erwähnt CHARLES DARWIN die Beobachtung eines passionierten Naturforschers, wonach in den Nähen von Dörfern und Weilern die Zahl der Hummelnester größer sei als irgendwo anders. DARWIN argumentiert, daß die in den Dörfern lebenden vielen Katzen die Feldmäuse dezimieren, die ihrerseits die Nester und Waben der Hummeln zerstören; und da z. B. der rote Klee *(Trifolium pratense)* fast ausschließlich von Hummeln besucht wird, ist es denn – so meint DARWIN – »völlig glaublich, daß die Anwesenheit eines katzenartigen Thieres in größerer Zahl in irgend einem Bezirke durch Vermittlung zunächst von Mäusen und dann von Bienen auf die Menge gewisser Pflanzen daselbst von Einfluß sein kann.« (Zitiert nach DARWIN 1876).

In den 130 Jahren seit Veröffentlichung dieses Marksteins der Biologie sind sehr viel mehr Beispiele für die Wechselwirkungen zwischen Pflanzen und Tieren in den Lebensräumen der Erde bekannt geworden; ja, die Dichte und Vielfalt dieser Wechselwirkungen hat viele Biologen, vor allem in den ersten Jahrzehnten dieses Jahrhunderts, derart beeindruckt, daß sie bereit waren, in natürlichen Lebensgemeinschaften oder – um einen moderneren Begriff einzuführen – in *Ökosystemen* so etwas wie »Organismen besonderer Art« zu sehen. Am deutlichsten hat sich in diesem Sinne der amerikanische Botaniker CLEMENTS geäußert (1916): »Das Studium der Vegetationsentwicklung beruht notwendigerweise auf der Annahme, daß die 'climax formation' (der Endpunkt in der Entwicklungsreihe von Lebensgemeinschaften) ein organisches Wesen ist. Die 'formation' entsteht, wächst, reift und stirbt als Organismus.« (Zitiert nach TREPL, 1987, S. 146). Aber auch in der deutschen Biologie war, vor allem auf Grund der Pionierarbeiten JAKOB V. UEXKÜLLS (1921) und AUGUST THIENEMANNS (1941), der Mythos vom Ökosystem als einem Superorganismus lange Zeit hindurch außerordentlich populär.

Die Organismustheorie hat dazu geführt, in Ökosystemen gewisse Merkmale zu entdecken, die eher mit dem Vokabular der Medizin oder Physiologie zu beschreiben waren als mit dem der Ökologie. So sprach man – wie CLEMENTS – vom Wachsen, Reifen und Sterben natürlicher Lebensgemeinschaften, oder man sah in der Natur das Wirken ganzheitlicher Kräfte, die Ökosysteme jeweils im Zustand eines Gleichgewichtes erhalten und diesen Zustand durch aktive Regelung gegen Störungen von außen bewahren würden. Obwohl natürlich in derartigen Gleichnissen stets einige Körnchen Wahrheit stecken, wird uns das Besondere der Funktionen und Strukturen von Lebensgemeinschaften erst dann deutlich, wenn wir zu definieren versuchen, in welchem Maße sich ökologische Systeme von anderen Systemen *unterscheiden*. Verstehen wir unter einem System ein aus vielen Komponenten aufgebautes Beziehungsgefüge, dann ist die wichtigste Unterscheidung die zwischen »offen« und »geschlossen«. *Offene Systeme* tauschen nicht nur Energie sondern auch Stoffe mit der Umwelt aus und nur solche sind für unsere Naturbetrachtung von Interesse (ich spreche hier bewußt von »unserer« Naturbetrachtung, denn vom kosmischen Standpunkt ist die Erde ein fast geschlossenes System, dessen Stoffaustausch mit dem Universum auf ein paar Meteoriten in der einen Richtung, ein paar Raketen in der anderen Richtung, beschränkt ist).

An offenen Systemen lassen sich zwei Typen von Merkmalen unterscheiden: solche, die auf *Konstanz* und *Strukturerhaltung* und solche, die auf *Variabilität* und *Strukturveränderung* zielen. In Ökosystemen, deren räumliche und zeitliche Strukturen durch verwickelte Beziehungen zwischen Mikroorganismen, Pflanzen und Tieren bestimmt werden, lassen sich folgende Merkmale als strukturerhaltend charakterisieren:

1.) Es gibt sehr allgemeine Konstruktionsmerkmale, die für alle Ökosysteme gelten; so z. B. die Abfolge: Primärproduzenten – Konsumenten – Destruenten. Nur jene Organismen, die zur Photosynthese befähigt sind, vermögen die elektromagnetische Energie der Sonne in die chemische Energie der Biomasse zu verwandeln; diese wiederum kann zunächst nur von Organismen genützt werden, die mit der Zellulose von Pflanzen auf irgendeine Weise, chemisch oder mechanisch, fertig werden; das Fleisch der Pflanzenfresser kann nur von Organismen mit einer entsprechenden Ausstattung eiweißspaltender Verdauungsenzyme verwertet werden und das ganze System kann nur funktionieren, wenn Destruenten die organische Substanz mineralisieren und damit den Kreislauf der Stoffe schließen.

2.) Gewisse andere Beziehungen zwischen den Komponenten von Ökosysystemen sind durch physiko-chemische und energetische Prinzipien zumindest in gewissen Grenzen definiert. So liegt die Effizienz, mit der ein Tier eine bestimmte Nahrungsquelle in eigene Körpersubstanz umsetzen kann, im Durchschnitt bei etwa 10 %. Dieses Prinzip limitiert die Länge von Nahrungsketten.

3.) Alle Komponenten eines Ökosystems gehören jeweils einer bestimmten Organismenart an und die Vertreter jeder Art sind durch spezifische Merkmalskonstellationen charakterisiert, die sie an ihre Nachkommen weitergeben. Sämtliche Nachkommen einer Organismenart gehören ausnahmslos wieder derselben Art an und sind durch Genaustausch zumindest potentiell miteinander verbunden.

4.) Zwischen bestimmten Signalen einer Art und bestimmten Reaktionen einer anderen Art besteht ein eindeutiges Verhältnis. Am extremsten gilt dies für die streng festgelegten Beziehungen zwischen Nahrungsspezialisten und ihrer Nahrung: Seidenspinnerraupe und Maulbeerbaum, Panda und Bambus, Zecke und Buttersäure usw., oder für artspezifische Beziehungen, wie es etwa die Reaktionen von Männchen auf die Lockstoffe der zugehörigen Weibchen sind.

Diesen stabilisierenden Merkmalen stehen andere, auf Variabilität und Strukturveränderung zielende, gegenüber:

1.) Die Zahl der Komponenten eines Ökosystems ist außerordentlichen Schwankungen unterworfen. Drastische Veränderungen in den Dichten von Populationen haben weitreichende Folgen für die Beziehungsstruktur des gesamten Systems.

2.) Die ökologischen Bedingungen eines Lebensraumes verändern sich. Einige dieser Veränderungen sind vorhersehbar, gewissermaßen universal programmiert und daher zeitlich konstant (Tag/Nacht, Gezeiten, Jahreszeiten), andere sind jedoch unvorhersehbar und können so jene Beziehungen zwischen Organismen verändern, die auf der Konstanz des gemeinsamen Milieus beruhen.

3.) Populationen einer Art sind genetisch nicht homogen, sondern setzen sich aus zahlreichen Genotypen zusammen. Dieser *Polymorphismus* ist die wichtigste Ursache für die Variabilität der Reaktionen von Populationen auf Umweltveränderungen.

4.) Das Verhaltensrepertoire von Organismen ist variabel, die Beziehungen zwischen Signal und Reaktion nicht immer eindeutig. Auf diese Weise können sich Organismen auf Änderungen der Umweltsituation einstellen, z. B. bei Änderung des Nahrungsangebotes den Speisezettel ändern.

Darüber hinaus wurzelt der variable und heterogene Charakter natürlicher Ökosysteme in zwei weiteren Merkmalen: Erstens im Merkmal der prinzipiellen Offenheit und Unabgegrenztheit (was sowohl im räumlichen wie im zeitlichen Sinne zu verstehen ist), zweitens darin, daß die Komponenten jedes derartigen Systems einen ungeheuren Größenbereich umfassen, von etwa 10^{-14} Gramm für die kleinsten Mikroorganismen bis zu etwa 10^{6} Gramm für die größten Pflanzenfresser und noch mehr für die größten Bäume. Unabgegrenztheit und Heterogenität, sowie das Zusammenspiel strukturerhaltender und strukturverändernder Merkmale prägen den Charakter aller natürlichen Ökosysteme, deren Sonderstellung wir nur dann gerecht werden, wenn wir sie nicht bloß als *thermodynamisch* sondern auch als *ökologisch* offene Systeme verstehen.

Betrachten wir demgegenüber den Organismus eines Lebewesens, dann wird deutlich, um wie viel homogener, geordneter und determinierter dieser andere Typus eines offenen Systems ist: Alle vielzelligen Lebewesen haben sich aus einer einzigen Zelle durch Teilung und Differenzierung entwickelt, so daß sämtliche Komponenten des erwachsenen Organismus den ursprünglichen Konstruktions- und Zeitplan der befruchteten Eizelle enthalten. Dementsprechend ist der Organismus einer Pflanze oder eines Tieres räumlich und zeitlich definiert, er erreicht eine vorherbestimmte maximale Größe und ein vorherbestimmtes maximales Alter (wenn ihn nicht eine höhere Gewalt daran hindert). Er ist, kurzgesagt, zwar ein *thermodynamisch* nicht aber ein *ökologisch* offenes System.

Aus diesen Überlegungen läßt sich ableiten, daß die Beziehungen zwischen den Komponenten eines Organismus – den Zellen und Organen – in viel höherem Maße strukturerhaltend, eindeutig definiert und vorhersagbar sein müssen, als die Beziehungen zwischen den Komponenten eines Ökosystems. Der Organismus erhält sich tatsächlich im Zustand eines dynamischen Gleichgewichtes, indem vorprogrammierte, im genetischen Plan der Art festgelegte Sollwerte (Körpertemperatur, Blutzuckergehalt, pH-Wert, Ionenkonzentrationen usw.) durch aktive Regelung gegen Störungen geschützt werden. In Ökosystemen hingegen sind spezifische Systemzustände viel eher das Resultat der Zwänge äußerer Faktoren sowie der Zufälligkeiten historischer Ereignisse. Freilich sind Variabilität und Plastizität charakteristische Merkmale auch der Funktionen von Organismen, insbesondere der Leistungen des Zentralnervensystems höherer Tiere.

Aber diese Art der Variabilität beruht im wesentlichen auf der Komplexität von Schaltnetzen. Ein Nervensystem, in dem jedes Neuron mit jedem anderen Neuron in streng determinierter Weise verknüpft ist, kann allein auf Grund der ungeheuren Anzahl möglicher Erregungsmuster ein beliebig variables und von Fall zu Fall unvorhersagbares Verhaltensrepertoire bedingen. Die ebenso unübersehbare Vielfalt der Vorgänge in Ökosystemen entsteht hingegen auf andere Weise. Sie ist in starkem Maße *chaotisch*. So können viele spezifische Nahrungsketten oder spezifische Symbiosen nebeneinander existieren, sich kaum oder erratisch oder austauschbar beeinflussen, eingebettet in eine noch größere Vielfalt beiläufiger und ebenso austauschbarer interspezifischer Beziehungen, deren insgesamt mögliche Komplexität durch die jeweils herrschenden Milieubedingungen eingeengt wird.

Löst man aus diesem Gewebe einzelne Beziehungslinien heraus und betrachtet diese rein statisch, gewissermaßen als die festgeschriebenen Zeichen eines evolutionären Prozesses, dann tritt notwendigerweise der Aspekt der Ordnung in den Vordergrund. Wann immer von der Anpassung eines Organismus an seine Umwelt gesprochen wird, dann geht es um die Magie dieser Ordnung, die seit der Zeit, da fromme Naturbetrachter in den wunderbar aufeinander abgestimmten Formen des pflanzlichen und tierischen Lebens Manifestationen eines göttlichen Schöpferwillens erblickt hatten, nur wenig an Faszination eingebüßt hat.

Denken wir etwa an die unglaublichen Leistungen von Fledermäusen, die mit Hilfe eines Ultraschall-Sonars ihre Beute, kleine Nachtschmetterlinge, in völliger Dunkelheit anzupeilen und zu fangen vermögen (Marler & Hamilton 1966). Der von den Fledermäusen mit dem Mund und der Nase erzeugte akustische Richtstrahl hat eine streng festgelegte Frequenz, die aber in ebenso streng festgelegter Weise etwas verschoben werden kann, um Interferenzen mit dem zurückkehrenden Echo zu vermeiden. Dieses Schallecho enthält Informationen über das Objekt, von dem der Peilstrahl reflektiert wurde. So vermag eine Hufeisennasenfledermaus sehr genau zwischen einem fliegenden Schwärmer und einem fallenden Blatt zu unterscheiden. Während sich das Blatt jedoch vor dem Angriff der Fledermaus nicht zu schützen vermöchte, ist der Schmetterling durchaus nicht wehrlos. Zunächst besitzt er akustische Sensoren, oft nur zwei einzelne Sinneszellen, die durch Laute im Frequenzbereich des Jägers erregt werden und elektrische Impulse an das Gehirn der gejagten Beute senden. Der Jäger vermag sich also nicht unbemerkt anzunähern. Es genügt aber nicht, den Feind bloß zu orten, der Schmetterling muß ihm auch entfliehen können. Hierfür haben die bestangepaßten Arten die Fähigkeit entwickelt, vom normal geradlinigen Flug in einen Taumelflug überzugehen, dessen Flugbahn erratisch und daher für die Fledermaus nicht berechenbar ist. Trotz ihrer Wendigkeit wird diese also oft ins Leere stoßen. Eine solche Beziehung läßt sich in dem Sinne als perfekt bezeichnen, als es augenscheinlich weder dem Räuber noch der Beute gelungen ist, einen entscheidenden Sieg über den Gegner davonzutragen; weder wurde die Beute bisher ausgerottet, noch mußte der Räuber verhungern. Um die Sache zu komplizieren, erweist sich bei näherer Betrachtung das Zweierverhältnis zwischen Fledermaus und Motte sogar als Teil eines Dreierverhältnisses, denn eine Milbenart parasitiert ausgerechnet im Gehörorgan der Motte. Die Parasiten nisten jedoch immer nur in *einem* der beiden Organe und scheinen so die Hörfähigkeit des Wirtes, von dessen Wohlergehen sie abhängen, nicht allzu sehr zu beeinträchtigen.

Die Verflochtenheit derartiger Beziehungen zwischen Spezialisten wird deutlich, wenn einer der Partner aus irgendeinem Grund verschwindet. Ein extremes Beispiel dieser Art liefert die Beziehung zwischen dem Baum *Calvaria major* und dem nunmehr ausgestorbenen Riesenvogel *Dodo* auf der Insel Mauritius (BEGON et al 1986). Der *Dodo* fraß die hartschaligen Früchte des Baumes und zerrieb sie in seinem Kaumagen. Die Samen gelangten in den Darm des Vogels, passierten diesen unbeschädigt und wurden ins Freie befördert, wo sie dann keimen konnten. Der *Dodo* ist vor 300 Jahren ausgestorben und seit ebenso langer Zeit hat es keinen neuen Keimling von *Calvaria* auf Mauritius gegeben. Der Baum brauchte den Vogel, um sich vermehren zu können, auf ebenso ausschließliche Weise, wie gewisse Blüten nur durch Hummeln, andere nur durch Kolibris bestäubt werden können. Verschwinden diese Tiere, dann werden uralte, in ihrer Geschichtlichkeit schicksalhafte Abhängigkeiten zerstört.

Die Entwicklung derartiger Abhängigkeiten zwischen Räuber und Beute, zwischen Parasit und Wirt, enthält ein wichtiges funktionelles Merkmal: sie führt, je spezialisierter und ausschließlicher sie wird, in immer stärkerem Maße zur Stabilisierung der Beziehung. Je extremer die Partner einer Beziehung voneinander abhängen, desto geringer ist die Wahrscheinlichkeit, daß der eine den anderen ausrottet. Die so phantastisch anmutenden Tarntrachten oder Abwehrleistungen von Pflanzen und Tieren können dementsprechend vor allem als Schutz gegen den Gelegenheitsräuber und maraudierenden Generalisten angesehen werden, der imstande wäre, die Beute, von der er ja nicht abhängt, völlig zu vernichten. Der wahre Gegner, der Partner in der schicksalhaften Beziehung, findet immer ein Gegenmittel gegen die jeweilige Abwehrwaffe oder durchschaut auch die raffinierteste Tarnung; andererseits sind seine Möglichkeiten berechenbar: er vermag die Beute nicht auszurotten, ohne seine eigene Lebensgrundlage zu zerstören.

In einem Ökosystem können zahlreiche derart festgefügte und spezialisierte Beziehungen weitgehend unabhängig voneinander existieren. Sie alle lassen sich durch den anthropomorphen Begriff der *Schicksalshaftigkeit* charakterisieren, denn sie sind das Resultat eines seit Jahrmillionen Jahre währenden Prozesses der Miteinanderentwicklung –, und was liegt näher, als in dieser ein unentrinnbares Schicksal zu sehen?

Daneben gibt es nun aber auch sehr viel variablere und scheinbar lockerere Beziehungen zwischen den Komponenten von Ökosystemen. Wenden wir uns diesen zu und stellen wir etwa die Frage, nach welchen Regeln Tiere ihre Nahrung aus dem Angebot ihres jeweiligen Lebensraumes aussuchen, dann stoßen wir auf eine Strategie, die sich durch einen weiteren anthropomorphen Begriff, den der *Entscheidung* charakterisieren lässt. Indem wir das Herstellen einer bestimmten Klasse von Beziehungen in der Natur als *Entscheidungsprozesse* interpretieren, hat sich auch der Blickwinkel verschoben, unter dem wir die Evolution betrachten.

In der perfekten Übereinstimmung von Spezialisten, die sich in ihren Lebensgewohnheiten – der eine im Angriff, der andere in der Verteidigung – aneinander angepaßt haben, sehen wir das Resultat der Selektionsprozesse vergangener Jahrmillionen. Wir blicken gewissermaßen zurück in diese Vergangenheit und stellen die Frage nach der Form und Herkunft einer spezifischen Ordnung. Fragen wir uns hingegen, auf welche Weise es den Angehörigen einer Population gelingt, ihren Nahrungsbedarf zu decken oder hinreichend viele Nachkommen in die Welt zu setzen; nach welchen Regeln sie also hier und jetzt in einer unsicheren und variablen Welt überleben, dann blicken wir gewissermaßen in die Zukunft, denn die Summe der Entscheidungen dieser Organismen, die Summe ihrer Erfolge und Mißerfolge, ist der Stoff, aus dem sich künftige Evolutionsmuster zusammensetzen. Ich möchte betonen, daß dieser Wechsel in der Betrachtungsweise, *von der Evolution als Schicksal* zur *Evolution als Summe von Einzelentscheidungen*, eine Zäsur in der Entwicklung der Biologie, vor allem der Ökologie, markiert. Die neue Betrachtungsweise hat unser Verständnis für das Zustandekommen von Beziehungen in Ökosystemen wesentlich bereichert. Ein entscheidendes Element in dieser Entwicklung war das Bemühen, Aussagen über mögliche Evolutionsstrategien in der Natur dem in den empirischen Wissenschaften üblichen Prozeß der Bestätigung oder Widerlegung zu unterwerfen. Eines der am häufigsten unter diesem Blickwinkel untersuchten Probleme der Ökologie ist das des optimalen Nahrungserwerbes, wobei von folgenden Prämissen ausgegangen wird:

■ Der Fortbestand einer Art hängt davon ab, daß möglichst viele Weibchen möglichst viele fortpflanzungsfähige Nachkommen erzeugen.

■ Je schneller die Jungen heranwachsen und je größer sie als Adulte werden, desto größer ist auch ihre Chance auf zahlreiche Nachkommen (zum einen, weil die Jugendstadien am gefährdetsten sind, zum anderen, weil es eine positive Korrelation zwischen Körpergröße und Nachkommenzahl gibt).

■ Ergo sollte jedes Individuum versuchen, sowohl die Geschwindigkeit der Energiezufuhr als auch die Geschwindigkeit, mit der Nahrungsenergie in Körpersubstanz verwandelt wird, zu maximieren. (An Stelle von »Energie« kann man sinngemäß sehr oft auch »Proteine« lesen).

■ Dieses Prinzip läßt sich jedoch nicht ohne Kompromisse verwirklichen. Zum einen ist das Suchen und Aufnehmen von Nahrung meist ein riskantes Geschäft, da es den Jäger seinerseits zum Gejagten werden läßt; zum anderen sind Energie und Proteine nicht das einzig Wichtige im Leben eines Tieres; es müssen auch essentielle Stoffe (z. B. Wasser und Salze) aufgenommen werden, die oft in besonders energie*armen* Nahrungsformen zu finden sind.

■ Wie soll sich also ein Tier verhalten, um im Angesicht derartig divergierender Anforderungen den besten Kompromiß, die optimale Lösung zu finden?

Um diese Fragen zu beantworten, kann der analytische Betrachter darangehen, die Lebensbedingungen und Lebensgewohnheiten der ihn interessierenden Tierart zu erforschen und auf Grund seiner gesammelten Kenntnisse Hypothesen über das Verhalten der Art in einer unbekannten Situation aufzustellen. Treffen die Prognosen ein, dann vermag der Forscher eine allgemeine Entscheidungsstrategie für die Art zu entwerfen und damit ihre Rolle im jeweiligen Ökosystem zu definieren. Treffen sie *nicht* ein, dann liegt dies wahrscheinlich am mangelhaften Wissen über die Randbedingungen, unter denen die Art ihre Energieaufnahme zu maximieren trachten muß. Der Analytiker wird also versuchen, diese Bedingungen besser kennen zu lernen.

Ein berühmt gewordenes Beispiel betrifft den kanadischen Elch, dessen Lebensgewohnheiten in Nordamerika von BELOVSKY (1978) genau untersucht worden sind. Auf der Isle Royale im U.S.-Bundesstaat Michigan hat der Elch zwei hauptsächliche Nahrungsquellen: Wasserpflanzen, die viel Natrium enthalten, aber relativ energiearm (weil wasserreich) sind, und Landpflanzen, für die das umgekehrte Verhältnis gilt. Der Elch möchte – so wollen wir zunächst einmal annehmen – die Aufnahme von Nettoenergie maximieren, aber er braucht auch sehr viel Natrium, um die hohen Verluste dieser Ionen mit dem Urin auszugleichen. Außerdem muß er den gesamten Jahresvorrat an Natrium im Sommer aufnehmen, da die Wasserpflanzen im Winter eingefroren sind. Auf Grund dieser Bedingungen entwickelte BELOVSKY ein mathematische Modell, wie der Elch seinen Speisezettel zusammenstellen müßte, um sowohl die Aufnahme von Natrium wie die von Energie zu optimieren. Das Modell hatte mehrere Lösungen; aber um bei Aufrechterhaltung des Natrium-Gleichgewichtes die Energieaufnahme zu maximieren, müßte ein Elch im Sommer durchschnittlich 18 % Wasserpflanzen und 82 % Landpflanzen fressen. Das erstaunliche Ergebnis war, daß die Elche der Isle Royal dieser Vorhersage genau folgten: ihr Speisezettel enthielt im Durchschnitt 18 % Wasserpflanzen.

Auf ähnliche Weise sind in den letzten Jahrzehnten viele ökologische Probleme untersucht worden. So wurde etwa gefragt, wie lange eine Hummel an einer einzelnen Blüte verweilen soll, ehe sie sich gewissermaßen entscheidet, weiter zu fliegen; oder, ab welcher Populationsdichte ein Fisch von einer bestimmten Zooplanktonart auf eine andere Art als bevorzugte Beute wechseln soll. Sehr oft haben solche Fragen zu der Schlußfolgerung geführt, die Tiere verhielten sich bei ihrer Nahrungssuche so, »als ob« sie bestrebt wären, aus den vorhandenen Optionen pro Zeiteinheit ein Maximum an Energie zu ziehen. So verläßt die Hummel eine Blüte im allgemeinen dann, wenn die Energiemenge, die sie in Form von Zucker dieser Blüte entnehmen kann, unter einen Wert fällt, der dem durchschnittlichen Zuckergehalt sämtlicher Blüten im Aktionsbereich der Hummel entspricht.

Derartige Schlußfolgerungen setzen auf seiten der Räuber (wobei hier natürlich auch die Hummel als ein Räuber – als ein Nektarräuber – aufzufassen ist) eine Leistung voraus, die in früheren Phasen der Ökologie und Evolutionsbiologie nicht in Betracht gezogen worden war, nämlich folgende: *die Tiere verhalten sich so, als besäßen sie vollständige Information über die Verteilung der Nahrungsqualität in ihrem Lebensraum.* Der kanadische Elch stellt seinen täglichen Speisezettel zum Beispiel so zusammen, als »wüßte« er, wieviel Natrium er braucht, wieviel Natrium die ihm zugänglichen Pflanzenarten im Durchschnitt enthalten und wie energiereich diese im Durchschnitt sind.

Nun läßt sich durch Experimente tatsächlich feststellen, daß Säugetiere sowohl über den Salz- als auch über den Energiegehalt ihrer Gewebe genau Bescheid wissen (auch der Mensch kennt ja den spezifischen Hunger auf Salz, Zucker oder Energie); wie so ein Tier aber im Einzelfall vorgeht, um sich über die Verteilung dieser lebenswichtigen Nahrungskomponenten in seinem Lebensraum zu informieren, darüber kann nur spekuliert werden. Zur Illustration dieser Form der Auseinandersetzung zwischen Räubern und ihrer Beute (beide im weitesten Sinne definiert) läßt sich der Begriff des *Spieles* einführen. Ein Spiel entwickelt sich, wenn einem Organismus zum Erreichen eines Zieles (den gegnerischen König matt zu setzen oder zu überleben) mehrere Möglichkeiten offenstehen und er sich für eine dieser Möglichkeiten entscheiden kann. Die Begriffe und Denkweisen der Spieltheorie (die ursprünglich von NEUMANN & MORGENSTERN (1944) zur Formalisierung der Entscheidungsstrategien von Menschen in ökonomischen und soziologischen Situationen entwickelt worden war) haben dementsprechend auch Eingang in die moderne Ökologie und Evolutionsbiologie gefunden (MAYNARD SMITH 1974, 1982).

Kehren wir nochmals zu unserem Beispiel vom Pflanzenfresser und seiner Nahrung zurück: Jener stellt seinen Speisezettel auf Grund der ihm zur Verfügung stehenden Information über die Verteilung der Nahrungsqualität in seinem Lebensraum zusammen. Diese Information basiert auf einer bestimmten Ordnung, nämlich auf der hinreichend vorhersagbaren räumlichen und zeitlichen Verteilung der eßbaren Pflanzen im Biotop. Der Elch verhält sich z. B. so, als »wüßte« er, daß die Wasserpflanzen in jedem Winter einfrieren und ihm daher gegen Ende des Jahres nicht mehr zugänglich sein werden.

Was vermag nun – so könnten wir uns weiterhin fragen – die Pflanze, oder die Beute, dieser Ernährungsstategie entgegenzusetzen, um sich vor dem Gefressenwerden zu schützen? Der Gegensatz der Ordnung ist der Zufall. Gelänge es der Beute, ein zufälliges, ein chaotisches Element in ihre Verteilung einzuführen, dann hätte es der Räuber zweifellos sehr viel schwerer, sein Planziel zu erreichen. Dem räumlichen Chaos sind deutliche Grenzen gesetzt, da ja Pflanzen ihrerseits von der Verteilung von Sonnenenergie und Nährstoffen abhängen, aber das zeitliche Chaos wäre eine durchaus ernst zu nehmende Strategie im Spiel der Beute gegen den Räuber. Tatsächlich wird zum Beispiel das Phänomen der Mastjahre als eine solche Strategie in der Auseinandersetzung zwischen Bäumen und Körnerfressern angesehen. Seit altersher ist bekannt, daß in bestimmten Jahren die Eichen einer Region gleichzeitig besonders viele Früchte produzieren. Diese Jahre der »Eichelmast« waren früher für den Bauer ein Gottesgeschenk, denn die Schweine konnten sich dann in den Wäldern ordentlich satt fressen. Unter natürlichen Verhältnissen ist ein kurzfristiges Überangebot an Nahrung eine der Möglichkeiten, um der Dezimierung durch den auf diese Nahrung besonders angepaßten Räuber zu entgehen. Der Räuber hat meist eine viel zu lange Generationszeit, um sich auf den plötzlichen Segen einstellen zu können und so entgehen sehr viel mehr Früchte des Baumes dem Gefressenwerden als dies bei regelmäßiger, dafür aber spärlicherer, Produktion der Fall wäre. Besonders extrem (und demzufolge durch das Zusammenspiel mit klimatischen Faktoren ganz und gar nicht mehr erklärbar) ist das Beispiel des Bambus, der in einer bestimmten Region jeweils nur etwa alle 100 Jahre blüht und Frucht trägt, oder das jener Zikadenarten, die nur alle sieben oder alle 13 Jahre schlüpfen und dann in so ungeheuren Mengen auftreten, daß alle potentiellen Räuber verwirrt werden. Zur begrifflichen Klärung der zugrundeliegenden Phänomene ist allerdings zu sagen, daß etwa der 13jährige Schlüpfrhythmus der Zikade nur vom Standpunkt der in Frage kommenden Räuber ein »zufälliges Ereignis« ist. Seine Besonderheit liegt darin, daß Selektion auf eine so langfristige Periode nicht möglich ist, die Räuber durch sein Eintreffen also stets aufs neue überrascht werden. Aus der Sicht der Zikade – sowie aus unserer, der wir die Zikade so betrachten, wie im Gedicht von MORGENSTERN Gott den Menschen, der seinerseits den auf der Wiese sitzenden Hasen betrachtet – ist dieser Schlüpfrhythmus natürlich streng geordnet, denn seine molekulare Steuerung läuft mit der Präzision eines Uhrwerkes ab.

Zwischen »Entscheidung« und »Zufall« erstreckt sich ein weites Gebiet möglicher evolutionärer Strategien. Indem wir den Nichtspezialisten unter den Tieren etwa die Fähigkeit zubilligen, ihre Speisezettel dem jeweiligen Angebot sowie einem bestimmten Nahrungsziel anzupassen, ziehen wir auch die Möglichkeit in Betracht, daß Tiere auf der Suche nach einem Mangelstoff völlig neue Nahrungsquellen ausprobieren oder weite Strecken auf der Suche nach diesem Stoff durchwandern. Derartige Verhaltensweisen mögen die Weichen für überraschende Entwicklungsverläufe stellen. Andererseits werden die Strukturen von Systemen, die nicht nur im thermodynamischen sondern auch im ökologischen Sinne offen sind, ganz entscheidend von zufälligen Ereignissen mitbestimmt. So können lokale Katastrophen, wie ein Buschfeuer oder ein stürzender Baum, die Ablösung einer bestimmten Lebensgemeinschaft durch eine andere Lebensgemeinschaft in Gang setzen; klimatische Ereignisse können zur Dezimierung von Populationen und damit zur Neuordnung der Beziehungen eines Ökosystems führen.

Darüber hinaus aber spielt sich die Entwicklung von Lebensgemeinschaften und Ökosystemen in der Form zahlloser Begegnungen zwischen Tieren und Pflanzen ab, die, klimatischen oder biologischen Faktoren folgend, ihre Verbreitungsgebiete ausdehnen oder einschränken, Kontinente und Weltmeere überqueren, neue Lebensräume besiedeln oder sich mit älteren Siedlern auseinandersetzen. Der momentane Zustand ist stets das Ergebnis eines weitläufigen und vielschichtigen Prozesses, bei dem der historirische Zufall Pate stand. Als faszinierendes Beispiel sei etwa die Besiedlung der Inseln des Pazifik durch die den Menschen auf seinen Schiffahrten begleitenden drei Rattenarten, *Rattus exulans* (die polynesische Ratte), *R. rattus* (die Schiffsratte) und *R. norvegicus* (die norwegische Ratte) genannt. Auf zahlreichen Inseln haben diese gefräßigen Räuber die gesamte eingeborene Wirbeltierfauna, von Amphibien bis Vögeln, aber auch viele Schneckenarten, vernichtet. Auf einigen Inseln, wie New Guinea, Christmas und den Galapagos, blieb die lokale Fauna jedoch verschont. Sucht man nach einer Erklärung für diesen Unterschied, dann findet man, daß es auf diesen Inseln jeweils auch eine *einheimische* Rattenart gab, mit der sich die restliche Fauna durch lange

Zeiträume hindurch entwickelt und an deren Freßverhalten sie sich angepaßt hatte. Auf Fiji, Samoa, Tonga und anderen Inseln blieb die lokale Fauna aber auch ohne Koexistenz mit einer lokalen Rattenart erhalten. In diesem Fall liefert das Vorkommen des Palmendiebes *Birgus latro* die Erklärung, einer großen räuberischen Krabbe, die ebenfalls die Eier von Vögeln, Reptilien und Amphibien frißt. Hier hat also die alte Anpassung an den wirbellosen Räuber die lokale Fauna vor dem späteren Ansturm der Ratten geschützt. Wieder andere Inseln blieben unerklärlicherweise völlig rattenfrei (s. DIAMOND 1985).

In diesen und vielen anderen Beispielen ersteht vor unseren Augen somit die ökologische Ordnung der Erde als das Produkt eines historischen Prozesses, geprägt durch die Zufälligkeit von Begegnungen. Rückwärtsblickend erscheint uns diese Ordnung als Schicksal, vorwärtsblickend ist sie der Beginn einer Weiterentwicklung, die unseren Nachkommen dann ebenso wieder als ein unentrinnbarer Prozeß erscheinen wird, wie uns die Vergangenheit, in der unsere Gegenwart wurzelt.

Literatur

BEGON, M., J. L. HARPER & C. R. TOWNSEND, 1986: Ecology. Blackwell Scientific Publications, Oxford.

BELOVSKY, G. E., 1978: Diet optimization in a generalist herbivore: the moose. Theoret. Pop. Biol. **14**, 105–134.

CLEMENTS, F. E., 1916: Plant succession. An analysis of the development of vegetation. Carnegie Institution of Washington, Publ. no. 242.

DARWIN, C., 1876: Über die Entstehung der Arten durch natürliche Zuchtwahl. Nach der sechsten englischen Auflage wiederholt durchgesehen und berichtigt von J. Victor Carus. Sechste Auflage. Schweizerbart'sche Verlagshandlung, Stuttgart.

DIAMOND, J. 1985. Rats as agents of extermination. Nature **318**, 602–603.

MARLER, P. & W. J. HAMILTON, 1966: Mechanisms of animal behavior. John Wiley & Sons, New York.

MAYNARD SMITH, J. 1974: Models in ecology. Cambridge University Press, Cambridge.

MAYNARD SMITH, J. 1982: Evolution and the theory of games. Cambridge Univ. Press, Cambridge.

NEUMANN, J. VON, & O. MORGENSTERN, 1944: Theory of games and economic behavior. Princeton University Press, Princeton, New Jersey.

REMMERT, H., 1984: Ökologie. Ein Lehrbuch. 3. Auflage. Springer Verlag, Heidelberg.

THIENEMANN, A., 1941: Leben und Umwelt. Bios, Bd. 12. Joh. Ambr. Barth, Leipzig.

TREPL, L., 1987: Geschichte der Ökologie vom 17. Jahrhundert bis zur Gegenwart. Athenäum Verlag, Frankfurt am Main.

UEXKÜLL, J. VON, 1921: Umwelt und Innenwelt der Tiere. 2. Aufl. Springer Verlag, Berlin.

Quellenhinweis zum 7. Essay
Aus Forschung und Medizin (Schering AG), Heft 1, 1988.

8. Essay: Möglichkeiten und Grenzen der Ökologie

Es gibt wahrscheinlich keinen Zweig der Naturwissenschaften, an dem sich die Evolution fachspezifischer Konzepte sowie die Wechselwirkungen zwischen derartigen Konzepten und den geistigen Strömungen der Zeit besser studieren ließe als die Ökologie. Etwa bis zur Zeit des zweiten Weltkrieges haben sich jene Betrachtungsweisen entwickelt, die wir als die drei klassischen Stücke des ökologischen Theaters bezeichnen können: **Autökologie, Synökologie und Demökologie**. (Ich beziehe mich hier auf den berühmt gewordenen Titel eines von G. E. HUTCHINSON, dem großen alten Mann der modernen Ökologie, geschriebenen Buches: »The Ecological Theatre and the Evolutionary Play«).

Auf der Bühne dieses klassischen Theaters wurde die Wirklichkeit jeweils unter einem Blickwinkel betrachtet, der sich an den Sehweisen herrschender kultureller Strömungen orientierte.

Der Gegenstand der **Autökologie** entwickelte sich aus der Naturgeschichte und damit auf Umwegen aus dem Geist der Aufklärung, in der das Studium der besonderen Eigenschaften und Funktionen von Lebewesen zum ersten Mal als ein legitimes und nützliches Unterfangen von Menschen anerkannt worden war. Daß so ein Versuch ohne Berücksichtigung des Prinzips der Anpassung nicht gelingen könne, haben die Biologen des frühen 20. Jahrhunderts bereits klar erkannt. In seinem einflußreichen Buch »Grundlagen einer ökologischen Tiergeographie« (1921) bemühte sich zum Beispiel F. DAHL um den Nachweis, daß die Verbreitung der Tiere auf der Erde aus den Besonderheiten ihrer Lebensweisen sowie aus den Wechselwirkungen zwischen diesen und den ökologischen Bedingungen des jeweiligen Lebensraumes abgeleitet werden kann. »Die durchgehende, gleichsam gesetzmäßig sich zeigende Erscheinung,« so formulierte er sein Programm, »daß jede Tierart eine bestimmte Stelle in dem ganzen Getriebe einnimmt, also gewissermaßen einem Rad in einer Maschine gleichkommt, läßt mit Sicherheit erkennen, daß die Arten nicht unabhängig von der Außenwelt, durch innere Ursachen entstanden sein können ...; die durchgehende Harmonie kann wohl nur durch gegenseitige *Anpassung* entstanden sein ...« Mit diesen Worten nimmt F. DAHL den später von ELTON (1927) geprägten und von HUTCHINSON (1959) weiterentwickelten Begriff der ökologischen Nische vorweg, weist jeder Organismenart einen genau definierten Platz im Gefüge des jeweiligen Biotops zu und begründet die Vorstellung vom Ganzheitscharakter der Lebensgemeinschaft.

Synökologie: Ganz im Sinne der Vorstellung von der genau definierten Rolle jeder Art im »Haushalt der Natur« wurden die in spezifischen Lebensräumen existierenden spezifischen Lebensgemeinschaften als Einheiten höherer Ordnung, als sich durch Selbstregulation im ökologischen Gleichgewicht erhaltende Ganzheiten interpretiert. Der Begriff der »Biozönose« stammt von MÖBIUS (1877) und die

Biozönotik, das Klassifizieren der in der Natur vorkommenden Lebensgemeinschaften, sowie das Herausarbeiten der charakteristischen Eigenarten dieser überindividuellen Gebilde, wurde von einem der Verkünder des Ganzheitsgedankens in der Ökologie, A. W. THIENEMANN, als die »Hauptaufgabe der allgemeinenÖkologie« bezeichnet (1941). Diese Formulierung entsprach einer in den 20er und 30er Jahren dieses Jahrhunderts äußerst populären Denkweise, die den Begriff der »Gestalt« als antithetisch zu dem des »Teiles« und im ganzheitlichen, synthetischen Denken eine notwendige Alternative zum reduktiven, analytischen Denken sah.

Das dritte Stück des ökologischen Theaters, die **Demökologie**, zehrte vor allem von der Inspiration VERHULSTS (1838), der das Wachstum von Populationen zum ersten Mal mathematisch in der Form einer »logistischen« Funktion beschrieben hatte. Zu einem ökologischen Instrument wurden Populationsmodelle jedoch erst im Gefolge der Bemühungen einiger Mathematiker und Physiker seit 1920. An erster Stelle ist hier A. J. LOTKA zu nennen, der mit seinem Buch »Elements of Physical Biology« (1925) der experimentellen Biologie eine solide theoretische Basis zu verschaffen hoffte. Aber von VERHULST bis LOTKA – und noch lange danach – wurde die Präzision dieser Betrachtungsweise mit einer Einengung des Gesichtsfeldes erkauft: Was an den Populationen interessierte, war die *Form* ihres Wachstums, waren die Regeln, nach denen Populationen an Dichte zunehmen und einem Gleichgewichtszustand, dem Sättigungswert der logistischen Funktion, zustreben. Obwohl die Wachstumsgleichungen Veränderungen implizieren, reduzierten sich in dieser Phase der Populationsökologie die meisten Untersuchungen auf statische Schaubilder, die die Eigenschaften tatsächlicher oder hypothetischer Populationen zu repräsentieren vorgaben.

Wollten wir das Bild der Ökologie bis zur Zeitwende des zweiten Weltkrieges beschreiben, dann müßten wir Begriffe wie »deskriptiv«, »deterministisch«, »statisch« und »holistisch« verwenden, auch wenn sich bei genauerer Betrachtung in diesem Bild bereits die Ansatzpunkte künftiger Entwicklungen entdecken lassen.

In den Jahrzehnten nach dem Krieg änderte sich das Bild sehr schnell. Zunächst machte die Biozönoseforschung eine Metamorphose durch, als es populär wurde, ökologische Systeme durch die Verzweigungsmuster von Energieflüssen zwischen ihren Komponenten zu charakterisieren. In dieser Betrachtungsweise verdichteten sich die Komponenten von Biozönosen (oder »Ökosystemen«, wie derartige Gebilde nunmehr hießen) zu Knotenpunkten in Verteilungsnetzen, durch die freie Energie fließt und Schritt um Schritt entwertet wird. In derartigen Energieflußmodellen, die im Anschluß an die Pionierarbeiten von LINDEMAN (1942) und ODUM & ODUM (1953) in großer Zahl publiziert worden sind, findet einerseits das Systemdenken in der Ökologie seinen reinsten Ausdruck, wird andererseits der Gewinn an Klarheit um den Preis des Verzichtes auf so viel biologische Substanz erreicht, daß dieser Formalismus bereits den Keim seiner eigenen Auflösung in sich trägt. Hierin gleicht die Entwicklung der Ökologie der Entwicklung einer anderen biologischen Wissenschaft, der Physiologie, die auf dem Wege von der Reflexphysiologie zur Kybernetik dieselben begrifflichen Schranken zwischen dem »Teil« und dem »Ganzen«, zwischen »reduktionistischem« und »holistischem« Denken zu überwinden hatte.

In den Frühphasen biologischer Wissenschaften scheint sich in diesen Begriffspaaren stets ein unüberbrückbarer Gegensatz auszudrücken: *Entweder*, man untersucht die Teile und führt alle Phänomene auf deren Eigenschaften zurück (man ist Reduktionist), verliert dafür aber den Blick für das Ganze –, *oder* man hat den Blick für das Ganze (denkt holistisch) und ignoriert die Eigenschaften der Teile. Möglicherweise drücken sich in diesen beiden Alternativen aber auch zwei grundsätzliche Sichtweisen des Auges der Vernunft aus, deren Gesetzen wir wie bei der Betrachtung des Necker-Würfels und anderer optischer Täuschungen nicht zu entrinnen vermögen.

Sowohl Ökosystemforschung wie Kybernetik haben gezeigt, daß »Ganzheiten« (Organismen, natürliche und künstliche Systeme) mit reduktionistischen Methoden untersucht und dabei ihrer holistischen Geheimnisse entkleidet werden können. So hat etwa die kybernetische Analyse das zielgerichtete und adaptive Verhalten von Organismen – eine der Fahnen, um die sich Vitalisten zu scharen pflegten – als unmittelbare Konsequenz kreisförmiger Schaltungen mit Rückkopplungsmechanismen entlarvt, während die ökologische Analyse gewisse Systemeigenschaften von Biozönosen, wie Stabilität, Elastizität, Periodizität usw. , als das Ergebnis der Wechselwirkungen und energetischen Kopplungen zwischen den Komponenten der Biozönose zu erklären vermochte.

Aber das Problem dieser analytisch *und* synthetisch operierenden Wissenschaften bleibt weiterhin, daß mit zunehmender Kenntnis der Systemeigenschaften – also der Verknüpfungsgesetze – die spezifischen Eigenschaften der Teile des Systems Gefahr laufen, ignoriert zu werden. So lassen sich etwa die Knotenpunkte ökologischer Nahrungsnetze durch energetische Typen, wie Produzenten, Konsumenten, Räuber, Destruenten usw. charakterisieren; ob aber die Räuberposition von einer insektenfressenden Spinne oder von einem insektenfressenden Frosch besetzt ist, das erscheint im Rahmen dieser Betrachtungsweise als nicht besonders wichtig. Damit wird aber auch die Aufgabe des Biologen desavouiert, der zwischen Fröschen und Spinnen zu unterscheiden vermag. Sollten sich jedoch systemrelevante Unterschiede zwischen diesen beiden Arten von Räubern herauskristallisieren, etwa auf Grund der Tatsache, daß Frösche im Verlauf ihrer Metamorphose von Pflanzenfressern zu Fleischfressern werden, dann lassen sich auch diese, sind sie einmal erkannt, klassifizieren, formalisieren und vom Systemforscher als Daten für Computersimulationen verwenden. Der Biologe wird dann gleichsam zum Zulieferanten von Daten für einen Wissenschaftler höherer Kategorie (siehe hierzu TREPL 1987, S. 200).

In einem ähnlichen Sinne lassen sich medizinische Fakten einem nach kybernetischen Prinzipien konstruierten Computer eingeben, der dann – oft völlig richtige – Diagnosen stellt. Die »Ganzheit« des Organismus wird nun durch die »Ganzheit« des Computers abgebildet – wobei der Begriff der *Abbildung* den der *Reduktion* ersetzt. Aber beiden Begriffen gemeinsam ist das Faktum der rationalen, objektivierbaren Analyse.

In der Ökologie stieß der Formalismus der energetischen Ökosystemforschung aber bald an eine durch die Komplexität biologischer Zusammenhänge markierte Grenze. Die Energieflußmodelle erschienen einerseits als zu abstrakt, andererseits – obwohl dem Begriff des »Flusses« ja ein dynamisches Konzept zugrunde liegt – als zu strukturalistisch und statisch. Letzterer Mangel wog besonders schwer, da er die Integration der Ökologie in die umfassendere Begriffswelt der Evolutionstheorie verhinderte. So kam es, daß der nächste Entwicklungsschub in der Ökologie mit einer Richtungsänderung der zugrundeliegenden Philosophie verknüpft war. Die klassische Vorstellung von der maschinenhaften Ganzheit der Lebensgemeinschaft, in der jede Art gewissermaßen die Rolle eines unabdingbar wichtigen Rädchens spielt, begann flexibleren Konzepten zu weichen. In einer richtungsweisenden Analyse hat zum Beispiel MAY (1973) gezeigt, daß die Stabilität von Ökosystemen im allgemeinen mit dem Artenreichtum *ab*nimmt, daß in so einem System jede Art nur mit relativ wenigen anderen Arten (die zudem in einem ziemlich konstanten Größenverhältnis zu ihr stehen) auf effektive Weise Information austauscht und daß Ökosysteme weder im Raum noch in der Zeit homogene Gebilde darstellen. Diese Auflösung des holistischen Charakters der Lebensgemeinschaften hatte zur Folge, daß sich Ökologen immer seltener mit globalen (spezifischen oder statistischen) Mustern und immer häufiger mit den Interaktionen einiger weniger Komponenten von Lebensgemeinschaften zu beschäftigen begannen. Die Untersuchung der dynamischen Beziehungen zwischen Konkurrenten, zwischen Geschlechtspartnern, zwischen Räubern und ihrer Beute oder zwischen Wirt und Parasit, eröffnete eine neue Dimension von Fragestellungen. Wer hätte zum Beispiel gedacht, daß die während des Krieges von J. V. NEUMANN und O. MORGENSTERN als ein soziologisch-ökonomisches Instrument entwickelte Spieltheorie (NEUMANN & MORGENSTERN 1944) zu einem wichtigen Bestandteil der Deutung intra- und interspezifischer Wechselwirkungen in natürlichen Lebensgemeinschaften werden könnte? (s. MAYNARD SMITH 1982).

Das klassische Konzept der »Synökologie« – von MÖBIUS (1877) über SHELFORD (1913) zu THIENEMANN (1941) – ruhte explicit oder implicit auf der Vorstellung von der Biozönose als einem sich im ökologischen Gleichgewicht erhaltenden System: das System wurde als perfekt angesehen, weil angenommen wurde, daß alle Arten Zeit genug gehabt hätten, sich an die herrschenden Bedingungen anzupassen und den ihnen jeweils angemessenen Platz im Räderwerk des Systems zu finden. Alle Nischen galten als besetzt, und sollte dies für einige nicht zutreffen, dann war dies nur ein vorübergehender Zustand, der durch Immigration oder Speziation bald beseitigt sein würde. Käme es zu einer Störung – durch Katastrophen oder menschliche Eingriffe – dann würde das System das ihm gemäße Gleichgewicht schnell wieder erreichen. Nur unter der Voraussetzung der Realität derartiger Gleichgewichtszustände konnte die Idee von der Biozönose als einem höheren Organismus vertreten werden und konnte die Suche nach den globalen Mustern »paralleler Lebensgemeinschaften« – wie etwa in der Meeresökologie (THORSON 1957) – sinnvoll erscheinen. Bei genauerer Betrachtung stellt sich jedoch heraus, daß Biozönosen oder Ökosysteme in ihrer Zusammensetzung ziemlich variabel – um nicht zu sagen chaotisch – sind, daß sich die Wechselwirkungen zwischen den Komponenten von Lebensgemeinschaften nicht als ein deterministisches Beziehungsgefüge beschreiben lassen und daß Lebensräume ebensowenig aus einer bestimmten

Anzahl von »Nischen« bestehen, wie eine Stadt aus einer bestimmten Anzahl menschlicher Schicksale.

Fenchel (1987) hat kürzlich zum Beispiel darauf hingewiesen, daß die Ostsee im Vergleich zu polyhalinen Meeresabschnitten eine dramatisch verarmte Fauna und Flora beherbergt, daß jedoch die faßbaren ökologischen Merkmale – wie Populationsstrukturen oder Produktivitätsmuster – in keiner Weise darauf hindeuteten, daß die Lebensräume der Ostsee defekte Maschinen wären, denen einige der scheinbar so unabdingbaren Rädchen fehlten. In direktem Widerspruch zu der oben zitierten Schlußfolgerung F. Dahls – in der die Grundhaltung einer Ökologie zum Ausdruck kommt, die wir als »Gleichgewichtsökologie« charakterisieren können – macht Fenchel folgende Bemerkung (S. 106): »From an ecological point of view, the Baltic Sea shows that even dramatic changes in species composition do not impair general properties and that biotic communities *do not constitute a finely tuned machinery in which every little wheel is a vital and indispensible component*« (meine Hervorhebung).

Der gegenwärtig herrschende Geist der Ökologie bevorzugt Ungleichgewichte und so können wir auch von einer Periode der »Ungleichgewichtsökologie« sprechen. Unter dem Blickwinkel dieser Betrachtungsweise lassen sich Ökosysteme ebensowenig als deterministische, durch Interkonnektivitäten stabilisierte Netzwerke beschreiben, wie Populationen als perfekt angepaßte, mit ihrer jeweiligen Umwelt in Harmonie lebende, biologische Einheiten. Die Artenzusammensetzung einer Insel ändert sich z. B. laufend, Arten verschwinden und werden durch Immigranten ersetzt, auch wenn die konstante *Zahl* der jeweils vorhandenen Arten im oberflächlichen Beobachter den Eindruck hoher Stabilität erwecken mag. Ebenso ändert sich das genetische Muster einer Population ständig: gewisse Genotypen verschwinden, andere breiten sich wellenförmig durch die ganze Population aus, und der jeweilige Zustand repräsentiert irgendeinen Kompromiß zwischen den vielen möglichen Antworten des kollektiven Genoms auf die vorhersagbaren und unvorhersagbaren Einflüsse der Umwelt.

Dieser Wandel im Umgang mit ökologischen Problemen hat ganz allgemein auch unsere Vorstellungen vom Aufgabenbereich der Ökologie verändert. Früher verstand man unter »Ökologie« entweder ihren mehr *aut*ökologischen Aspekt: die Wissenschaft von den Beziehungen der Organismen zu ihrer jeweiligen Umwelt, oder ihren mehr *syn*ökologischen Aspekt: die Wissenschaft vom »Haushalt der Natur«, wofür das Klassifizieren und Charakterisieren von Lebensgemeinschaften wesentliche Voraussetzungen schafft. Eine moderne Definition, wie sie etwa Fenchel (1987) wählt, macht den durch die Entwicklung der letzten Jahrzehnte bewirkten Wandel der Betrachtungsweise deutlich: Die reine Autökologie, das Studium der Anpassungen einzelner Organismen, sollte – so meint Fenchel – als integraler Bestandteil der »Naturgeschichte«, also der Biologie im klassischen Sinne, betrachtet werden, da ja eine Beschreibung von Arten ohne Berücksichtigung des adaptiven Charakters ihrer Merkmale sowieso sinnlos ist. Die eigentliche *Ökologie* hat es demgegenüber mit dem Studium jener Prinzipien zu tun, die den zeitlichen und räumlichen Veränderungen von Organismengruppen zugrunde liegen. Fenchel formuliert dies folgendermaßen: »... *the study of the princi-*

ples which govern temporal and spatial patterns for assemblages of organisms ...« (S. 12). Wesentlich an dieser Definition ist die Betonung des dynamischen Charakters aller ökologischen Fragestellungen sowie der Verzicht auf den Begriff der »Lebensgemeinschaft« (wofür »community« der geeignete englische Begriff gewesen wäre). »Assemblages« und »guilds«, also »Gruppen« und »Gilden«, sind populär gewordene Begriffe, die nur lose strukturierte Gruppierungen von Organismen als den eigentlichen Gegenstand der ökologischen Forschung markieren; viel loser strukturiert, als man sich in der klassischen Periode der Ökologie »Lebensgemeinschaften« und »Biozönosen« vorzustellen pflegte.

Im Laufe eines halben Jahrhunderts haben sich somit in der Ökologie die Akzente entscheidend verschoben –, und hinter dieser Verschiebung werden die Grenzen der Ökologie als einer naturwissenschaftlichen Methode sichtbar. Wenn Ökosysteme von Gleichgewichtszuständen weit entfernt sind und nicht als harmonische, durch zahllose Wechselwirkungen stabilisierte Organismen höherer Ordnung angesehen werden können; wenn Klimaxzustände nicht End- und Fluchtpunkte, sondern lediglich Durchgangsstadien in desynchronisierten Entwicklungszyklen darstellen (REMMERT 1985); wenn das Schicksal von Lebensgemeinschaften entscheidend von historischen Zufällen, von Katastrophen und stochastischen Prozessen geprägt wird; wenn das Anpassungsschema einer natürlichen Population nichts anderes ist als ein Kompromiß zwischen verschiedenen Lösungsmöglichkeiten; dann wird auch der Anspruch vieler sogenannt ökologischer Bewegungen hinfällig, daß sich die Erhaltung eines bestimmten Zustandes der Natur aus ökologischen Prinzipien ableiten lassen müsse. Vielmehr ist es so, daß jedes Biotop: ein Auwald, ein Hochmoor, eine Bergwiese, einen Wert repräsentiert, dessen Festsetzung auf Grund eines *Werturteils* erfolgt. Wenn um die Erhaltung dieses Biotops gekämpft wird, dann deshalb, weil sich Menschen mit dem Werturteil identifiziert haben, aber nicht, weil die Unantastbarkeit dieses Biotops aus irgendwelchen fundierten ökologischen Regeln folgt. Der Anspruch auf die Erhaltung eines Biotops oder einer Organismenart kann nicht im Namen der Ökologie als *Wissenschaft* erhoben werden, sondern nur im Namen einer ökologischen *Bewegung*, um deren Fahnen sich Gleichgesinnte scharen (womit natürlich nicht bestritten wird, daß sowohl der eine wie der andere stichhaltige Argumente für das Verhalten von Menschen zu liefern vermag).

In der ambivalenten Beziehung der heutigen Gesellschaft zur Ökologie drückt sich eine wissenschaftshistorisch wesentliche Zäsur aus; eine Zäsur, die das Zeitalter der Physik von dem der Biologie trennt und damit ein Zeitalter, das im großen und ganzen ohne den Begriff der Evolution auskam, von einem, in dem dieser Begriff die alles überragende Rolle spielt. Durch die Methodik der sogenannten exakten, physikalisch-chemischen, Wissenschaften geprägt, messen die meisten Menschen die »Wissenschaftlichkeit« einer Methode noch immer an deren Fähigkeit, *akkurate* Voraussagen machen zu können. Aber je komplexer das System, je diffuser die Beziehungen zwischen den Komponenten, je größer die Bedeutung, die der Dimension der *Zeit* bei der Beschreibung des Systems zukommt, desto unsicherer müssen die Prognosen werden. Das heißt nun allerdings nicht, daß die Wissenschaft, die sich mit derartigen Systemen beschäftigt, auch in ihren *Methoden* unsicher sein muß. Eine Wissenschaft kann durchaus logisch in ihren Voraussetzungen, aber unsicher in ihren Voraussagen sein (z. B., indem sie die Indeterminiertheit der Beziehungen zwischen Elementen zum Bestandteil ihrer Axiomatik macht).

Die ambivalente Stellung der Ökologie in unserer Zeit hat also damit zu tun, daß die Gesellschaft von ihr eine andere Art von Schlüssen erwartet, als sie auf Grund ihrer Struktur zu geben imstande ist. Es ist eben eine unerwartete Erfahrung, wenn eine Wissenschaft, von Menschen wie seinerzeit das delphische Orakel befragt, in ihren Antworten zwar immer weniger Sicherheit, dafür aber ein immer besseres Abbild des Schöpfungsprozesses verheißt. Im Zweifelsfall verlangen die Menschen nach Sicherheit und nicht nach Wahrheit.

Literatur

DAHL, F., 1921: Grundlagen einer ökologischen Tiergeographie. Gustav Fischer, Jena.
ELTON, C., 1927. Animal Ecology. Sidgwick and Jackson, London.
FENCHEL, T., 1987: Ecology – Potentials and Limitations, Excellence in Ecology 1. Ecol. Inst. Oldendorf/Luhe.
HUTCHINSON, G. E., 1959: Homage to Santa Rosalia, or why are there so many kind of animals? Am. Natur. **93**, 145–159.
HUTCHINSON, G. E., 1969: The Ecological Theatre and the Evolutionary Play. Yale Univ. Press, New Haven.
LINDEMAN, R. C., 1942: The trophic-dynamic aspect of ecology. Ecology **23**, 399–418.
LOTKA, A. J., 1925: Elements of Physical Biology. Williams and Wilkins, Baltimore.
MAY, R. M., 1973: Stability and Complexity in Model Ecosystems. Princeton Univ. Press, Princeton, N. J.
MAYNARD SMITH, J., 1982: Evolution and the Theory of Games. Cambridge University Press, Cambridge.
MÖBIUS, K., 1877: Die Auster und die Austernwirtschaft. Berlin.
ODUM, E. P., & H. T., 1953: Fundamentals of Ecology. Saunders, Philadelphia.
REMMERT, H., 1985: Was geschieht im Klimax-Stadium? Naturwissenschaften **72**, 505–512.
SHELFORD, V. E., 1913: Animal Communities in Temperate America. Univ. of Chicago Press, Chicago.
THORSON, G., 1957: Bottom Communities. Mem. Geol. Soc. America **67**, 461–534.
THIENEMANN, A., 1941: Leben und Umwelt. Bios Bd. 12. Joh. Ambr. Barth, Leipzig.
VERHULST, P. F., 1838: Notice sur la loi que la population suit dans son accroissement. Correspondences Mathematiques et Physiques 10, 113–121.

Quellenhinweis zum 8. Essay
Veränderte Fassung aus: Biologie in unserer Zeit 18. Jg., 1988.

9. Essay: Humanistische und naturwissenschaftliche Bildung

Umfragen zeigen, daß auch heute noch die meisten Menschen zwischen »Bildung« und »Ausbildung« unterscheiden. Ein »gebildeter Mensch« ist auf Englisch »a cultured person«: Bildung und Kultur – zwei Begriffe, hinter denen schattenhaft die Geschichte der europäischen Zivilisation sichtbar wird. Unter Bildung wird seit der Antike, seit PLATO, die Formung und Prägung einer Persönlichkeit verstanden. Ein Mensch gibt seinem Leben Form, indem er das Wissen und die Werte einer spezifischen Kultur aufnimmt und assimiliert; oder – in den Worten eines modernen Lexikons (Duden) –: »Bildung ist die bewußte Entwicklung der Anlagen des Menschen durch Erziehung und eigenes Streben, zur innerlichen Erfassung der religiösen, sittlichen, künstlerischen und wissenschaftlichen Werte der Zeit.« Fragen wir uns, inwieweit es in unserer Zeit und im westlichen Kulturbereich noch so etwas wie die Idee einer umfassenden Bildung gibt und welchen Sinn der einschränkende Begriff einer »naturwissenschaftlichen« oder gar einer »biologischen« Bildung haben könne, dann folgt aus den gerade genannten Definitionen, daß von Bildung nur dann gesprochen werden kann, wenn es auch ein übergeordnetes System von Werten gibt, in das der Gebildete und der zu Bildende bereit sind, sich einzufügen. Ob es so etwas wie *naturwissenschaftliche* Bildung gibt, bedarf dementsprechend der Klärung, inwieweit die Beschäftigung mit der Natur und mit natürlichen Phänomenen von der Akzeptanz eines Systems spezifischer Werte ausgeht und zur Einsicht in solche Werte führen kann.

Um diese Fragen für unseren Kulturbereich und Kulturbetrieb beantworten zu können, müssen wir kurz auf den Bildungsbegriff des 19. Jahrhunderts eingehen, der uns trotz aller dazwischen liegenden Zusammenbrüche ja noch immer entscheidend beeinflußt. Einige Wurzeln dieses Begriffs reichen tief in die feudalistische höfische Kultur mit ihren moralischen Prinzipien, religiösen Ansprüchen und spezifischen Vorstellungen vom bildenden Wert der Künste und Wissenschaften. Ein besonderer Aspekt dieser Kultur war ihr elitärer Charakter, wie er etwa in GOETHEs (im »Wilhelm Meister« geäußerten) Ansicht zum Ausdruck kommt, daß das Ideal einer allseitig und harmonisch entfalteten Persönlichkeit nur inneralb der Aristokratie möglich sei, wahre Bildung dementsprechend nur dieser offenstünde, während sich der Bürger mit der Ausbildung für einen bestimmten Beruf zu begnügen habe. Diese Unterscheidung ist zum Verständnis unseres Anliegens noch immer wichtig, weil vieles dafür spricht, daß die in Europa mit der Aufklärung einsetzende neue Phase der Zuwendung zur Natur als eine Reaktion des selbstbewußt gewordenen Bürgertums auf den Autoritätsanspruch der höfischen Kultur mit ihrem artifiziellen und naturfremden Zeremoniell zu verstehen ist (TREPL 1987, S. 86 ff.). Dementsprechend läßt sich der Aufstieg der Naturwissenschaften im 19. Jahrhundert kennzeichnen als der erfolgreiche Versuch selbstbewußter Bürger, die Vernunft von fremden Fesseln zu befreien und in diesem Akt der Befreiung die Möglichkeiten der eigenen Freiheit zu dokumentieren. Es ist zum Beispiel charakteristisch für die Stimmung von Aufbruch und Optimismus im 19. Jahrhundert, daß CHARLES DARWIN die Hauptthesen seiner Evolutionstheorie in bewußter Anlehnung an die Laissez-faire-Ökonomie von ADAM SMITH formulierte, in der die bürgerliche Wirtschaft aufgefordert wurde, sich ihre Wege unabhängig von obrigkeitlichen Zwängen zu suchen (s. 4. Essay); und daß die Schriften des Popularisators der Evolutionstheorie in Deutschland, ERNST HAECKELS, Auflagen von vielen Hunderttausenden erlebten.

Die Aggressivität dieser Entwicklung verschmolz nahtlos mit einem sehr viel älteren Anspruch des Menschen, der seit der Antike versucht hatte, dem Makrokosmos der Natur seinen eigenen Mikrokosmos entgegenzusetzen. »Die sichtbare Welt ist um des Menschen willen da, getreu der Aufforderung Gottes: macht euch die Erde untertan!« – heißt es im »Buch der Natur« von KONRAD VON MEGENBERG (1309–1374), einem der am meisten gelesenen und beliebtesten deutschen Bücher im späteren Mittelalter und in der frühen Neuzeit bis ins 16. Jahrhundert. Aus diesem Auftrag, sich die Erde untertan zu machen, kann aber auch die Pflicht zu ihrer *Erforschung* abgeleitet werden, ja, das eine mag mit dem anderen identisch sein. »Gott verlieh dem Menschen die Gabe und damit die Aufgabe, die Ordnung, die er in die Dinge gelegt hat, zu erforschen, denn die Vernunft ist begreiflich aller Dinge Gottes und aller Kreatur.« (KONRAD VON MEGENBERG, nach BALLAUF 1954, S. 107).

In den Erfolgen der Naturwissenschaften des 19. Jahrhunderts kommt demnach das Selbstbewußtsein des neuzeitlichen Menschen im allgemeinen, des bürgerlichen Standes im besonderen, zum Ausdruck. Von ebenso großer Bedeutung war aber auch, daß sich die höfische Kultur im Niedergang als stark genug erwiesen hatte, ihre Werte und Wertvorstellungen auf das neu geformte Weltbild der Aufklärung zu übertragen. So wurden die Naturwissenschaften in die Kulturidee der neuen Zeit integriert; die Beschäftigung mit den Erscheinungen der Natur enthüllte sich ebenso als ein Weg zur Bildung und Besserung des Menschengeschlechtes, wie die mit viel älteren Weihen versehene Beispielhaftigkeit der Künste oder der Glaube an das moralische Gesetz in uns. ALEXANDER VON HUMBOLDT hat dieser Stimmung in der Einleitung zum »Kosmos«, dem ersten großen Entwurf einer physischen Weltbeschreibung, folgendermaßen Ausdruck gegeben: »Das wichtigste Resultat des physischen Forschens ist daher dieses: in der Mannigfaltigkeit die Einheit zu erkennen, die Einzelheiten prüfend zu sondern und doch nicht ihrer Masse zu unterliegen: der erhabenen Bestimmung des Menschen eingedenk, den Geist der Natur zu ergreifen, welcher unter der Decke der Erscheinungen verhüllt liegt.« Und weiter: »Generelle Ansichten erhöhen den Begriff von der Würde und der Größe der Natur; sie wirken läuternd und beruhigend auf den Geist, weil sie gleichsam den Zwiespalt der Elemente durch Auffindung von Gesetzen zu schlichten streben ... Generelle Ansichten gewöhnen uns jeden Organismus als Theil des Ganzen zu betrachten ... sie erweitern unsere geistige Existenz und setzen uns in Berührung mit dem ganzen Erdkreise.«

Mit anderen Worten: Der *forschende* Mensch erfährt die »Größe und Würde« der Natur in einem viel tieferen Sinne als der bloß *betrachtende* und diese Erkenntnis formt und fördert in ihm das Gefühl der Verantwortlichkeit, ja, sogar die Pflicht zur Verantwortung, gegenüber dem Ganzen, als dessen Teil er sich erkennt.

Dieses harmonische Bild hat seither, wie jeder weiß, tiefe Risse bekommen und es sind gerade die Erfolge der Naturwissenschaften, die zur Zerstörung des Bildes beigetragen haben. Die Leistungen des forschenden Geistes mündeten in einer expansiven Technologie, die ihrerseits die zunehmende Spezialisierung der Wissenschaften katalysierte. Um den Preis der Spezialisierung begann die akademische Ausbildung den Eintritt in ein erfolgreiches Berufsleben zu garantieren; zuerst für Physiker und Chemiker, später auch für Mathematiker, Biochemiker, Mikrobiologen und Genetiker, denen sich in den letzten Jahrzehnten weite Felder der praktischen Tätigkeit als Programmierer, Pflanzenzüchter, Bio- und Gentechnologen eröffnet haben. Berücksichtigen wir weiterhin die zunehmende Beschäftigung mit der Gesundheit, das Aufblühen einer medizinischen Industrie, die nach immer komplizierteren Apparaten, nach einer immer reichhaltigeren Palette von Medikamenten und nach immer detaillierteren Einsichten in das Zusammenspiel der molekularen und physiologischen Prozesse im menschlichen Körper verlangt, dann wird deutlich, daß naturwissenschaftliche Erkenntnisse entweder direkt oder indirekt das Leben jedes einzelnen beeinflussen und daß die Vermarktung dieser Erkenntnisse immer größere Kreise unseres Wirtschaftslebens erfaßt.

Die Folgen dieser Entwicklung treten uns heutzutage klar vor Augen. Auf der einen Seite erweist sich die Methode der Spezialisierung als eine sehr erfolgreiche Strategie der *Ausbildung*, auf der anderen Seite geben viele Pädagogen zu bedenken, daß die Gesellschaft nicht so sehr Spezialisten als vielmehr Menschen braucht, die die Leistungen der Naturwissenschaften in ein Weltbild einzuordnen imstande sind und die eine Vorstellung von Kulturen als gewachsenen und vielschichtigen Manifestationen des menschlichen Geistes haben. Dementsprechend wünscht man sich mancherorts vor (oder statt) der Spezialisierung eine mehr »horizontale« Ausbildung, wie sie in den humanistischen Fächern angeboten wird; eine Ausbildung, in der geistige Strömungen und Kulturen analysiert werden; in der über die Lehren der Geschichte reflektiert und das Verständnis für die Entwicklung ästhetischer, ethischer und religiöser Werte geweckt wird.

Die Frage nach der geeignetsten Ausbildung junger Menschen beginnt also mit einem Dilemma: soll die Ausbildung mehr spezialisierend, berufsorientiert, dem Fortschritt verpflichtet und einer riskanten Zukunft zugewandt sein, oder mehr allgemeinbildend, traditionsverbunden und auf die Werte der Vergangenheit bezogen? Vor etwa 30 Jahren hat der englische Publizist und Politiker C. P. SNOW dieses Dilemma als das Problem der »Two Cultures« bezeichnet, wonach in den westlichen Gesellschaften Menschen erzogen werden, deren Wissen und Weltbilder so verschieden voneinander sind, als gehörten sie verschiedenen Kulturen an: Naturwissenschaftler und Techniker auf der einen Seite, Geisteswissenschaftler und literarische Intellektuelle auf der anderen Seite. Daß dieses Bild noch immer aktuell ist, darauf deutet ein kürzlich in der führenden amerikanischen Wissenschaftszeitschrift »Science« erschienener Leitartikel (WESTHEIMER 1987), in dem erneut darauf hingewiesen wird, daß an den amerikanischen Universitäten zwei Klassen von Menschen erzogen werden: Geisteswissenschaftler, die fast nichts von den Naturwissenschaften wissen und Naturwissenschaftler, die am Anfang ihrer Ausbildung zwar ein bißchen humanistisches Allgemeinwissen mitbekommen haben, sich aber ansonsten ausschließlich auf ihr gewähltes Spezialfach konzentrieren (und in diesem hervorragend ausgebildet werden).

Falls wir es hier mit einem generellen Problem zu tun haben, dann läßt es sich im Rahmen der Bildungsdiskussion von zwei Seiten betrachten; einmal vom Standpunkt der *Allgemeinbildung*, zum anderen vom Standpunkt der »wahren«, der *humanistischen* Bildung, in der ALEXANDER VON HUMBOLDT das einzig legitime Ziel des Fortschritts der Naturwissenschaften gesehen hatte.

Was die Ebene der *Allgemeinbildung* betrifft, so scheint mir folgende Überlegung wichtig:

Die Demokratie verlangt nach mündigen Menschen; nach Menschen, die an den Problemen der Zeit teilhaben und über diese zu diskutieren bereit und imstande sind. In Anbetracht der Tatsache, daß naturwissenschaftliche Probleme in unser aller Leben hineinreichen, daß die meisten aufrüttelnden Schlagworte der letzten Jahre in Bereichen wurzeln, in denen naturwissenschaftliches Sachwissen gefragt, ja unabdingbar ist – vom Risiko der Plutoniumtechnologie über Waldsterben, Aids, Ozonloch, bis zu den Leistungen der Gentechnologie –, in Anbetracht dieser Tatsache sollte eigentlich kein Zweifel darüber bestehen, daß eine möglichst breite naturwissenschaftliche Allgemeinbildung *wünschenswert* ist. Dies darf allerdings nicht so verstanden werden, als ob unsere Schulen und Universitäten die Aufgabe hätten, Universalgenies heranzubilden (die ja auch im Zeitalter der humanistischen Bildung seltene Vögel waren). Es geht vielmehr darum, allen Schülern ab einer bestimmten Qualifikationsschwelle die *Sprachen der Naturwissenschaft* zu vermitteln, so wie früher das Lehren des Lateinischen und Griechischen die Grundlage der klassischen Bildung lieferte, ohne automatisch umfassend gebildete Menschen zu erzeugen. Es gibt logische Gerüste und sachliche Fundamente, die den Lernwilligen für die Leistungen der Naturwissenschaften aufgeschlossen machen, unter anderem auch in dem Sinne, daß er weiß, wo und wonach er zu suchen hat, wenn er sich mit einem bestimmten Problem intensiver auseinandersetzen möchte. Betrachten wir etwa folgende Aussage, die ich in einem Buch des geistreichen englischen Biologen GREGORY BATESON (1984, S. 64) gefunden habe:

> »Das Wesen der Epigenese ist voraussagbare Wiederholung; das Wesen des Lernens und der Evolution ist Erkundung und Veränderung.«

Hinter diesem Satz verbirgt sich eine Fülle naturwissenschaftlicher Erkenntnisse, er fasziniert aber auch durch die Art und Weise, wie er biologische Begriffe miteinander in Beziehung setzt, etwa Lernen und Evolution als verwandte Prozesse definiert, die sich dadurch auszeichnen, daß sie das unerwartet Auftretende in die Ordnung eines biologischen Programms zu integrieren vermögen. Um diesen Satz verstehen zu können, braucht man kein übertriebenes Detailwissen, aber man bedarf der Einsicht in eine Reihe biologischer Zusammenhänge: Man muß wissen, was Genotypus und Phänotypus bedeuten und wie die beiden miteinander verknüpft sind (worin das »Wesen der Epigenese« besteht); man muß über die Mechanismen der natürlichen Evolution von Organismen Bescheid wissen (z. B., daß Populationen Reservoire von Mutationen darstellen und daß diese durch geschlechtliche Fortpflanzung *kombiniert*, durch Drift, klimatische Veränderungen, Krankheiten und andere Faktoren *sortiert* werden können), sowie nach welchen Prinzipien das Verhalten von Tieren durch Erfahrung verändert wird. Kurz und gut, wer diesen Satz versteht und kommentieren kann, ist *biologisch allgemeingebildet*.

Aber die Allgemeinbildung ist noch immer etwas ganz anderes als die *humanistische* Bildung, die ALEXANDER VON HUMBOLDT im Sinne hatte. Bei dieser geht es um die Unterordnung des Fach- und Detailwissens unter ein System von Werten, das außerhalb der Wissenschaften einer spezifischen Tradition und Lebenshaltung entspringt. *Humanität, Rationalität, Liberalität*, das sind drei Wertbegriffe, die für das Weltbild der Aufklärung charakteristisch waren. Für die humanistischen Naturforscher des 19. Jahrhunderts war es selbstverständlich, daß auch sie einen Beitrag zur Durchsetzung und Verbreitung dieser Ideale zu leisten hätten und daß ohne diese Verpflichtung wissenschaftliches Handeln ziel- und sinnlos wäre.

Diese Einstellung ist im Fortschrittsfieber des 20. Jahrhunderts abhanden gekommen. Man gewinnt jedoch den Eindruck, als ob die Umrisse einer Bewegung sichtbar würden, die zur Entwicklung eines neuen Verantwortungsgefühls gegenüber der Natur und damit zur Definition eines neuen ethischen Prinzips führen könnte.

Unmittelbarer Anlaß für diese Entwicklung ist, daß die Menschheit durch ihr Verhalten und durch die Veränderungen, die sie in Gang gesetzt hat, die natürlichen Lebensräume der Erde zu zerstören im Begriffe ist. Im Angesicht der Katastrophe entdecken Menschen ihre biologischen Wurzeln aufs neue; sie beginnen die Verantwortung gegenüber der Natur zu begreifen und in Worte zu fassen; sie entdecken, daß es nicht nur in den Beziehungen zwischen Menschen moralische Verpflichtungen gibt, sondern auch in den Beziehungen zwischen Mensch und Umwelt (insofern die »Umwelt« eben zum »Menschsein« gehört). Indem wir die Natur zu unterwerfen meinten, ist ihre Rückwirkung auf den Menschen und damit das Ausmaß der Wechselwirkungen zwischen dem Teil und dem Ganzen auf dramatische Weise sichtbar geworden.

Die Biologie vermag die Einheit der Natur und das Schicksal des Menschen als ein Teil dieser Natur am deutlichsten darzustellen. Das Wissen auf diesem Gebiet ist heutzutage hinreichend groß, um ein biologisches »Weltbild« in Umrissen skizzieren zu können, das durch folgende wesentliche Merkmale charakterisiert ist:

- **Die Einheit der molekularen Struktur aller Lebewesen.** Diese wird durch die Entdeckungen der Molekularbiologie auf dramatische Weise illustriert, etwa wenn es gelingt, Gene einer Organismenart mittels bakterieller Plasmide auf eine andere Art zu übertragen und dort zur Expression zu bringen.
- **Die Ordnung des Systems der Mikroorganismen, Pflanzen und Tiere.** Gekennzeichnet wird diese Ordnung durch eine begrenzte

Zahl von Bauplänen und deren Abwandlung in einer fast endlosen Mannigfaltigkeit von Varianten. Möglicherweise leben auf der Erde an die 30 Millionen Tierarten, die meisten von ihnen noch unentdeckte (und vielleicht schon vom Aussterben bedrohte) Insekten in tropischen Regenwäldern.

■ **Das vereinheitlichende Prinzip der Evolution.** Alle Lebewesen sind durch genetische Bande miteinander verknüpft und haben sich durch eine Kombination von Zufall (Mutationen) und Notwendigkeit (Anpassung an die Bedingungen der Umwelt einerseits, an die Einschränkungen durch den vorgegebenen Bauplan andererseits) aus älteren Formen entwickelt.

■ **Das vereinheitlichende Prinzip der Ökologie.** Alle Organismen sind Teile von Ökosystemen; ihre jeweilige Rolle in einem solchen System wird durch Abhängigkeiten von ökologischen Faktoren und durch Wechselbeziehungen mit anderen Organismen bestimmt. Die Einheit der Evolution ist nicht das Individuum, nicht die Art, sondern eine spezifische Population im Beziehungsgefüge eines spezifischen Lebensraumes.

Ein Biologie-Unterricht sollte nicht so sehr Detailwissen (obwohl auf dieses nicht verzichtet werden kann) als vielmehr Einsicht in die großen vereinheitlichenden Prinzipien der Natur vermitteln. Diese Einsicht stellt, wohlgemerkt, noch keinen »Wert« an sich dar. Sie beruht auf Modellen der Wirklichkeit, die – wenn wir dem Falsifikationsmodell KARL POPPERs trauen – niemals bewiesen, wohl aber als unrichtig erkannt werden können. Das von den modernen Naturwissenschaften gezeichnete Bild der Natur mag jedoch auf Menschen derartig überzeugend wirken, daß sie unter seinem Eindruck bereit sind, ihr Verhalten zu ändern. Diese Bereitschaft, um einer aus wissenschaftlichen Fakten abgeleiteten Erkenntnis willen (etwa der Erkenntnis, daß die biologische Evolution auf der Erzeugung und Erhaltung genetischer Mannigfaltigkeit beruht) das eigene Verhalten zu ändern, ist eine freie Entscheidung des Betroffenen; sie läßt sich aus dem rationalen Erkenntnisprozeß logisch nicht ableiten, sondern beruht darauf, daß einer wissenschaftlichen Erkenntnis das Charisma eines gestaltenden Wertes verliehen wird; in dem selben Sinne, in dem ALEXANDER VON HUMBOLDT meinte, daß die klare Ansicht der Natur »vor der Anmaßung einer dogmatisirenden Phantasie« bewahre.

Literatur

BALLAUF, T., 1954: Die Wissenschaften vom Leben. Eine Geschichte der Biologie. Band I. Karl Alber, Freiburg.

BATESON, GREGORY, 1984: Geist und Natur. Eine notwendige Einheit. 3. Auflage. Suhrkamp Verlag, Frankfurt.

HUMBOLDT, ALEXANDER VON, 1874: Kosmos. Entwurf einer physischen Weltbeschreibung, 1. Band. J. G. Cotta'sche Buchhandlung, Stuttgart
SNOW, C. P., 1959: The Two Cultures and the Scientific Revolution. The Rede Lecture 1959. Cambridge University Press, Cambridge.
TREPL, L., 1986: Geschichte der Ökologie vom 17. Jahrhundert bis zur Gegenwart. Athenäum, Frankfurt am Main.
WESTHEIMER, F. H., 1987: Are our Universities Rotten at the »Core«? Science **236**, p. 1165–1166.

Quellenhinweis zum 9. Essay
Veränderte Fassung von: Gibt es einen neuen Bildungsauftrag an die Naturwissenschaften? Friedrich Jahreshefte VI, 1988.

Sachverzeichnis